교사는 가르치는 기술이 뛰어나야 한다

The Teaching Skills

변찬진 지음

‖ 들어가며 ‖

교사는
가르치는 기술이 뛰어나야 한다

제75회 칸 영화제에서 '헤어질 결심'이라는 작품으로 감독상을 받은 박찬욱 감독은 자신만의 세계관으로 독창적인 영화 작품을 만들어내는 연출력이 아주 뛰어납니다. 1994년부터 2010년까지 메이저리그에서 124승이라는 대단한 활약을 했던 야구 선수 박찬호는 빠른 구속과 정교한 볼 컨트롤로 타자를 압도하는 피칭 능력이 아주 뛰어납니다. 프로골퍼 박인비 선수는 메이저 대회를 포함하여 21번의 우승을 차지할 정도로 정교한 샷을 구사하는 기술이 뛰어납니다. 인기 있는 트로트 가수 임영웅은 많은 사람에게 트로트와 발라드 노래로 감동을 줄 만큼 노래를 잘 부릅니다.

아나운서 김성주는 MC로서 예능 프로그램에서 능숙하게 진행하는 기술이 뛰어납니다. 사실 김성주는 1997년 IMF 때 방송국에서 쫓겨나 생계를 유지하기 위해 닥치는 대로 경기장에 가서 스포츠 경기를 진행하였으며 심지어는 하루에 스포츠 중계를 3번 한 적도 있다고 합니다. 처음에는 엄청나게 힘들었는데 한 3년 정도 하니까 웬만한 스포츠 경기는 척척 잘하게 되었다고 인터뷰하기도 했습니다. 결국 그렇게 3년 동안 진행하면서 진행자로서의 역량을 기를 수 있었고 지금은 오디션 프로그램을 포함하여 수많은 프로그램에서 능수능란하게 진행하여 MC로서 시청자들의 사랑을 받고 있습니다.

이렇게 각 분야에서 대단한 활약을 한 사람들의 공통점은 무엇일까요? 그것은 바로 그 분야에서 필요한 기술이 매우 뛰어나다는 것입니다. 물론 그런 기술을 갖추기 위해 엄청난 노력을 했을 것입니다. 중간중간 힘들고 포기하고 싶을 때도 있었겠지만, 그것들마저 잘 극복할 만큼 의지도 대단했겠지요.

그럼, 아이들을 가르치는 선생님은 어떤 기술이 뛰어나야 할까요? 교육(education)의 어원은 라틴어 '에두코(educo)'에서 찾을 수 있습니다. educate의 'e-'라는 게 밖이라는 뜻이고 'duca-'는 끌어낸다는 뜻입니다. 그래서 교육은 '안에서 밖으로 이끌어 내다'라는 뜻입니다. 선생님은 아이의 변화와 성장을 위해 아이의 재능을 이끌어 내는 위대한 사람입니다. 아이의 재능을 이끌어 내기 위해서는 가르치는 기술이 뛰어나야 합니다.

저는 모든 것을 아이의 변화와 성장에 초점을 두고 지도해 왔습니다. '좋은 수업을 위한 10가지 원칙'을 지키며 아이들이 수업에 빠져들도록 하였으며 아이의 재능과 역량을 이끌어 내기 위해 교육과정을 재구성하여 다양한 프로젝트 수업에 도전하였습니다. 그리고 바른 생활 습관과 기초학습 습관을 기르기 위해 다양한 프로그램을 개발하여 적용해 보았습니다.

다양한 수업 기술로 아이들이 수업에 집중하고, 수업이 끝난 후에 정말 재미있었다면서 즐거워하는 모습을 보면 큰 상을 받은 것처럼 기뻤습니다. 아이들이 프로젝트 학습을 해 나가는 과정을 보면서 아이의 능력은 선생님의 기대보다 높다고 느낀 적이 많았습니다. 그리고 대단한 결과물로 마무리한 후 프로젝트 학습이 정말 보람 있었고, 이렇게 신나는 수업은 경험해 본 적이 없다는 소감에 선생님으로서 뿌듯하였습니다. 바른 생활 습관 지도로 아이의 습관이 좋아지고 아이가 그것을 자랑할 때 변화와 성장을 엿볼 수 있었으며 다양하고 즐거운 프로그램으로 아이들이 즐겁게 학교생활 하는 것을 보면서 흐뭇해하였습니다.

이 책에는 가르치는 기술이 뛰어난 선생님이 되기 위한 7가지 원칙이 제시되어 있습니다. 교육 전문가의 마인드셋 가지기, 창의적인 수업 디자인 하기, 수업에 집중하고 참여하게 만들기, 기초학습 습관 길러 주기, 바른 생활 습관 길러 주기, 규칙과 질서 잘 지키게 하기, 학교생활을 즐겁고 행복하게 만들어 주기 등 7가지 원칙은 아이의 성장과 변화에 도움이 될 것입니다. 어떻게 보면 이 7가지 원칙이 특별하지 않지만, 아이들의 변화와 성장을 이끌어 내기 위해 선생님이 갖추어야 할 가장 기본적인 원칙이라고 생각합니다.

이 책에 있는 내용은 개인의 교사 교육과정에 불과할 수 있지만, 이를 토대로 선생님만의 교사 교육과정을 펼쳐 나가는 데 조금이나마 도움이 된다면 더 바랄 것이 없습니다. 이 책에 나오는 내용들은 대단하지도 않고 화려하지도 않지만, 적어도 무엇을 어떻게, 왜 가르쳐야 하는지에 대한 기본적인 내용은 담고 있습니다. 집을 지을 때도 기초가 튼튼해야 하듯이 가르치는 기술도 기본이 중요합니다. 가르치는 기술의 기초가 튼튼하면 그 위에 새로운 수업 기법과 학급 경영 등을 더 멋지게 펼칠 수도 있을 것이기 때문입니다.

여기에 제시된 여러 가지 수업 기술, 재구성 수업 사례, 학급 경영 사례를 절대적인 것으로 생각하지 않기를 바라며, 여러 가지 실천 사례를 참고하여 새로운 아이디어로 선생님만의 가르치는 기술을 만들어 나갔으면 좋겠습니다. 제 블로그(https://blog.naver.com/byunchanjin)에 들어오시면 활동사진과 아이들의 작품을 참고하실 수 있어 이 책의 내용을 이해하는 데 도움이 될 것입니다.

마지막으로 교권이 붕괴되어 교사로서 자존감이 낮아지고 가르침에 대한 자신감이 없을 때 이 책을 읽고 나도 잘하고 있다고, 나도 잘할 수 있다고 생각했으면 좋겠습니다. 그리고 수업과 생활지도 등 교육 전문가로서 새로운 것에 도전하려는 열정이 되살아났으면 좋겠습니다.

개인적으로 선생님이 되고 싶은 예비 교사, 신규 교사, 저경력 교사, 수업과 학급 경영을 더 잘하고 싶은 선생님들에게 이 책이 조금이라도 도움이 되었으면 하는 바람이 있습니다. 아무리 힘들고 어려운 교육환경이지만, 그럼에도 불구하고 선생님은 아이의 영혼까지도 영향을 주고 아이를 위대한 사람으로 만들 수 있는 존재이기에 좀 더 힘을 냈으면 좋겠습니다. 제 주변에도 교육 현장을 지키며 정말 열심히 하는 선생님들이 많습니다. 이분들에게 이 책이 조금이나마 위로와 희망이 되기를 바랍니다. 교육의 희망은 바로 이 책을 읽고 있는 선생님이며, 선생님은 아이의 변화와 성장을 이끌어 내는 위대한 사람임을 잊지 않았으면 좋겠습니다.

차례

- **들어가며** 교사는 가르치는 기술이 뛰어나야 한다　3

가르치는 기술의 첫 번째 원칙
교육 전문가의 마인드셋을 가진다

선생님은 교육전문가이다	12
수업을 잘하는 선생님은 무엇이 다른가?	15
선생님의 사명은 아이를 가르치는 일이다	19
선생님은 한 아이를 살릴 수 있는 힘이 있다	22
선생님은 아이의 거울이다	25
이제는 교사 수준 교육과정이다	28
수업 컨설팅으로 수업 전문성을 기르다	34
아이의 변화와 성장을 위한 과정중심평가를 해야 한다	39
학부모 상담도 기술이 필요하다	44
교육 위기 시대, 선생님이 희망이다	52
아이를 제대로 지도할 수 있는 구체적인 생활지도권이 필요하다	59

가르치는 기술의 두 번째 원칙
창의적인 수업을 디자인하라

창의적인 수업을 디자인하라	68
아이들이 만들어 가는 프로젝트 수업	75
미래 역량을 기르는 자기 주도적 학습 프로세스	82
큰 수를 활용한 재벌 게임	88
백 마디 말보다 한 편의 영화가 더 효과적이다	92
모두가 신나는 변피구 수업	96
수업의 범위를 넓혀라	100
공유하고 공감하며 배우는 박사 게임	110

가르치는 기술의 세 번째 원칙
수업에 집중하고 참여하도록 만든다

좋은 수업을 위한 3가지 조건　　　　　　　　　　　　116
좋은 수업을 위한 10가지 원칙　　　　　　　　　　　121

가르치는 기술의 네 번째 원칙
기초학습 습관을 길러 준다

1분 말하기로 바르게 발표하는 습관 기르기　　　　　174
1분 읽기로 바르게 읽는 습관 기르기　　　　　　　　179
글씨를 바르게 쓰는 습관 기르기　　　　　　　　　　181
주제 일기로 글 쓰는 힘 기르기　　　　　　　　　　　184
독서 근육을 키우는 독서 습관 기르기　　　　　　　　191
자기 주변 정리하는 습관 기르기　　　　　　　　　　195

가르치는 기술의 다섯 번째 원칙
바른 생활 습관을 길러 준다

사람답게 행동하기 위한 사람됨 교육　　　　　　　　200
3초 마인드로 판단력 기르기　　　　　　　　　　　　204
바른생활실천기록장과 실천 다짐 카드로 바른 생활 습관 기르기　207
웃어른께 바르게 인사하기　　　　　　　　　　　　　214
부모님께 존댓말 쓰기　　　　　　　　　　　　　　　218
바른 말 고운 말 쓰기　　　　　　　　　　　　　　　222
젓가락 바르게 사용하기　　　　　　　　　　　　　　227

가르치는 기술의 여섯 번째 원칙
규칙과 질서를 잘 지키게 한다

왜 엄하게 가르치지 않는가?	234
질서 있는 학급 만들기	238
우리 반 규칙은 우리가 만든다	243
문제가 생기면 함께 고민하여 해결하기	250
안전한 복도 통행을 위한 오천조 규칙 지키기	253
질서를 지키는 습관에도 훈련이 필요하다	257

가르치는 기술의 일곱 번째 원칙
행복하고 즐거운 학교생활을 만든다

아이들과 이름 외우기 대결하기	262
퀴즈로 자기 소개하기	265
칭찬통장으로 자기효능감 기르기	267
아이들의 자존감을 살리는 버츄프로젝트	271
친구와 함께하는 생일 잔치	277
하루를 신나게 시작하는 가위바위보 게임	280
칭찬은 아이를 성장하게 한다	282
다양한 자격증과 상으로 자신의 재능 찾기	285
학기 말을 보람 있게 마무리하기	288
아이들과 함께 소중하고 행복한 추억 만들기	294
아이가 행복하면 학부모도 행복하다	300

- 마치며 저는 행복한 선생님입니다   303
- 참고문헌   305

가르치는 기술의 첫 번째 원칙

교육 전문가의 마인드셋을 가진다

마인드셋이란 개인이 가지고 있는 가치와 태도, 사고방식, 세계관을 뜻합니다. 이는 어떻게 문제를 해결하며, 목표를 설정하고 이루는 데 어떻게 생각하고 행동하는지에 영향을 미치는 핵심적인 부분입니다.

교육 전문가의 마인드셋을 가진 선생님은 교육 전문가로서의 사명감과 태도를 가지고 아이들을 가르칩니다. 그리고 교사의 전문성을 갖추기 위해 많은 연구와 노력을 하며 창의적인 수업 설계 역량을 기르고 단위 수업에서 아이들이 수업에 빠져들도록 하는 수업 기술을 연마합니다. 무엇보다 한 아이의 성장과 변화에 초점을 두고 새로운 도전을 합니다.

선생님은
교육전문가이다

「1박 2일」, 「꽃보다 할배」, 「지구오락실」, 「신서유기」, 「삼시세끼」

이 프로그램의 공통점은 무엇일까요? 모두 예능 프로그램인 것도 맞지만, 이 프로그램을 기획하고 연출한 사람이 같다는 것입니다. 나영석 PD의 작품은 거의 모든 시청자들이 좋아할 정도로 유명합니다. 시청자들에게 웃음과 감동을 주기 위해 늘 새로운 작품에 도전하는 나영석 PD의 창의성과 끈질긴 노력이 대단하다고 생각합니다.

우리 선생님도 수업을 만드는 연출가이자 감독입니다. 모든 수업은 선생님이 설계합니다. 중요한 것은 어떻게 수업을 설계하는가입니다. 연출가로서 창의적인 마인드를 가지고 우리 아이들에게 가장 적합하고 흥미 있으며 아이들이 성취감을 느낄 수 있도록 수업을 설계하는 선생님이 교육 전문가라고 할 수 있습니다. 재구성 없이 교과서에 있는 내용과 방법을 그대로 수업에 적용한다는 것은 수업을 설계하지 않고 매뉴얼만 보고 그대로 진행하는 것에 불과합니다. 내용에 대한 재구성이든 방법에 대한 재구성이든 자신만의 수업을 설계하는 것이 교육 전문가로서 수업을 연출하는 것입니다.

선생님은 수업을 설계하고 감독하는 연출가이자, 수업 시간에 수업을 진행하는 연기자입니다. 선생님은 한 차시의 수업을 펼쳐 나가기 위해 마치 연출가처럼 수업을 어떻게 전개해 나갈지 구상하고 설계하며 예상되는 아이들의 반응에 대한 대응까지도 준비해야 합니다. 그리고 이 모든 설계가 이루어지고 나면 선생님은 연기자처럼 수업을 진행해 나가야 합니다. 수업 중간에 발생하는 돌발 상황에 적절하게 대처해 가며 수업을 진행해야 합니다. 이 모든 것을 다 해내야 하기 때문에 선생님은 1인 2역의 교육 전문가가 되어야 합니다.

　그러면 교육 전문가가 되기 위해 어떻게 해야 할까요? 첫째, 선생님의 역할을 잘 이해해야 합니다. 교육이란 아이의 재능을 이끌어 내기 위해 안내하는 것입니다. 그래서 교육을 하는 선생님은 수업을 통해 아이의 재능을 이끌어 내는 안내자이자 조력자 역할을 해야 합니다. 일부 학자는 수업의 중심이 학생이므로 모든 초점을 학생에게 맞추라고 하지만, 사실은 선생님이 수업에서 중심을 잡아 주어야 합니다. 학생 중심의 수업에서 수업이 엉뚱한 방향으로 흘러갈 때 그 방향을 바로잡아 주는 것은 선생님의 역할입니다.

　미국의 사립학교인 필립스 엑시터(Phillips Exeter Academy)는 하크네스(Harkness, 타원형 탁자 토의·토론) 수업으로 유명합니다. 타원형 탁자에 12명의 학생과 교사가 둘러앉아 학습 주제를 이야기하면 학생들이 자유롭게 발표, 질문하면서 개념을 스스로 정리해 가는 토의·토론 수업입니다. 이때에도 선생님의 역할을 단지 토의 방향이 엉뚱하거나 다음 차시에 배울 내용으로 넘어갈 경우에 그 방향을 잡아 주는 것이라고 합니다. 학생 참여 중심의 수업이라 하더라도 선생님은 방관자가 되어서는 안 되고, 효과적인 수업을 위해서는 수업의 중심을 잘 잡아 주어야 합니다.

　둘째, 선생님은 수업을 조율할 수 있는 통제 능력과 아이들이 수업에 집중할 수 있도록 하는 수업 진행 기술이 필요합니다. 수업을 설계하고 시나리오까지 완벽할지라도 직접 수업을 진행하는 선생님이 그 수업을 능수능란하게 진행하지 못한다면 아무 소용이 없습니다. 신동엽이나 김구라 같은 유능한 MC가 청중을 들었다 놓았다 하는 것처럼 선생님도 수업 시간에 아이들을 들었다 놓았다 할 정도의 수업 진행 기술이 필요합니다. 그러기 위해서는 '좋은 수업을 위한 10가지 원칙'처럼 수업 시간에 필요한 기본 기술을 갈고 닦아서 수업 시간에 능숙하게 적용할 정도의 수업 능력이 있어야 합니다.

아무리 좋은 수업 기법도 그것을 적용하기 위해서는 기본적인 수업 기술이 꼭 필요합니다. 스스로 체크해 보고 잘 안 되는 것은 매일매일 연습해서 자기 것으로 만들어야 합니다. 열 마디 해서 아이들을 집중시키는 것보다 하나의 액션으로 아이들을 집중하게 만드는 것, 이것이 수업 기술입니다.

셋째, 선생님은 아이들의 재능을 잘 이끌어 낼 수 있도록 수업을 설계하고 연출하는 능력을 길러야 합니다. 성취 기준을 중심으로 무엇을, 어떻게 가르칠 것인지 수업 설계를 하고 다양한 자료를 활용하여 아이들이 수업에 흠뻑 빠져들도록 연출할 수 있어야 합니다.

넷째, 교육 전문가의 마인드셋을 가져야 합니다. 마인드셋이란 개인이 가지고 있는 가치와 태도, 사고방식, 세계관을 뜻합니다. 이는 어떻게 문제를 해결하며, 목표를 설정하고 이루는 데 어떻게 생각하고 행동하는지에 영향을 미치는 핵심적인 부분입니다.

교육 전문가의 마인드셋을 가진 선생님은 교육 전문가로서의 사명감과 태도를 가지고 아이들을 가르칩니다. 그리고 교사의 전문성을 갖추기 위해 많은 연구와 노력을 하며 창의적인 수업 설계 역량을 기르고 단위 수업에서 아이들이 수업에 빠져들도록 하는 수업 기술을 연마합니다. 무엇보다 한 아이의 성장과 변화에 초점을 두고 새로운 도전을 합니다.

배우는 연기만 하면 되고 감독은 연출만 하면 되지만, 선생님은 수업 설계와 수업 진행, 생활지도, 학급 경영 등 다양한 역할을 수행해야 하기에 수업 연구와 연수를 통해 전문성을 길러야 합니다. 그만큼 선생님의 역할은 대단한 것이며 이것을 해내는 선생님은 아이의 재능을 이끌어 내는 교육 전문가입니다.

수업을 잘하는 선생님은
무엇이 다른가?

　지역교육청 수업 컨설턴트로 활동할 때 여러 선생님들을 컨설팅한 적이 있는데, 그때 선생님들의 고민은 하나같이 수업 기법이 아니라 당장 수업 시간에 아이들을 어떻게 집중시켜야 하는지, 발표를 어떻게 시켜야 하는지, 토의는 또 어떻게 해야 하는지, 발문은 어떻게 해야 하는지였습니다. 이런 고민은 비단 저경력 교사의 문제만은 아니라고 생각합니다. 자세히 들여다보면 경력이 많은 선생님도 교실에서 고민하는 것들입니다.

　수업 컨설팅하기 위해 선생님들에게 보여 줄 좋은 수업의 영상을 찾아보면서 수업을 잘하는 선생님들의 공통점을 세 가지 발견할 수 있었습니다.

　첫 번째, 선생님의 수업 진행 기술이 좋았습니다. 선생님의 말과 제스처 등이 정선되었고 말의 고저, 장단, 그리고 리듬도 좋았습니다. 그래서인지 아이들의 집중력도 참 좋았습니다. 선생님은 불필요한 말은 줄이고 아이들의 말을 귀담아들어 주었으며, 아이들의 발표에 대한 긍정적인 반응으로 수업 분위기를 활발하게 만들어 주었습니다. 전체적으로 수업을 잘 이끌어 간다는 느낌이 들었으며 아이들과 동화된 수업이었습니다.

　수업의 기본이자 수업 흐름의 중심이 되는 것은 대단한 수업 기법이 아니라 선생님의 수업 진행 기술입니다. 선생님들은 이 부분을 간과하는 것 같습니다. 수업을 진행하는 기술은 아이들을 수업에 집중하게 만드는 기술입니다. 선생님이 설명하다가 갑자기 소리를 낮추어 말하면 '아이들은 이게 뭐지?' 하면서 좀 더 집중하게 되고, 그러다 다시 소리를 크게 해서 변화를 줍니다. 빠르게 말하다가도 잠시 멈추고 천천히 말하면 그 또한 집중이 잘됩니다. 수업의 성공과 실패는 아이들의 수업 집중력에 달려 있으며, 아이들이 수업에 집중하도록 만드는 것이 바로 가르치는 기술입니다. 아이들의 집중력은 선생님의 수업 진행 기술에 달려 있다고 해도 과언이 아닙니다.

두 번째, 기본적인 학습 습관 지도가 잘되어 있었습니다. 아이들은 선생님 발문에 적극적으로 손을 들어 발표하려고 하였고 또박또박하게 잘 들리게 발표하였으며 토의에 열심히 참여하는 등 수업에 질서가 있었습니다. 다른 친구들이 말할 때 경청하는 태도 또한 좋아 보였습니다. 이런 아이들의 태도는 저절로 길러지는 것이 아니라 선생님의 학습 훈련이 있기에 가능한 것입니다. 그 선생님들은 학기 초부터 의도적으로 발표, 토의·토론, 경청하기 등 기본 학습 습관을 훈련시켰을 것입니다.

세 번째, 교육과정을 재구성하여 창의적인 수업을 하였습니다. 새로운 토의·토론 기법을 적용해 보려고 하였으며, 아이들이 수업에 참여할 수 있는 방법을 고민하고, 행복한 수업을 위해서 새로운 것에 도전하려는 모습은 정말 감동적이었습니다. 이런 선생님 밑에서 공부하는 아이들은 얼마나 행복할까요? 화려한 수업 기법이어야만 아이들에게 행복한 수업이 되는 것은 아닙니다. 아이들이 집중하게 만드는 수업, 아이들이 적극적으로 참여하게 만드는 수업, 아이들의 힘으로 해결하는 수업을 준비한다면 몇 가지 수업 기술만으로도 얼마든지 아이들이 즐겁고 배움이 활발하게 일어나는 수업을 할 수 있습니다.

수업을 잘하는 선생님은 늘 아이들에게 초점을 맞추고 있습니다. 수업을 준비하면서, 수업을 진행하면서, 피드백하면서도 오로지 아이들에게 배움이 잘 일어날 수 있도록 노력하고 아이들의 행복한 모습을 보며 선생님도 행복해합니다.

"천재는 99%의 노력과 1%의 재능으로 이루어진다."라는 에디슨의 말처럼 수업을 잘하는 선생님은 99%의 노력과 1%의 재능으로 이루어집니다.

태어나면서부터 잘 가르치는 선생님은 없습니다. '어떻게 하면 수업을 잘할 수 있을까?', '어떻게 하면 우리 아이들에게 배움이 잘 일어날까?', '어떻게 하면 아이들이 행복한 수업을 할 수 있을까?' 이런 고민에서 시작하여 끊임없이 연구하고 노력하면서 뛰어난 선생님으로 성장하는 것입니다.

언젠가 배움 수업 연수 강의할 때 참여한 선생님들께 질문해 보았습니다.

"최근에 가장 좋았던 수업은 무엇인가요?"

"수학 수업을 했는데 아이들이 정말 재미있어했습니다."

"그 이유는 무엇인가요?"

"수학 문제 풀이를 게임 방식으로 했더니 아이들이 좋아했습니다."

"게임은 왜 했나요?"

"전에 어떤 책에서 게임 방식 수업을 본 적이 있어서 적용해 보았습니다."

"최근에 가장 망쳤던 수업은 무엇인가요?"

"얼마 전에 사회 수업을 했는데 아이들이 무척 힘들어했습니다. 저도 무척 힘들었습니다."

"그 이유는 무엇이라고 생각하나요?"

"제가 너무 피곤해서 교과서에 있는 내용을 그냥 대강 읽고 설명하면서 아이들에게 풀라고만 한 거 같아요."

선생님들이 고백한 효과적인 수업과 그렇지 못한 수업에서 가장 큰 차이는 수업 준비를 얼마나 했는가입니다. 수업 준비는 수업을 어떻게 할 것인지를 연구하는 것입니다. 교육과정을 분석하여 준비된 수업을 하는 선생님은 아이들에게 더 큰 배움을 줄 수 있습니다.

레스토랑에 요리사가 아무 준비도 없이 그냥 있는 그대로 성의 없이 요리한다면 그 음식을 먹는 사람들은 얼마나 맛있다고 느낄 수 있을까요? 선생님은 무엇을 어떻게 가르칠 것인지, 피드백은 어떻게 할 것인지에 대해 사전에 고민해야 합니다. 수업을 하기 전에 충분히 수업 연구를 해야 합니다. 더 시간이 된다면 어떻게 재구성하면 더 효과적일 것인지, 어떻게 하면 흥미 있고 재미있게 참여할 수 있을 것인지를 연구하여야 합니다.

수업의 질은 선생님의 수준을 넘어설 수 없습니다. 아이들의 배움 또한 선생님의 그것을 넘어설 수 없습니다. 아이들의 배움은 선생님들의 노력에 달려 있습니다.

"선생님 수업 정말 재밌어요."

"선생님과 수업하면 시간 가는 줄 모르겠어요."

"오늘 뭔가를 배운 것 같아 정말 뿌듯해요."

"선생님, 또 도전하고 싶어요."

그리고 가장 중요한 아이들의 반응 하나.

"선생님, 잘 가르쳐 주셔서 감사해요. 선생님은 최고예요."

좋은 수업을 멀리서 찾지 말고 바로 선생님 자신에게서 찾았으면 좋겠습니다. 진정 좋은 수업의 가장 기본은 선생님입니다. 선생님의 수업 태도와 진행 기술, 아이들의 학습 태도 훈련, 창의적인 수업에 도전하려는 열정 등이 좋은 수업, 행복한 수업을 만들 수 있습니다. 수업을 잘하는 선생님은 가르치는 역할을 충실히 하는 선생님입니다.

선생님의 사명은
아이를 가르치는 일이다

몇 년 전에 도 교육청에서 주관하는 '공감대토론회'에 참석한 일이 있었습니다. 토론회는 선생님과 학생을 대상으로 1부, 2부로 나뉘어 진행되었습니다. 1부 시작하면서 사회자가 토론의 분위기를 살리기 위해 몇 가지 마중물 질문을 하였습니다. 참석한 선생님과 학생들이 휴대폰으로 자유롭게 답하면 대형 스크린에 빅데이터처럼 실시간으로 올라가 많은 학생과 선생님의 생각을 엿볼 수 있었습니다. 여러 가지 질문 중 하나가 '학교에 왜 오는가?'였는데 답변들이 다양했습니다.

학생들은 '선생님이 보고 싶어서', '친구들과 놀기 위해', '동아리 활동을 하기 위해', '급식이 맛있어서' 등과 같이 공부와는 별로 관계가 없는 답변이 많이 나왔습니다. 학교는 학습하고 배움이 일어나는 곳이지만 아이들에게는 그 외의 역할도 중요한 것 같습니다.

선생님들의 답변 중에 '아이들을 가르치기 위해', '아이들이 성장하고 변하는 모습을 보면 보람이 있어서', '아이들이 보고 싶어서' 등 선생님다운 답변이 있기도 했지만, '그냥 학교에 가야 하니까', '월급을 받기 위해' 같은 조금 아쉬운 답변도 있었습니다.

언젠가 신규 교사 멘토링할 때 선생님들께 왜 교사가 되었는지 물어보았습니다. 저는 '아이들을 가르치는 보람을 얻기 위해' 등과 같은 모범 답을 기대했지만, 선생님 대부분은 '성적이 되어서', '직업이 보장되어서', '방학이 있어 여가를 즐기기 좋아서' 같은 답변을 하여 조금 아쉬웠습니다.

저는 초등학교 4학년 때부터 초등학교 선생님을 꿈꾸고 그 꿈이 한 번도 변하지 않았으며 교대를 졸업하고 발령받아 34년을 학교에서 아이들을 가르치면서 교사라는 직업이 천직이라고 생각하였습니다. 저는 다시 태어난다 해도 여건이 되면 교사라는 직업을 선택할 것입니다. 물론 아이들을 가르치면서 힘들기도 하고 때로는 상처도 많이 받지만, 그래도 한 아이를 가르치고 그 아이가 변화하여 바르게 성장하는 모습을 볼 때 교사로서 보람은 매우 크기 때문입니다.

호주에 여행을 갔을 때 가이드가 한 말이 생각납니다. 그 가이드는 60세 중반 정도의 나이로 보였는데, 가이드로서 자부심이 대단했습니다. 서울에서 공무원 생활을 하다가 30대 후반에 호주로 넘어와서 가이드 일을 하기 시작하였다고 합니다. 자신은 호주에서 가이드를 하는 것이 천직이라고 말하며 걸을 힘이 있을 때까지 하고 싶다고 하였습니다.

"저는 매주 새로운 여행객들이 오더라도 늘 새롭고 설렙니다. 매주 같은 여행 코스를 다녀도 전혀 지루하지 않습니다. 그리고 늘 새로운 이야기를 여행객에게 들려드리기 위해 매일 고민하고 또 고민합니다. 저는 움직이는 힘만 있다면 계속해서 이 일을 하고 싶습니다."

아이들을 가르치며 힘든 일도 많았지만, 아이들이 저에게 칭찬해 줄 때 가르치는 보람을 느끼고 교사로 살아갈 수 있는 동력을 얻었습니다.

"수업 시간에 말하는 것이 귀에 잘 들어온다."
"그림을 예술적으로 이해하기 쉽게 잘 그리면서 설명한다."
"선생님과 수업하면 시간 가는 줄 모르고 즐겁다."
"선생님께서는 과학 시간에 전문가 포스로 수업해 주셔서 대단한 수업을 듣는 것 같았다."
"수업할 때 짝과 모둠, 반 전체로 토의하고 토론하는 것이 좋았다."
"항상 재미있는 수업을 만드시려고 노력하는 모습이 좋았다."

이 중에서 가장 마음에 드는 칭찬은 "항상 재미있는 수업을 만드시려고 노력하는 모습이 좋았다."입니다. 아이들은 말로 잘 표현하지는 않지만, 선생님이 열심히 노력하는 모습은 잘 알고 있으며 이를 인정해 줄 때 정말 보람을 느낍니다. 아이들이 불러 주는 그 이름, '선생님'은 정말 귀하고 소중한 이름이며 아이들에게 정말 좋은 선생님이 되어야겠다는 생각을 잊지 않게 해 줍니다.

최무연 수석 교사가 쓴 『나는 수업하러 학교에 간다』에 보면 경기도 임용고사에서, 교사가 된 후의 버킷리스트 10가지를 적어 보라는 과제가 제시되었다고 합니다.

"수업을 잘하고 싶어요."

"아이들을 잘 가르치고 싶어요."

"아이들에게 존경받는 선생님이 되고 싶어요."

대부분 교사로서의 바람직한 바람들을 적었지 "하루빨리 승진하고 싶습니다."라고 쓴 예비 교사는 없었다고 합니다. 이런 선생님들이 발령 나자마자 승진 점수를 위해 애를 쓰는 오늘날 우리 현실이 정말 안타깝습니다. 영특하고 재능이 많은 젊은 선생님들이 그 역량을 아이들에게 쏟는다면 우리 아이들이 얼마나 행복해하며 우리 교육이 얼마나 발전할까요? 한 가지 분명한 것은 우리는 초등학교 교사이며 아이들을 가르치기 위해 임용되었고 또 아이들을 가르치는 일에 사명을 가진 선생님이라는 것입니다.

최근에 성인 남녀 1,000명을 대상으로 한 스승의 날 여론조사 결과 가장 좋은 기억으로 남는 선생님 유형으로 1위가 유쾌하고 재밌는 수업을 하시는 선생님, 2위가 기준이 분명하고 공정한 지도를 하시는 선생님, 3위가 현실 조언을 잘해 주시는 선생님, 4위가 고민을 잘 들어주고 공감해 주시는 선생님, 5위가 수업이 창의적이고 흥미로운 선생님이었습니다. 선생님이 지금 가르치고 있는 반 아이들은 20년 후에 선생님을 어떤 선생님으로 기억할까요?

선생님은 한 아이를
살릴 수 있는 힘이 있다

　제가 선생님이라는 꿈을 가지게 된 것은 초등학교 4학년 때 담임 선생님 때문이었습니다. 어릴 때 저는 매우 소극적이고 소심한 아이였습니다. 스스로 손을 들어 발표한 적은 한 번도 없었으며, 혹시라도 선생님이 발표시키면 얼굴이 빨개지며 대답을 못 하곤 했습니다. 그리고 발표를 지명당할까 봐 엄청나게 긴장하고 떨었던 기억도 있습니다. 그런 제가 처음으로 선생님께 칭찬받은 적이 있었습니다. 제 뒤에 앉은 아이가 장난을 쳐서 선생님이 칠판지우개를 그 아이에게 던졌는데 제 옆에 떨어졌습니다. 선생님은 이렇게 말했습니다.
　"찬진아, 칠판지우개를 선생님에게 던져라."
　제가 감히 선생님께 어떻게 칠판지우개를 던지겠습니까? 두 손으로 공손히 갖다 드렸더니 선생님께서 생각지도 못한 칭찬을 해 주셨습니다.
　"선생님이 던지라고 해도 이렇게 바르게 갖다 드리는 것은 정말 잘하는 것이다. 모두 찬진이에게 박수를 쳐 주자."
　그때부터 선생님이라는 존재가 엄청 대단하다고 느꼈으며 막연히 '나도 선생님이 될 수 있을까? 선생님이 되고 싶다.'라는 생각을 했습니다. 보통의 아이에게는 아무렇지도 않은 칭찬일지 모르지만, 저에게는 엄청난 칭찬이었으며 감동이었습니다. 그 이후로 선생님을 꿈꾸었고 결국 선생님이 되었습니다. 이렇게 선생님의 말 한마디는 한 아이를 살릴 수 있는 위대한 힘이 있습니다. 2021년 『가르치는 기술』이라는 책을 발간하고 난 후 한 제자에게 메일을 받았습니다. 20여 년이 지나 오랜만에 받은 편지라 매우 설레고 반가웠습니다.

안녕하세요, 선생님.

저는 20○○년도 ○○초등학교 졸업생 ○○○입니다. 6학년 ○반 선생님 제 자였습니다. 선생님께서는 항상 조용한 저를 기억 못 해 주시겠지만 저는 선생님을 잊어 본 적이 없습니다. 철없고 행복했던 초등학교 시절을 지나, 자라면서 힘든 시간이 참 많았습니다.

항상 어려울 때마다 선생님께서 해 주신 말씀들을 떠올리며 잘 지내 왔습니다. 벌써 졸업한 지 ○○년이라는 세월이 흘렀습니다만 제 머릿속에는 불과 며칠 전의 일처럼 생생한 기억들이 많습니다.

저는 내성적이고 부끄럼이 많았지만 사고도 많이 치던 어린아이였습니다. 제가 철없는 시절 잘못을 저지른 기억이지만 어린아이에게 혹독했던 선생님들 기억이 많이 납니다. 그러면서 점점 의기소침해지고 누구에게 나서지도 못하는 아이가 되었습니다.

그러다 6학년 때 선생님을 만나 뵙고선 정말 사랑을 받는다는 기분을 처음 느꼈습니다. 잘못하는 아이는 보이지 않는 곳에서 다그쳐 주셨고 잘하는 아이에겐 선생님께서 상을 만들어 모든 반 친구들이 보는 앞에서 상을 주시던 기억, 음악 시간이면 음악 교실로 옮겨 딱딱한 수업을 받던 우리에게 따로 시간을 내어 진정한 음악 시간이라시며 기타 치며 노래를 불러 주시던 기억, 학교를 마치고 우리끼리 축구하고 있을 때 갑자기 선생님께서 체육복 입고 나오셔서 같이 공 차던 기억, 같이 야구했던 기억(선생님께서 야구 선수 해도 되겠다고 하시어 그 시절 꿈이 야구 선수였습니다).

무엇보다 뜨거웠던 월드컵이 열렸던 6학년 시절 선생님께서 응원하는 방법까지도 알려 주셨던 기억이 있습니다. 너희가 응원 잘해서 우리나라가 이기면 아이스크림을 사 주겠다시며 약속하셔서 목청이 터지도록 대한민국을 소리쳤던 것이 기억납니다(그때 생각보다 우리나라가 너무 많이 이겨서 아이스크림을 자주 사셨어요).

졸업 전에 선생님께서 우리 반 친구 한 명 한 명 카메라로 동영상을 남겨 주

> 셨어요. CD로 만들어서 나눠 주셨는데 그걸 잃어버려서 너무 안타깝습니다. 졸업 때 반 친구들과 같이 많은 눈물을 흘렸던 것이 기억납니다. 졸업한 다음 해 스승의 날 때 친구들과 한 번 찾아뵙고는 못 뵈었네요. 중학교, 고등학교, 대학교, 다니면서 선생님을 한번 찾아뵙고 싶었지만 아주 조용했던 학생으로 못 알아보실까 하는 생각에 용기가 없었습니다. 물론 따뜻하게 맞아 주시겠지만 제 마음이 그랬어요. 오이 선생님, 항상 건강하시고 행복한 일만 있길 기도하겠습니다.

소크라테스는 학생 스스로 생각할 수 있는 능력을 심어 주는 게 최고라고 믿었습니다. 그래서 그는 "나는 그 누구에게도 아무것도 가르칠 수 없다. 나는 다만 그가 생각하도록 만들 뿐이다."라고 말했습니다. 아인슈타인은 이렇게 말했습니다. "지식과 창조적인 표현에 기쁨을 자각하는 능력은 선생님만이 최고 예술이다."

"1년을 생각한다면 씨앗을 심고, 10년을 생각한다면 나무를 심고, 100년을 생각한다면 사람을 가르쳐라."라는 어느 철학자의 말처럼 사람을 가르치는 일은 눈에 띄는 결과가 나타나지 않을 수 있습니다. 몇십 년을 기다려도 보이지 않을 수 있습니다. 그래도 지금 선생님이 아이들에게 미치는 영향을 과소평가하지 마시기 바랍니다. 선생님에게는 '한 사람'을 살릴 수 있는 힘이 있기 때문입니다.

모두가 헬렌 켈러를 포기했을 때 설리번 선생님은 "이제 시작이다!"라고 했습니다. 그래서 헬렌 켈러는 선생님에게 이런 증언을 할 수 있었습니다.

"나의 모든 최고는 선생님 거예요. 선생님의 따듯한 터치 없이는 재능이나 기쁨이나 소망이 하나도 가능하지 않았을 거예요. 내 인생의 가장 중요한 날은 설리번 선생님이 저를 찾아오신 날이었습니다."

매일 힘들고 지치더라도 한 번씩 선생님이라는 귀한 이름을 되새겨 보며 힘을 냈으면 좋겠습니다. 아이들이 불러 주는 그 이름, '선생님'은 정말 귀하고 소중한 이름이며 한 아이를 살릴 수 있는 위대한 존재입니다.

선생님은
아이의 거울이다

    인터넷 백과사전에서 선생님의 뜻을 찾아보면 '학생을 가르치는 사람을 두루 이르는 말'이라고 나옵니다. 그런데 한자의 뜻을 그대로 해석해 보면 먼저 선(先) 태어날 생(生)으로 '먼저 태어났다'라는 말입니다. 넓은 의미로 보면 나보다 먼저 태어난 모든 사람은 선생님이라며 존대해도 크게 이상하지는 않을 것 같습니다. 하루 빛이 무섭다고, 하루의 경험이란 지혜를 쌓는 데 귀중한 것이기 때문에 곳곳에 선생님이 참 많은 것 같습니다.

    하지만, 학교에서 아이들을 가르치는 선생님은 단지 먼저 태어나고 지혜가 뛰어나기에 선생님이라고 불리는 것과는 다릅니다. 그 이유는 선생님은 한 아이의 인생에 영향을 줄 수 있는 중요한 존재이고 아이들을 직접 가르치기 때문입니다. 학교 선생님은 먼저 태어나 인생을 살아 보았으며 앞으로 살아갈 아이들에게 어떻게 살아가야 하는지를 가르쳐야 합니다. 가르치는 것으로 그치지 않고 아이들에게 말과 행동으로 몸소 실천하며 본을 보여 주어야 합니다. '부모는 자녀의 거울'이라는 말이 있듯이 학교에서는 '선생님이 아이의 거울'입니다.

    점심시간에 5, 6학년쯤 되어 보이는 아이들이 축구를 하고 있었습니다. 그때 몇몇 아이들이 실내화를 신고 있어서 불렀습니다.

    "얘들아, 운동장에서 실내화를 신고 축구를 하면 안 되잖아!"

    한창 야단치고 있는데 한 아이가 손을 들고 말하였습니다.

    "선생님, 저기 선생님들은 실내화를 신고 운동장을 다니시는데요."

그 순간 더 이상 아이들을 야단칠 수 없었습니다.

"다음부터는 운동장에 나올 때는 운동화를 꼭 신고 오너라."

급하게 얼버무리듯이 아이들을 교실로 보냈습니다. 언행일치(言行一致). 우리 선생님들이 명심해야 할 사자성어입니다. 선생님이 가르치는 말과 선생님의 행동이 일치하지 않으면 아이들은 선생님을 신뢰하지 않습니다. 직접 따지지는 않더라도 적어도 '선생님이 그렇게 하면 안 되지 않나?'라고 의심은 할 것입니다. 선생님의 권위는 외적인 권위도 있지만 아이들에게서 받는 신뢰가 모여 내적인 권위가 되기도 합니다. 선생님의 권위는 말과 행동에서 나옵니다. 아무리 사소한 것이라도 선생님은 아이들에게 말한 것을 꼭 지키려고 노력해야 합니다. 선생님의 말과 행동은 아이들에게 본이 되기 때문입니다.

아이들은 실내에서, 운동장에서 뛰어다니는 것을 좋아합니다. 복도를 다닐 때도 뛰어다니는 아이가 많습니다. 선생님은 복도를 다닐 때는 오른쪽으로 천천히, 조용히 다니라고 매일 지도합니다. 그런데 정작 선생님은 복도를 다닐 때 우측통행하지 않는다면 아이들은 어떻게 생각할까요? '선생님은 우측통행 안 하시네?' 이런 의심을 하지 않을까요? 아니면 선생님이니까 당연히 안 지켜도 된다고 생각할까요? 한 아이가 우측통행하지 않고 뛰어다녀서 그 아이에게 바르게 다니라고 지도할 때, "선생님도 안 지키시잖아요!"라고 따진다면 어떨까요?

아이들의 눈은 무섭습니다. 안 보는 것 같아도 보고 생각하고 느낍니다. 잘못된 것도 다 알아냅니다. 체육 시간에 안전에 대해 수업하면서 오천조 통행 규칙을 알려 주었습니다. '오른쪽으로 천천히 조용히' 쉬는 시간에 꼭 지키자고 약속하고 나왔는데, 아이들이 졸졸 따라오는 것이었습니다. 선생님은 우측통행을 바르게 하는지 감시한다면서.

직접적인 교육을 통해 아이들은 많은 것을 배웁니다. 그리고 선생님의 행동을 보며 간접적으로 또 배웁니다. 그래서 선생님은 교실 안이든 교실

밖에서든 의도적으로 본을 보여 주어야 합니다. 선생님은 아이들의 거울이기 때문입니다.

이제는
교사 수준 교육과정이다

　1992년 4월, 제가 첫 발령을 받았을 때 솔직히 수업에 대해 아무것도 몰랐습니다. 교육과정이 무엇인지도 몰랐습니다. 제가 알고 있었던 것은 초등학교 때부터 고등학교 때까지 선생님과 공부했던 방법과 지식이었습니다. 당연히 수업은 교과서로만 해야 하며 기말고사, 중간고사, 월말고사 등의 총괄 평가로 성적을 매기고 아이들을 평가해야 한다고 생각하였습니다. 모든 교육이 국가 중심 교육과정으로 운영되었으며 아이들은 대상에 불과하였습니다. 국가에서 필요한 교육, 선생님이 필요한 교육을 했을 뿐 정작 아이들에게 필요한 교육은 미흡하였습니다.

　발령 첫 해, 오후에 비가 온다고 하여 6교시 체육 시간을 4교시로 옮겼다가 교감 선생님께 불려 가 엄청나게 혼났던 기억도 있습니다. 교육이, 수업이, 평가가 분절되고 단절되어 일관성이라고는 없이 지식 중심의 주입식 교육이 거의 전부였던 시절이었습니다. 제가 다녔던 학교 시절을 포함해서 2000년 이전까지 우리나라 교육은 이러했습니다. 선생님과 아이들도 무작정 그대로 해야 하는 것인 줄 알았습니다.

　그러나 4차 산업혁명 시대에 들어서면서 우리나라 교육도 조금씩 변화하기 시작하였습니다. 2014년 도입된 배움중심수업과 과정중심평가는 그동안 우리가 간과했던 교육의 본질에 대해 철학적인 접근을 시도하면서 교육의 방법, 내용, 평가 측면에서 큰 변화를 불러일으켰습니다. 배움중심수업의 도입으로 수업은 어떤 모델이나 형식적인 절차가 아닌 철학과 가치의 문제가 되었고, 과정중심평가는 점수화, 서열화의 결과 중심에서 아이의 성장을 촉진시키기 위한 피드백의 중요성을 일깨워 주었습니다. 그리고 이러한 변화는 교육을 교사 중심에서 학습자 중심으로 바꾸는 획기적인 패러다임의 전환을 가져왔습니다.

교사 수준 교육과정은 국가 수준 교육과정을 기본으로 지역의 특수성과 학교, 학급, 학생 특성을 반영하여 학생의 삶과 연계될 수 있도록 재구성된 교육과정을 의미합니다. 국가·지역 수준의 교육과정만으로는 우리 아이들이 사는 지역의 특수성이나 아이들의 능력과 수준을 고려하기 힘들기 때문에 우리 학교 아이들의 삶을 제대로 담아내는 것이 불가능합니다. 그래서 교사 수준 교육과정은 아이들의 삶과 앎의 연계를 위해서 반드시 필요한 일입니다. 그렇기 때문에 교과서 중심의 수업에서 교육과정 중심의 수업으로 전환되어야 하며, 교사 수준 교육과정을 실현하기 위해서는 교육과정의 문해력을 길러야 합니다.

이제 모든 것은 아이들을 가르치는 선생님에게 주어졌습니다. 교사 수준 교육과정은 더 이상 미룰 수 없는, 교육 전문가로서 선생님에게 주어진 가장 중요한 역할입니다. 교사 수준 교육과정을 운영할 수 있다는 것은 마치 PD처럼 수업을 구상하고 실행할 수 있는 막강한 권한이 주어졌다는 것입니다. 같은 성취 기준이라 해도 어떻게 수업을 설계하고 평가해야 하는가는 선생님의 손에 달렸습니다. 우리 반 아이들에게 딱 맞는 맞춤형 교사 수준 교육과정을 만들어 아이들과 재미있고 보람 있게 수업한다는 것, 상상만 해도 멋지지 않은가요?

학교 현장의 선생님들은 업무 부담, 학생 생활지도의 어려움, 학부모 민원 문제 등 여러 가지 이유로 교사 수준 교육과정이나 교육과정 재구성을 어려워하고 있습니다. 물론 일부 선생님들은 전문적 학습 공동체나 교사 동아리, 교과 연구회 등을 통해 연구하고 연구한 내용을 수업에 적용하려고 노력합니다. 중요한 것은 아직도 교실에서는 교과서 중심의 수업이 많이 이루어지고 있다는 사실입니다. 교사 수준 교육과정에 당위성이나 필요성, 중요성은 잘 알고 있지만 정작 실현했을 때 얼마나 효과적인지는 잘 모르는 경우가 많은 것 같습니다. 교육과정-수업-평가 일체화의 관점에서 두 선생님의 수업 설계 사례를 보면 왜 교사 수준 교육과정이 중요한지 알 수 있습니다.

〈교육과정-수업-평가 일체화 수업 설계 비교〉

A 선생님의 수업 설계		B 선생님의 수업 설계	
[4국03-03] 대상에 대한 자신의 의견과 그렇게 생각한 이유가 드러나게 글을 쓴다.		[4국03-03] 대상에 대한 자신의 의견과 그렇게 생각한 이유가 드러나게 글을 쓴다.	
교수·학습 과정	과정중심평가	교수·학습 과정	과정중심평가
- 우리 마을 문제 찾기 (1차시) (브레인스토밍) - 모둠별 주제 정하기 - 마을 문제 해결 방법 토의하기	- 마을 문제 찾기 위해 의견 교환하기 (토의, 토론) - 문제 해결 방법 찾기 (토의)	- 제안하는 글의 중요성 알아보기(1차시) - 제안하는 글 주제 제시하기	
- 제안하는 글 개요 짜는 법 알아보기(2차시) - 글의 개요 짜고 돌려 읽기 - 글의 개요 수정하기	- 제안하는 글 개요 짜기 (서·논술) - 돌려 읽고 고쳐쓰기 (동료평가)	- 제안하는 글 개요 짜는 법 알아보기(2차시) - 제안하는 글 개요 짜기	- 제안하는 글 개요 짜기 (서·논술)
- 제안하는 글 쓰는 방법 알아보기(3차시) - 제안하는 글쓰기	- 제안하는 글쓰기 (서·논술)	- 제안하는 글 쓰는 방법 알아보기(3차시) - 제안하는 글쓰기	- 제안하는 글쓰기 (서·논술)
- 제안하는 글 모둠 친구들과 돌려 읽고 PMI 소감 달기(4차시) - 고쳐 쓰기, 자기평가 하기	- 돌려 읽고 고쳐 쓰기 (동료평가, 자기평가)		

A 선생님과 B 선생님의 수업을 비교해 보면 수업 설계도 다르지만, 그 효과 또한 다른 것을 알 수 있습니다. A 선생님 수업은 아이들이 주도적으로 참여하는 학습자 중심 활동으로 아이들 스스로 문제를 찾아 제안하는 글의 주제를 고르기까지 흥미 있게 참여합니다. 하지만, B 선생님의 수업에 참여한 아이들은 선생님이 정해 준 주제에 대해서만 제안하는 글을 쓰기 때문에 자기 삶과 동떨어져 흥미를 느끼기가 어렵습니다.

A 선생님 수업에서는 아이들이 쓴 글을 서로 바꾸어 읽어 보고 보완하면서 함께 만들어 가는 수업을 하고 있기 때문에 친구들의 도움으로 자신의 글이 점점 좋아지고 있음을 느끼고 성취감을 가질 수 있습니다. 반면 B 선생님 수업에 참여한 아이들은 얼마나 성취도에 도달했는지 알기 어렵고 다른 친구들의 글이 어떤지 모르기 때문에 비교할 수도 없고 성취감을 느끼기도 어렵습니다.

적극적으로 참여한 아이들은 배움이 활발하게 일어나고 배움을 통해 느낀 성취감으로 배움의 즐거움과 자신감을 배가시키게 됩니다. 또한 제안하는 글을 쓰는 방법을 알고, 제안하는 글을 짜임새 있게 쓸 수 있는 능력이 생기며, 문제가 있을 때는 제안하는 글로 자신의 의견을 표현해야겠다는 태도를 갖게 됩니다. B 선생님 수업에 참여한 아이들보다 A 선생님 수업에 참여한 아이들이 더 흥미 있게 수업에 참여하고, 지식과 기능, 태도의 성취 기준에 많이 도달하며 성취감도 높습니다.

한 가지 더 중요한 것은 핵심 역량입니다. A 선생님의 수업 설계를 보면 1차시부터 4차시까지 학생 참여 중심의 수업 방법을 적용하여 의사소통 능력, 지식 정보 처리 능력, 서로 상호 보완을 통해 더 좋은 글로 완성되어 협동의 중요성을 깨닫는 공동체 역량 등을 기르는 데 많은 도움이 되지만, B 선생님 수업에서는 수동적인 학습으로 배움이 적게 일어나고 흥미가 부족하며 핵심 역량 또한 기를 수 있는 기회를 얻지 못하게 됩니다. 물론 B 선생님도 수업하지 않은 것은 아닙니다. 하지만 교육의 본질이 한 아이의 긍정적인 변화와 성장이고, 수업의 본질이 배움과 역량을 기르는 것이라면 A 선생님처럼 아이들이 흥미 있게 참여하여 배움과 역량을 마음껏 기를 수 있도록 수업 마당을 펼쳐 줄 수 있는 수업 설계가 필요합니다.

교육과정-수업-평가 일체화는 교사 수준 교육과정을 위해 수업 설계 역량을 길러야 함을 제시하는 교육의 패러다임이며, 교육과정 재구성을 통해 아이들이 마음껏 재능과 능력을 펼쳐서 배움과 역량을 기를 수 있도록 하는 것은 선생님의 몫입니다.

《4차 산업혁명 시대 미래형 인재를 만드는 최고의 교육》에서 제시한 미래 사회에 필요한 역량은 6C입니다. 협력(Collaboration), 의사소통 능력(Communication), 전문적 지식(Contents), 비판적 사고(Critical Thinking), 창의성(Creativity), 자신감(Confidence)은 미래 사회에 잘 적응하며 자신의 가치관을 바르게 정립하고 타인과 더불어 협력하며 새로운 것을 창조해 나가는 데 꼭 필요한 역량들이라 할 수 있습니다.

지금 우리나라 교육은 이러한 역량을 기르는 데 부족함이 없을까요? 2022 개정 교육과정에서는 핵심 역량을 기를 수 있도록 교과별 교육과정에 다양한 학습 방법 등을 제시하였습니다. 그리고 그 방법들은 교과서와 교사용 지도서에 고스란히 담겨 있지만, 교과서의 내용만 가지고 수업한다면 과연 우리 아이들이 얼마만큼의 역량을 기를 수 있을지 의문이 듭니다.

이제 교과서를 벗어나 더 넓은 세계로 아이들을 인도하여 더 많은 경험과 활동으로 스스로 문제를 해결해 나가는 자기 주도적 학습을 통해, 아이들의 미래를 스스로 개척해 나갈 수 있도록 미래 역량을 길러 주어야 합니다. 이론과 실제는 다르다고 하지만 2022 개정 교육과정을 기반으로 수업 전문성을 길러 아이들에게 날개를 달아 주어야 합니다. 그렇지 않다면 아무리 좋은 교육과정도 빛 좋은 개살구가 될 것이기 때문입니다. 따라서 선생님은 이제 교사 수준 교육과정을 만들어 나가며 아이들이 미래 사회에 필요한 역량을 마음껏 기를 수 있도록 해야 할 것입니다.

어떻게 보면 교육과정을 구성할 수 있는 교사 수준 교육과정은 선생님에게 주어진 엄청난 권리입니다. 작가가 책을 쓰는 것처럼, 감독이 영화를 찍어내기 위해 모든 것을 기획하고 연출하는 것처럼 중요하고도 대단한 권한입니다. 단순히 매뉴얼대로 공장에서 찍어내듯이 일을 처리하는 것 이상으로 새로운 것을 창조해 내는 창의적인 교육 활동을 펼칠 수 있는 것입니다. 그리고 이러한 창의적인 교육 활동을 통해 우리 아이들이 즐겁게 공부하고, 깊은 배움으로 역량을 기른다면 미래 사회에서 자신의 인생을 멋지게 살아갈 수 있지 않을까요? 한 아이의 미래에 영향을 줄 수 있는 직업이나 일은 이 세상에 흔하지 않습니다.

수업 컨설팅으로
수업 전문성을 기르다

    선생님은 수업을 잘하는 교육 전문가입니다. 수업을 잘하기 위해서는 수업 설계에 대한 전문성을 길러야 합니다. 그냥 교과서를 가지고 하루하루 수업한다고 수업 전문성이 길러지지는 않습니다. 저도 첫 발령을 받고 10년 동안은 수업 설계에 대한 전문적인 지식이나 소양이 없이 경험으로만 주먹구구식으로 수업을 해 왔습니다. 제가 수업하면 아이들이 좋아하길래 잘하는 줄 알았지만, 그것은 착각이었습니다. 연구 없이, 연습 없이, 노력 없이 수업 전문성이 길러지는 일은 없습니다. 그냥 수업을 많이 한다고 아이들이 좋아한다고 수업을 잘하는 것은 절대로 아니라는 것을 명심해야 합니다.

    2015년 학습지도연구대회에서 수업 설계를 잘못해서 수업을 망쳤을 때 수업 전문가 선생님께 수업 설계에 대해 컨설팅받고 수업 설계를 했다면 배가 산으로 가는 엉터리 수업을 하지는 않았을 것입니다. 저는 창피하면 그만이지만 그 시간에 아이들은 배워야 할 것을 제대로 배우지 못하고 익혀야 할 것을 제대로 익히지 못한 것 같아 미안했습니다.

    수업하는 사람은 나무만 보고 전체 숲을 보지 못하는 오류를 범하기 쉽습니다. 그래서 선생님은 자신의 수업을 공개하면서 수업 전문가의 컨설팅을 통해 수업하는 법을 배워야 합니다. 비 온 뒤에 땅이 굳어진다는 말처럼, 그때 망쳤던 수업을 통해서 저의 수준을 알게 된 것이 전환점이 되었으며 저에게는 큰 소득이었습니다. 그 이후로는 다양한 수업 관련 서적을 찾아보기 시작하였고 롤 클라크라는 선생님이 쓴 《아이를 위대하게 만드는

55가지 원칙》을 읽으면서 수업의 전문성을 기르기 위해 노력하였습니다. 그리고 다시 학습지도연구대회와 수업연구교사대회 등을 통해 수업 전문성을 기르고 수업 명사도 될 수 있었습니다.

2010년부터 코로나19 이전까지 '저경력 교사 중심의 수업 컨설팅'이라는 도 교육청 정책이 있어 여러 학교를 방문하여 컨설팅한 적이 있었습니다. 자의든 타의든 컨설팅을 받는 선생님들은 어색하면서도 자신의 수업을 공개하는 것을 불편해하였습니다. 자신의 수업을 다른 사람에게 보여 주면서 지도받는다는 것이 결코 쉬운 일은 아니었기 때문입니다.

저는 선생님의 수업 영상을 보고 그 선생님의 강점과 약점을 파악한 후에 수업 개선에 필요한 지도 기술 1~2가지를 실천하는 미션을 주어 일주일 뒤에 점검하는 방식으로 수업 컨설팅을 하였습니다. 신기하고 놀라운 것은 일주일간이지만 많은 변화가 있음을 선생님도 저도 느낄 수 있었습니다. 그런 변화에 선생님들은 자신감을 가지고 더 열심히 하고자 하는 의지를 보여 주셨습니다. 혼자서는 외롭고 두렵고, 자신이 없었던 저경력 선생님들이 컨설턴트의 도움을 받아 조금씩 자신감을 회복하고 나만 힘든 게 아니라는 사실을 알게 되면서 힘내는 모습들이 참 좋았습니다.

수업연구교사대회에 참가하시는 선생님들은 저에게 수업 컨설팅을 받고 수업에 눈을 뜨게 되고 열정도 더 생겨났다고 하였습니다. 아이들이 수업하면서 배움이 일어나 성장하는 것처럼 선생님들도 수업 컨설팅을 통해 수업 전문가로 성장하였으면 좋겠습니다.

다음은 수업 컨설팅을 받은 선생님들의 솔직한 후기입니다. 이 후기를 보면 수업 컨설팅으로 선생님들이 수업에 대해 배우며 성장하고 있음을 알 수 있습니다.

"요즘 학교 오는 발걸음이 너무 힘겨워 옆 반 선생님께 투덜거리는 날이 다반사였습니다. 3, 5, 10 교직병에 걸렸다며 3년 차에 힘들고, 5년 차에 힘들 것이며, 10년 차에도 힘들 것이라고 저를 다독여주셨습니다. 다른 분들도 힘들었고, 저 역시 교사로서 성장통을 겪고 있는 것으로 생각하며 하루하루를 잘 버티는 것으로 살고 있는 나날에 변찬진 선생님께 컨설팅을 받게 되었습니다.

변찬진 선생님은 교생 실습하면서 너무 인상 깊었던 선생님이어서 컨설팅받는 것이 참으로 반갑고, 많이 배울 수 있을 거라 기대가 되었습니다. 컨설팅을 받으려면 수업 준비도 엄청 많이 해야 하고, 보고서도 많이 써야 할 것 같아 부담도 살짝 있었지만, 그래도 아이들과 활발한 상호 작용 속에 배움이 일어났던 수업을 생각하니 기대되었습니다.

컨설팅은 정말 기대 이상으로 너무너무 멋진 시간이었습니다. 제가 항상 출연하고 싶었지만, 용기가 없어 망설였던 〈선생님이 달라졌어요〉와 같은 방식으로 진행이 되었습니다. 부끄러운 현실인 저의 수업을 동료 선생님과 함께 보면서 좋은 점과 개선해야 할 점에 대해 모둠 토의 형식으로 진행해 나갔습니다. 컨설턴트이신 변찬진 선생님은 지속적으로 저희에게 긍정적인 면을 찾아주셔서 정말 힘이 많이 났습니다. 특히 동료 선생님들과 자주 이야기할 시간이 없었는데, 컨설팅을 받으면서 '모두 나와 비슷한 점 때문에 힘들어하시는구나.' 하는 동질감이 느껴져서 더 좋았습니다. '나만 못한다 생각하며 나를 자책하느라 많은 에너지를 소비하고 있었구나.' 반성하며 잘한 점을 찾아 극대화해 나만의 수업을 만들어 나가야 한다는 변찬진 선생님의 조언이 가슴에 콕 박혔습니다.

1주일간 수행한 미션도 너무너무 재미있었습니다. 일제식 수업만 받았던 제가 아이들 배움 중심의 수업을 하려니 힘들었는데, 컨설팅 자체가 배움 중심이어서 좋은 경험이었습니다. 2주간 컨설팅을 하고 난 후 3년 차 병에 대한 처방전과 함께 컨설팅에 대해 다시금 생각하는 좋은 시간이 되었습니다. 선생님, 감사합니다."

"누군가에게 감명 깊은 강의를 받는다는 것, 대학교 다닐 때도 손에 꼽을 정도로 내 인생에서 많이 일어나는 일들은 아니었다. 내가 열심히 안 한 탓일 수도 있지만, 나의 고집이 강해서인 걸까, 남이 하는 말들을 잘 받아들이는 성격은 아니었던 것 같다. 하지만, 변찬진 선생님은 달랐다. 나의 고민 사항을 일방적인 처방이 아닌 도입부터 전개 그리고 마지막 감동 감화까지. 무릎을 탁! 치게끔 설명을 해주셨다.

특히, 변찬진 선생님은 자기 일처럼 나의 수업의 방향을 만들어주셨고 막히는 부분이 있었을 때 전화로도 1시간이든 2시간이든 열정적으로 컨설팅을 해주셨다. 정말 이러한 부분들이 처음 수업연구대회를 준비하는 나에게 너무나 큰 힘이 되었고 더 나아가 감동으로 다가오게 되었다. 더욱 열심히 해야겠다는 계기까지 되었다.

자신의 일처럼 시간과 정성을 쏟아가면서 컨설팅해 주시는 선생님은 정말 손에 꼽을 정도로 얼마 없을 것으로 생각한다. 몇 번의 컨설팅을 받아봤지만 내 교직 생활 중 멘토로 삼고 싶은 선생님이라는 것은 아마 변치 않을 것 같다. 고민이 있을 때, 모든 방면에서 풍부한 수업의 노하우로 도움을 주시는 것 외에, 합당한 이유를 말씀하시면서 논리 정연하게 컨설팅해 주시는 모습은 나도 장차 변찬진 선생님처럼 수업 이상의 노하우를 갖고 싶다는 생각을 하게끔 해 주었다."

"수업 연구에 지쳐 모든 것을 내려놓고 아무 생각 없이 지내고 있을 때 선생님께서 전화를 하셨다. 그러고는 조용한 목소리로 수업이 어떻게 준비되고 있는지 물으셨는데 그 순간 내 수업임에도 두 손을 놓고 있었던 자신이 얼마나 부끄럽던지. 큰 목소리 한 번 내시지 않았지만, 나에게는 참으로 준엄한 꾸짖음이 된 통화였다. 이후 다시금 서둘러 마음을 정리하고 수업을 준비하여 아이들과 즐겁고 보람된 시간을 꾸릴 수 있었다.

사람에게 배움이란 언제 일어나는 것일까? 감동이 있을 때가 아닐까? 그리고 감동은 누군가 나를 한결같은 믿음으로 바라보며 기다려줄 때 일어나지 않을까 생각한다. 변찬진 선생님과 함께 한 컨설팅이 그랬다. 선생님께서는 단 한 번도 꾸짖지 않으셨고, 다그치지 않으셨고, 서두르지 않으셨고, 가르치려 하지 않으셨다. 다만 필요할 때 당신의 얘기를 조용히 들려주실 뿐이었다. 그 조용한 기다림과 믿음이 나에게는 감동이었고 그 감동으로 인해 배움이 일기 시작했던 것 같다. '교사가 어떠해야 하는지, 수업 연구에 임하는 자세가 어떠해야 하는지, 학생들을 바라보는 마음이 어떠해야 하는지' 선생님께서는 소리 없이 보여 주셨다.

감동과 배움을 선물해 주신 선생님께 감사드리고, 선생님께 받은 만큼 후배들에게 돌려줘야 한다는 생각에 마음이 무겁기도 하지만 교사의 길은 혼자 가는 것이 아니라 함께 가는 것이라 생각하니 무게가 덜어지는 듯하다. 그리고 그 길에 변찬진 선생님께서 계시다는 생각을 하면 '또 다른 도전도 가능하다.'라는 자신감이 불끈 솟는다. 오늘도 선생님과의 인연에 감사하며 아이들과의 행복한 시간을 꿈꾼다."

아이의 변화와 성장을 위한
과정중심평가를 해야 한다

    미래 사회에 필요한 창의 융합형 인재를 기르기 위해 교육과정-수업-평가 일체화가 강조되면서 평가의 패러다임이 결과중심평가에서 과정중심평가로 바뀌었습니다. 제가 처음 발령받았던 1992년에는 월말평가, 중간평가, 기말평가 등 총괄평가가 많았습니다. 거의 매월 전교생이 같은 날 시험을 보고 선생님은 점수에 따라 그 학생의 학업 성취도를 평가했습니다. 심지어 음악·미술·체육과 같은 예체능 과목도 지필 시험을 통해 학생의 성취도를 평가했습니다. 물론 기능평가 결과를 반영하기도 했지만, 아이들은 예체능 과목도 지필 시험에서 만점을 받으면 그 과목을 잘하는 것으로 알았습니다. 무엇보다 평가의 주도권은 선생님에게 있었으며 선생님과 아이들은 정량적 평가 결과를 신뢰했습니다.

    이러한 평가 방법은 아이들로 하여금 학습할 내용을 달달 외우게 하고, 선생님은 사고의 확산을 도울 수 있는 교수·학습 방법을 고민하기보다 주입식 수업을 할 수밖에 없도록 유도했습니다. 아이들은 아무런 영문도 모른 채 칠판에 빽빽하게 쓰인 내용을 무조건 필기하고 암기했습니다. 그리고 그 내용으로 시험 보고 등급을 받는 악순환을 되풀이했습니다.

    지금은 학습 과정으로써의 평가로 패러다임이 변하여 과정중심평가를 강조하고 있습니다. 과정중심평가란 교육과정 성취 기준에 기반한 평가 계획에 따라 교수·학습 과정에서 학생의 변화와 성장에 대한 자료를 여러모로 수집하여 적절한 피드백을 제공하는 평가입니다. 따라서 과정중심평가는 수업 중에 이루어지는 모든 평가를 포함하는 것이며 학생의 성취도와 수행 과정 모두가 그 대상이 됩니다. 지식·기능·태도와 역량을 아우르는 종합적인 평가이기 때문에 수업 방법과 연계하여 평가 방법을 활용할 수 있습니다. 결국 과정중심평가의 궁극적 목적은 학습자의 변화와 성장을 위한 피드백입니다.

그러면 수십 년 전부터 사용해 왔던 학생 평가의 개념이 지금과는 다른 것이었을까요? 그것은 아닙니다. 옛날에도 학생 평가는 지식·기능·태도를 종합하여 아이의 변화와 성장에 도움이 되도록 피드백하기 위해 실시하는 것이었습니다. 평가의 본질이나 목적이 바뀐 적은 없습니다. 단지 평가의 관점과 방법이 달라졌을 뿐입니다. 몇십 년이 지난 지금에야 평가의 본질을 찾아가고 있는 것입니다.

보통 과정중심평가라고 하면 수행평가를 떠올립니다. 수행평가는 일정한 시간을 두고 수행 과정과 수행 능력을 평가하여 피드백하는 것입니다. 하지만 아직도 학교 현장에서는 학습지 중심의 지필평가(서술형) 중심으로 수행평가 문항을 개발하여 실시하는 경우가 많습니다. 수행평가지를 나누어 주고 아이들이 답을 적어서 제출하는 서·논술형 평가로 많이 활용되고 있습니다. 이런 경우는 성취 수준을 평가할 수는 있지만 수행 과정까지 측정하기는 어렵습니다. 물론 서·논술형 문항도 수행평가 문항이 될 수 있습니다. 국어과에 제안하는 글쓰기, 수학과에 풀이 과정 등을 평가할 때 사용할 수도 있습니다. 하지만 이 정도의 평가는 학급에서 수업 시간 또는 단원을 마친 후 형성평가를 통해 얼마든지 평가하고 피드백할 수 있습니다.

수행평가는 수행 과정이 잘 드러나는 문항을 개발하여 실시하는 것이 중요합니다. 과정중심평가라고 하면서 과정이 잘 드러나지 않는 학습 결과 측정 문항을 개발하여 평가한다는 것은 목적에 맞지 않는 것입니다. 그래서 수행평가 문항을 개발할 때는 수행 과정도 평가할 수 있는 문항을 고민해야 합니다.

과학 수업 중 '동물의 한살이를 동화책으로 꾸며 2학년에게 설명하시오'

와 같은 수행평가 문항을 개발하여 수행과제를 제시해 보았습니다. 아이들은 어떤 동물을 주제로 할 것인지 생각하고 어떻게 구성할 것인지를 고민하여 프로토타입(시안)을 만들어 보고 동화책에 들어갈 시나리오를 작성하였습니다. 그다음 선생님과 시안을 검토하고 피드백을 받은 후에 동화책 만들기 작업을 하였습니다. 그리고 동화책을 2학년에게 들려주기 위해, 재미있게 읽어 주는 연습을 하고 들려주기 활동을 하였습니다. 이러한 일련의 계획-실행-발표-피드백의 수행 과정이 있는 수행평가야말로 배운 내용을 활용하여 성취 기준에 맞는 지식·기능·태도 등을 평가할 수 있으며 교과 역량까지도 포함하는 종합적인 평가가 되는 것입니다.

아이들은 수행과제를 실행하는 과정과 그 결과물을 평가받게 되어 별도의 평가 계획을 수립할 필요가 없습니다. 수행평가야말로 과정중심평가가 필요합니다. 수행 과정이 담긴 수행평가를 통해 아이들이 배움을 얻고 성취감을 느낌으로써 자신이 성장하고 발전하는 것을 알게 될 것입니다. 선생님은 아이들의 성취 정도를 파악하여 피드백하는 것도 중요하지만 아이들이 스스로 성취감을 느끼고 자기효능감이나 학습에 대한 자신감을 갖도록 이끌어 주는 것도 필요합니다.

과정중심평가든 결과중심평가든 가장 중요한 것은 과정과 결과에 대한 개인별 피드백입니다. 피드백이 없는 평가는 30년 전에 실시한 기말평가처럼 점수를 매겨 서열을 정하는 것과 다를 바가 없습니다. 그래서 어떻게 평가하는 것도 중요하지만 어떻게 피드백을 할 것인가는 더 중요한 문제입니다.

싱가포르는 PISA(국제학업성취도평가)에서 수학 부문이 세계 2위입니다. 싱가포르 학교에서 이루어지는 수학 수업은 수학의 개념 정리하고 그 개념을 실제 문제에 응용하는 수업 2단계로 나누어 이루어집니다. 한 가지 놀라운 사실은 시험을 치고 나서 그다음 날은 학생들이 등교하지 않는다는 것입니다. 왜냐하면 선생님이 시험지를 매기면서 꼼꼼하게 평가하고 그 결과에 대한 피드백 자료를 만드는 시간이 필요하기 때문이라고 합니다. 그리고 학생들이 등교하면 반드시 피드백 수업을 하기 때문에 한 전문가는 싱가포르 학생들이 수학 능력이 뛰어나다고 분석하였습니다.

싱가포르 사례를 보면 피드백이 얼마나 중요한지를 알 수 있습니다. 평가 결과를 위한 평가가 아니라 학습 결과에 대한 피드백과 보충학습을 위한 평가를 하는 것이 더 중요하다는 사실도 알게 되었습니다. 최선을 다해 수업했다 하더라도 한 아이, 한 아이에게 그것이 어떻게 받아들여졌는지 어떤 배움이 일어났고 어떤 역량이 길러졌는지를 제대로 파악하고 피드백 해야 합니다.

과정중심평가는 아이의 성장과 변화를 위한 교육과정의 일부입니다. 그래서 다양한 방법으로 평가하여 개별 맞춤형 피드백을 하여야 합니다. 지식·기능·태도와 역량을 종합적으로 평가하기 위해서는 학습 과정에서 일어나는 아이의 학습 태도, 수행 능력 등을 평가해야 합니다. 선생님은 수업 중에, 수업 후에, 단원을 모두 배운 후에 형성평가, 단원평가, 수행평가 등 다양한 방법으로 아이의 변화와 성장에 필요한 피드백을 해 주어야 합니다. 평가를 위한 평가가 아니라 아이를 성장하게 만드는 평가여야 합니다.

과정중심평가가 강조되면서 누가기록에 대한 내용도 강조되고 있으며 이는 NEIS 학교생활기록부에 자세히 기록하게 되어 있습니다. 그리고 기록된 내용을 바탕으로 수행평가 결과, 학기 말 교과발달상황, 종합의견 및 행동발달사항 등으로 각 가정에 통지하고 있습니다. 하지만 이런 통지표 내용은 초등학교 선생님인 학부모조차 자기 아이의 발달 상황을 정확하게 이해하기 어렵다고 합니다. 수행평가는 학기별로 과목당 2~3개로 제한되어 있고 교과특기사항은 수행평가 결과를 기준으로 서술되는 경우가 많으며 누가기록을 바탕으로 서술한 행동발달사항도 제한적인 경우가 많습니다. 결국 성장하는 과정과 발달 정도를 가늠하기는 쉽지 않은 통지표입니다.

영국의 초등학교의 통지표를 보면 우리와는 다릅니다. 일단 점수나 결과보다는 과정을 중요시합니다. 영국 학교 성적표의 기본 구성을 보면 성취도(시험 성적), 학습 태도(수업과 숙제에 대한 노력 정도), 코멘트(선생님의 종합적인 평가 코멘트) 등 3가지 요소로 구성되어 있습니다. 학교마다 표현 방식이나 구체적인 등급 기준은 조금씩 다르지만, 대체로 틀은 비슷합니다.

먼저 '성취도(Effort Grade)' 요소는 수업 참여와 노력에 대한 평가입니다. 수업 내 참여도, 숙제 성실도, 태도, 피드백 수용 정도 등을 종합적으로 평가해 등급을 부여합니다. 등급을 부여하지만, 노력 점수는 성적이 아니라 노력의 정도를 나타냅니다. '시험 성적(Attaintment Grade)'에는 교과별 시험 성적, 과제, 수업 성과를 바탕으로 학생이 어떤 수준에 도달했는지를 평가합니다. 보통 1~4등급으로 나누어 평가합니다. 마지막으로 선생님의 '코멘트(Comment)'는 성적으로 설명되지 않는 학생의 태도와 성장, 가능성, 감성적 상태 등을 종합적으로 담은 평가입니다. 이 3가지 평가 요소는 학생의 개인 성장에 초점이 맞추어져 있으며 개별화 학습에 효과가 있습니다.

학교에서 과정중심평가를 하는 것도 중요하지만, 과정과 성장을 자세히 기록할 수 있는 통지표의 구성요소를 좀 더 면밀히 검토하여 보완할 필요가 있다고 생각합니다.

학부모 상담도
기술이 필요하다

    교직 경력이 30년이 넘은 저에게도 학부모 상담은 크게 부담스럽습니다. 호의적인 학부모도 있지만 그렇지 않은 학부모도 있기 때문입니다. 학부모도 사람이라 정말 다양한 성향을 가지고 있어 상담할 때마다 학생과 학부모에 맞추어 상담하는 것은 정말 힘든 일입니다.

    한번은 학부모 상담 주간에 학부모와 상담하면서 학부모가 울었던 적이 있었습니다. 아이가 학습 능력이 또래 아이들보다 조금 떨어져 걱정이 많았던 학부모님과 상담할 때였습니다. 1학기 초였는데 아이의 어머니께서 저와 상담하시고 말미에 우시는 것이었습니다. 그때 제가 왜 우시는지 여쭈어보았습니다.

    "지금까지 담임 선생님과 상담할 때 선생님 대부분은 우리 아이의 부족한 점을 나열하시면서 '이렇게 하세요, 저렇게 하세요'라고 충고만 하셨습니다. 우리 아이가 부족한 것은 알지만, 그런 말을 들을 때 마치 우리가 잘못 키워서 우리 아이가 부족한 것처럼 들려 속상한 적이 많았습니다. 하지만 선생님께서는 그런 말씀을 하나도 하시지 않고 그저 우리 아이에 대해 조용히 들어주시고 공감해 주셔서 조금 놀랐습니다. 그리고 마지막에 괜찮다며, 자라는 과정에 조금 늦게 출발하는 아이도 있고, 천천히 성장하는 아이도 있기에 너무 걱정하지 말라고 다독여 주셨습니다. 그리고 1년 동안 최대한 열심히 잘 가르쳐 보겠다고 하셔서 감동하였습니다."

    또 다른 학부모와 상담할 때 있었던 일입니다. 2학기 초에 학부모 상담 주간에 예약한 시간에 맞춰 오신 아버지와 상담이었는데 상담 말미에 이 아이의 아버지도 눈물을 흘리셨습니다. 조금 당황스러워서 그 이유를 여쭈어보았는데 이렇게 말씀해 주셨습니다.

"우리 아이의 부모로서 지금까지 자연 그대로 하고 싶은 것을 하게끔 자유롭게 키웠습니다. 그러다 보니 아이가 잘 안될 때 포기하거나 좌절하는 경우가 많아 걱정되었습니다. 하지만 선생님께서 우리 아이의 이런 단점보다는 창의적인 면을 더 칭찬해 주셔서 좋았습니다. 우리 아이를 선입견이 없이 있는 그대로 봐 주시고, 좋은 점을 부각시켜 주셔서 선생님을 더 신뢰하게 되었습니다. 제가 잘못 키운 것 같아 선생님 뵙기가 어려웠는데 직접 만나서 이야기를 나누고 보니 상담을 잘했다는 생각이 듭니다. 선생님, 감사합니다."

담임을 맡았을 때 1학기와 2학기 학부모 상담은 조금 다르게 하였습니다. 3월에는 제가 반 아이들을 아직 잘 모르기에 섣불리 아이의 장단점을 말하기보다는 아이의 정보를 얻기 위해 부모님들에게 많은 질문을 하며 부모의 말을 주로 듣는 시간을 많이 가졌습니다.

"아이가 집에서 주로 무엇을 하나요?", "잘하는 것은 무엇인가요?", "힘들어하는 것은 무엇인가요?", "학교에서 제가 무엇을 어떻게 지도해 주시기를 원하시나요?"

그러면, 대부분 학부모는 자기 아이에 대해 미주알고주알 많은 이야기를 해 줍니다. 교사 수첩에 적기 바쁠 정도로 많은 이야기를 해 주시는 부모님도 있습니다. 제가 받아적을 때 부모님은 선생님에게 신뢰감을 느낍니다. 그래서 반드시 수첩을 준비하여 메모하는 것이 좋습니다.

그리고 2학기 초 9월에 상담할 때는 3월과 달리 선생님이 아이에 대해 말하는 시간을 조금 더 많이 가지려고 하였습니다. 2학기에는 주로 제가 아이에 대해 정보를 주고 필요하면 공조를 요청하는 패턴으로 상담합니다. 1학기 동안 제가 관찰해 왔던 아이의 장단점을 하나씩 구체적으로 이야기해 줍니다. 장단점을 이야기할 때는 보통 아이의 장점을 이야기하고 그다음 단점에 대해 이야기해 줍니다. 장점을 먼저 이야기한 뒤 단점을 이야기하면 부모님들은 대체로 잘 받아들이는 편입니다. 하지만 단점을 먼저 이야기하고 장점을 이야기하면 장점을 잘 믿으려고 하지 않는 경향이 있었습니다.

중요한 것은 단점을 지적하는 것을 끝나서는 안 된다는 것입니다. 반드시 아이의 단점을 해결하기 위해 학교에서 선생님이 지도할 수 있는 것과 가정에서 부모님이 지도할 수 있는 것을 함께 공조하여야 효과가 있기 때문입니다. 학교에서 잘하다가도 집에서 부모님이 챙기지 않으면 실천이 이어지지 않고 습관화되지 않으며, 집에서 잘 지도하는데 학교에서 선생님이 무관심하면 실천에 대한 동기부여가 점점 약해져서 습관화되기가 어렵습니다. 이런 관점에서 선생님과 부모는 서로 공조하는 관계이어야 합니다.

학부모와의 상담을 잘하기 위해서는 상담의 기술이 필요한 것은 사실이지만, 뛰어난 상담 기술에 앞서 부모와의 만남 그 자체를 소중히 하고 부모의 말과 고민을 진심으로 들어주고 공감해 주는 태도가 중요한 것 같습니다. 기술적으로는 상담을 잘할 수는 있지만, 공감해 주는 태도는 감동을 줍니다. 그래도 다양한 성향을 가진 학부모를 일일이 상담하려면 공감 태도뿐만 아니라 상담을 잘 이끌어 가서 서로가 윈윈할 수 있는 상담 기술을 익히는 것이 좋습니다.

학급에서 학부모와 상담하는 것은 매우 중요한 일이지만 선생님에게도 부담되는 일입니다. 반대로 학부모 역시 담임 선생님과의 상담이 부담스럽기는 마찬가지입니다. 아이를 대하는 선생님과 부모는 서로 좋지 않은 감정을 가질 이유가 없지만, 실제는 수많은 오해와 갈등에 힘들어하는 것도 사실입니다. 상담은 선생님과 학부모가 아이를 이해하고 조력하기 위해선 반드시 거쳐야 하는 관문입니다. 어떻게 하면 선생님은 아이의 상황을 객관적으로 학부모에게 전달할 수 있고 선생님을 신뢰할 수 있을까요?

선생님이 학생에 대한 일을 학부모와 상담하는 것은 당연한 것으로 생각하지만, 의외로 많은 선생님이 부담스러워합니다. 아주 다양한 이유가 존재하지만 가장 중요한 핵심은 선생님과 학부모와의 관계 형성에 있습니다.

'선생님인 내가 아이에 대해 이야기하는 것에 대해 부모는 오해하지 않을까?', '선생님은 교육 전문가인데 우리 아이에 대해 지적하고 책임을 학부모인 나에게 떠넘기는 것은 아닐까?'

아이를 사이에 두고 선생님과 학부모는 이런 오해를 너무 쉽게 합니다. 특히 선생님은 반 아이들과의 관계 형성만으로도 힘이 드는데 그 두 배에 이르는 학부모와의 관계도 신경을 써야 한다는 점에서 부담이 더 커집니다. 학부모 역시 선생님과 마찬가지로 두렵기는 매한가지입니다.

선생님은 아이의 생활 태도와 학습 등의 문제로 인해 의논하고 소통하려는 의도로 아이의 학교 모습을 사실대로 이야기하려고 하지만, 평소 아이의 모습을 눈치채고 있는 학부모로서 선생님을 통해 좋지 못한 아이의 상황을 듣는 것은 유쾌한 일은 아니기 때문입니다. 이런 과정에서 학부모는 아이에 대한 잘못을 지적하는 듯한 선생님의 태도에 변명, 분노, 책임 떠넘기기 등으로 자신의 불안을 표현하여 교육적 의도로 접근하고자 하는 선생님의 감정을 흔들어 놓아 상담을 통한 교육적 효과를 얻기보다 감정의 상처를 입기 쉽습니다.

그래서 선생님은 학부모와 상담하기 전에 꼼꼼하게 준비해야 합니다. 선생님과 학부모가 상담한다는 것은 아이의 문제행동에 대해 함께 고민해 보는 것이 꼭 필요하지만, "당신의 아이가 성격, 생활 태도, 학업 등에 문제가 있습니다.", "당신의 아이가 상태가 안 좋습니다." 등 막연해 보이는 사항으로 접근하면 오해를 부르기 쉽습니다. 생활 태도와 학업에 관한 구체적이고 명확한 사항에 대해 먼저 파악하고 접근하는 것이 우선이 되어야 합니다.

"진단평가 결과를 보니 수학 과목에 부진이 발견되었습니다.", "선생님에게 인사를 잘 하지 않습니다.", "친구들에게 미안하다, 고맙다는 말을 잘 하지 않습니다.", "수업 시간에 자주 피곤해하며 집중을 잘 못합니다.", "책상 사물함 정리가 잘 안됩니다."

　이런 구체적인 상황 중에서도 최대한 선생님의 주관적 평가보다는 객관적인 평가 내용을 우선으로 해서 상담 내용을 선정하는 것이 좋습니다. 학기 초에 실시한 표준화된 심리검사 결과나 1학기 말 학교생활기록부 기재 내용 및 평가 결과, 그리고 집, 나무, 사람 그림(HTP)검사, 문장완성검사 등을 통해 개략적인 아이의 심리 상태를 파악한 후 매일 간단하게 관찰한 결과를 정리한 관찰일지와 다툼이 있었을 때 기록한 일지 등이 있다면 부모 상담에 상당히 좋은 자료로 활용할 수 있습니다.

　저는 담임을 할 때 아이가 학급 규칙을 어기면 바른생활실천기록장에 자기가 한 일을 적어 보고 바른 행동에 대해 성찰해 보도록 하였습니다. 바른생활실천기록장은 아이가 자신의 잘못을 한 번 더 생각해 보게 하여 다음엔 행동을 바르게 하도록 하는 것이 목적이지만, 또 다른 목적은 학부모 상담 때 이 기록장의 내용을 상담의 객관적인 근거로 활용하기 위해서입니다. 아이가 직접 작성한 이야기는 부모에게 가장 잘 받아들일 수 있는 가장 객관적인 자료이므로, 더 이상의 의문이나 불만을 잘 제기하지 않습니다. 물론 바른생활실천기록장에 여러 번 성찰 일기를 쓴 아이는 이를 근거로 학부모와 이 문제행동에 대해 상담을 요청하기도 하였습니다.

　마지막으로 학부모와 상담할 때 지켜야 할 기본 원칙에 대해 알아보겠습니다. 평범하지만 이 원칙을 지키는 것이 좋습니다.

　첫째, 아이의 장점을 먼저 칭찬하라. 아이가 잘하고 있는지 잘 지내는지 걱정과 궁금증을 가지고 찾아올 학부모. 상담의 화두를 열 때 아이의 장점을 칭찬하며 시작한다면 상담이 훨씬 편안한 분위기에서 진행이 될 것입니다. 학부모는 상담을 위해 담임 선생님을 만날 때 긴장을 많이 합니다. 이럴 때 칭찬으로 긴장된 분위기를 편안하게 만들어 주면 상담이 자연스럽게 진행될 수 있습니다.

둘째, 시간 안배를 잘하라. 시간 안배를 잘못하면 다음 상담을 위해 이야기를 하다 말고 상대의 말을 끊어야 하는 경우가 발생합니다. 상담 시간을 체크하며 기승전결이 있는 상담을 진행하면 좋습니다. 상담 시 시계를 체크하는 모습은 보기 좋지 않으니 벽시계를 마주 보는 위치에서 상담하는 것도 요령입니다. 당일 학부모 상담이 여러 건인 경우에는 20분~30분 정도의 시간을 정해 두고 시간이 다 되었을 때 다음 상담을 위해 마무리해야 한다고 양해를 구하는 것이 좋습니다. 간혹 매정하게 시간을 끊지 못해 1시간 이상 상담을 하는 선생님도 있다고 하는데 선생님도 사람인지라 오랜 상담으로 지치고 피곤해져서 자칫 실수할 수도 있기에 시간 안배는 중요합니다. 다른 상담 건이 없다 하더라도 다음을 위해 여기까지 상담하겠다고 말해 주어야 합니다.

셋째, 상담은 듣기가 먼저다. 상담은 말하기가 아니라 듣기가 먼저입니다. 그렇다고 일방적으로 듣기만 하라는 것은 아닙니다. 1학기 상담은 아이들에 대한 파악 시간이 짧은 만큼 듣기 8 말하기 2 정도로 배분하여 진행하는 것이 좋습니다. 2학기 상담은 말하기 듣기가 5대 5 정도면 적절할 것입니다. 또한 들으면서 학부모의 좋은 점을 칭찬하는 것도 좋습니다. 가령 "○○이가 책을 좋아하는 걸 보면 어머님이 책을 많이 읽어 주신 것 같아요. 어머님이 부지런하신가 봐요."

넷째, 객관적인 자료를 준비하라. 선생님 말씀이 신뢰와 전문성을 지니려면 객관적인 자료가 필요합니다. 작품 활동 결과물, 아동 관찰 기록, 아동 발달 체크리스트 등의 기록물을 상담에 활용할 필요가 있습니다. 아이의 발달 정도에 대해 전달할 때 아동 발달 체크리스트나 학습 결과물의 비교 등을 통해 학부모에게 전달한다면 효과적인 전달이 될 수 있습니다. 상담 시작할 때 상담 책상 위에 작품 활동집을 세팅해 두는 것도 좋습니다.

다섯째, 학부모에게 아이에 대한 정보를 구하라. 아이에 대해 가장 잘 알고 있을 학부모에게 많은 질문이 필요합니다. 선생님이 무엇이든 100%로 알 수는 없습니다. 건강상의 궁금증이나 특이한 습관 등 선생님이 알아야 할 것을 학부모에게 물어볼 필요가 있습니다. "○○이가 집에서는 어떤가요?", "아… ○○이가 집에서는 그렇군요. 잘 알겠습니다."

상담은 선생님도 아이에 대해 더 알아가는 시간이기도 합니다.

여섯째, 학부모가 들을 준비가 되었을 때 아이의 문제점을 말하라. 꼭 전달해야 할 아이의 문제점이 있더라도 학부모가 들을 준비가 되지 않은 상태에서 전달한다면 상처가 될 수 있습니다. 학부모가 전혀 문제점을 인식하지 못하거나 인정을 못하고 있다면 조금 시간을 가지고 접근할 필요가 있습니다. 또한 전달 시에도 아동의 문제점이 걱정스럽고 안타깝다고 말하는 센스가 필요합니다. 선생님이 문제점을 함께 공감하고 걱정하는 사람이라고 느낀다면 학부모도 문제점을 함께 공유하고 싶어질 것이기 때문입니다.

일곱째, 학부모 앞에서 말과 행동을 조심하라. 학부모가 상담하러 올 때 어떤 마음가짐으로 오느냐에 따라 상담 분위기가 달라집니다. 선생님을 신뢰하고 들을 준비가 된 경우는 선생님에게 예의를 갖추어 상담하지만, 어떻게 하는지 보자라는 마음으로 상담할 경우에는 선생님의 언행까지도 트집을 잡으려고 합니다. 그렇기 때문에 아무리 친하고 마음을 터놓는 경우라도 다음 몇 가지를 지키는 것이 좋습니다.

❶ **바르게 앉아 상담하기:** 다리를 꼬거나 비스듬히 앉거나 턱을 괴거나, 팔짱을 끼는 등의 행동은 거부감을 줄 수 있습니다.

❷ **동등한 입장에서 상담하기:** 교사용 책상에 앉아 상담하는 것보다는 학생용 책상에서 서로 마주 보며 상담하는 것이 학부모에게 부담을 줄일 수 있습니다.

❸ **언행 조심하기:** 농담으로라도 학생을 비꼬거나 비하하는 말은 삼가며 다른 학생과 비교하는 말은 학부모의 입으로 전해질 수 있어서 좋은 내용이라도 말하지 않는 것이 좋습니다.

정기적이고 일반적인 학부모 상담은 위와 같은 원칙으로 진행할 수 있지만, 일반적이지 않은 상황과 진상 학부모라면 이 원칙이 통하지 않게 됩니다. 그래서 선생님은 좀 더 전문적인 상담 기법을 상황별로 익히기 위해 학부모 상담 연수를 듣거나 관련 도서를 읽고 나름대로 준비해 두는 것이 좋습니다. 개인적으로 제가 읽어 본 책 중에 학부모 상담과 민원 대응을 잘하기 위해 김성효 선생님이 쓰신 《상처받지 않으면서 나를 지키는 말 기술》이란 책을 추천합니다. 당당하게 학부모와 마주하기 위한 민원 대응법 36가지를 배워 교육 전문가로서의 상담 기술을 익혀 보시기 바랍니다. 세상에 공짜는 없습니다. 그냥 잘하는 상담도 없습니다. 수많은 시행착오와 노력이 선생님을 전문가로 만들어 줄 것입니다. 선생님은 아이에게도 교육 전문가이지만 학부모에게도 교육 전문가이어야 합니다.

교육 위기 시대,
선생님이 희망이다

제가 1992년도에 발령을 받았을 때 업무가 많거나 교장, 교감 선생님의 부당한 지시로 인해 스트레스를 받긴 했지만, 아이들과 학부모 때문에 힘들었던 적은 별로 없었던 것 같습니다. 오히려 학부모님은 담임 선생님의 눈치를 보며 잘 협조해 주었습니다.

하지만 요즘 교육 현장을 보면 속된 말로 '선생 하기 참 힘들다'라는 생각이 많이 듭니다. 선생님 말을 듣지 않은 이상한 아이들, 자기 자식만 소중해서 조금만 자기 아이가 상처받았다고 하면 시도 때도 없이 민원을 제기하는 학부모들, 관리자의 권력으로 갑질하는 교장, 교감들. 1990년대 교육 현장은 인터넷, 교육 자료도 많이 없어 지금보다 아이들을 가르치는 데 불편한 점은 있었지만 그래도 아이들을 가르칠 만했습니다. 아이들을 가르치는 것이 재미있고 보람이 있었으며 행복했습니다. 지금 생각해 보면 그 이유는 단순한 것 같습니다. 선생님은 열심히 가르치고, 아이들은 선생님의 말을 잘 따르고, 학부모는 선생님을 신뢰하여 협조적이었기 때문입니다.

지금의 학교는 어떨까요? 아이들은 선생님 말을 잘 안 듣고, 학부모는 선생님에게 악성 민원을 제기하고, 그래서 선생님은 꼬투리 잡힐까 학생과 학부모의 눈치를 보게 되고. 세상은 점점 살기가 좋아지고 편리해지는데 교육은 거꾸로 가는 것 같습니다. 교육은 미래로 가라고 하는데 학교 현장은 과거보다 더 못한 것 같은 것은 저만의 느낌일까요? 교사 경력 30년이 넘은 저조차도 요즘 '오늘도 무사히'라는 마음으로 학교에 출근합니다.

얼마 전 우연히 유튜브에서 세계에서 네 번째로 작은 국가 투발루에 대한 이야기를 보았습니다. 투발루는 매년 4mm씩 높아지는 해수면으로 물에 잠길 위기에 처해 있으며, 해안선이 낮은 섬나라는 기후변화로 인한 해수면 상승으로 존재 자체가 위험할 수 있다고 합니다. 장기적으로는 투발루와 같은 섬나라들의 사람들이 기후난민이 될 가능성도 제기됩니다. 지금 우리 지구는 기후 위기를 맞고 있으며 전 세계가 이 위기를 헤쳐 나가기 위해 많은 노력을 하고 있습니다.

기후 위기로 인해 지구의 존재, 지구에 사는 인류의 존재도 위협받고 있는 것처럼, 지금 우리나라의 교육계가 교권이 붕괴되면서 교육 위기에 닥쳐 있습니다. 일반적으로 국민들은 그 위기의 심각성을 잘 모르는 것 같습니다. 하지만, 교육 현장은 정말 당장이라도 무너질 것 같이 위태로운 상황입니다.

교육 위기의 가장 큰 원인은 교육을 바로 세워 나가야 하는 교사의 권위가 무너졌기 때문입니다. 무너지고 있는 것이 아니라, 아예 무너졌습니다. 학교 현장에서 아이들이 문제를 일으켰을 때 교사가 할 수 있는 일은 없습니다. 이제 학부모는 교육과정과 평가까지 간섭하고 있습니다. 정당한 교육 활동에도 학부모의 눈치를 보아야 할 지경입니다. 교사의 열정도 사라져 가는 것이 더 문제입니다.

2023년 5월 '훈육 포기'를 선언한 한 초등학교 교사의 글이 화제가 되었습니다.

"애가 다른 애를 괴롭히며 욕을 하든, 책상을 뒤집으며 난동을 부리든, 온 학교를 뛰어다니며 소리를 지르든, 그냥 웃는 얼굴로 '하지 말자' 한마디 작게 하고 끝낸다. 훈육한답시고 야단치거나 반성문을 쓰게 했다가 정서적 아동학대로 고소당하면 나만 피해를 볼 뿐이다. 학생인권조례 등이 교권을 박살내고 훈육할 권리조차 없앴는데 무엇을 바라겠느냐?"

또 다른 선생님의 SNS에 '교사를 그만두는 40가지 이유'라는 글도 화제가 되었습니다. 40가지 이유를 보면 우리 교육 현장의 단면을 보는 것 같았습니다. 금쪽이 같은 학생이 침을 뱉어 그 학생의 잘못된 행동을 언급하며 지도했더니 그 학생이 하는 말은 "왜 시비세요?"였습니다. 바르게 행동하며 열심히 하는 아이들도 많지만, 일부 학생들의 교사에 대한 태도가 너무 악의적이어서 이런 환경에 놓인 교사가 과연 교사로서 열정을 가지고 이 아이들을 가르칠 용기가 있을지 의문이 듭니다.

"나는 학생이 잘못해도 절대로 혼내지 않겠다."라는 선생님, '교사를 그만두는 40가지'를 제시한 선생님처럼 학교 현장에 있는 선생님들은 교육 위기를 절감하고 있습니다. 미래 교육 트렌드를 잘 실행하기 전에 무너지는 교육 현장부터 바로 세워야 하지 않을까요? 무너진 교권부터 바로 세워야 선생님들이 일어서서 다시 열심히 가르치지 않을까요?

초등학교 현장도 만만치 않습니다. 선생님 앞에서 욕하는 아이, 말 안 듣는다고 제재를 가하면 손으로 발로 때리거나 밀치는 아이, 의자나 물건을 던지는 아이, 큰 소리로 야단을 치면 아동학대라며 신고하겠다는 아이 등등 있을 수 없는 일들이 일어나고 있으며 일부 학부모의 행태도 심각합니다. 한 마리 미꾸라지가 온 연못물을 흐리게 만든 것처럼, 이런 아이가 학급에 한 명이라도 있다면 선생님은 정말 위축되고 심신이 힘들어 다른 아이들까지 가르칠 만한 여력이 점점 사라집니다. 결국 모든 아이에게 피해가 가게 됩니다. 그만큼 선생님의 역할은 학급에서 가장 중요합니다.

버릇없는 아이와 진상 학부모를 만나는 선생님은 도저히 버티지 못할 경우 병가를 내거나 병 휴직을 신청합니다. 정신과 치료를 받는 경우도 많으며 이로 인해 우울증 등 심신 미약 증상을 보이기도 합니다. 교사로서뿐 아니라 한 인간으로서의 삶도 위험해집니다. 다시 말하면 그 학생과 학부모는 한 인간의 삶을 말살시키는 행위를 하는 것입니다.

아이들을 가르친 지 34년이 되어 나름 아이들을 잘 가르치고 있다고 생각하지만, 요즘은 저도 가끔 수업하다가 수업 태도가 안 좋은 아이를 야단칠 때 '이 아이의 부모에게 전화가 오면 어떻게 하지? 괜히 야단쳤나?' 하고 걱정하곤 합니다. 이런 걱정이 앞선다면 열정적으로 아이들 가르치고 잘못된 행동을 지도할 수 있을까요?

한번은 해외 연수 차 중국 상해에 있는 홍커우 공원에 있을 때 5학년 아이 학부모로부터 국제 전화를 받았습니다. 학교에 전화했더니 제가 해외 연수 중이라고 해서 직접 국제 전화를 한 것입니다. 교과 전담 교사로 과학과 도덕을 가르치고 있었는데 도덕 시간에 그 아이가 자기 자리에서 벗어나 다른 친구와 장난치고 떠들길래 사람답게 행동하자고 지적을 한 것 때문에 자기 아이가 상처를 받아 따지기 위해 전화했다고 하였습니다. 그 당시 어이가 없었지만, 해외 연수 단장을 맡고 있어서 일을 더 크게 만들지 않기 위해 아이 어머니에게 자초지종을 말씀드리고 그 아이와 직접 통화해서 좋게 해결하였습니다. 불과 3일 정도만 있으면 학교에 전화해서 따져도 될 텐데, 그걸 못 참고 국제 전화도 불사하는 학부모도 있다는 것을 알았습니다.

지금 벼랑 끝에 몰린 교육 위기인 것은 사실이지만 그래도 무너지는 교육 현장을 지켜야 하는 사람은 선생님밖에 없습니다. 누구를 위해서도 아닙니다. 오직 우리 아이들을 위해서입니다. 학부모 때문에 괴물이 되어 가는 아이도 우리가 바로 잡지 않으면 누구도 바로잡을 수 없습니다.

2023년은 우리나라 교육계의 가장 큰 위기였습니다. 어느 해보다 뜨거웠고 가슴 아픈 한 해였습니다. 교육계에서 그동안 곪았던 것이 터진 것처럼, 교권이 붕괴되었음을 알려 주는 사건들이 많이 있었습니다. 학교 현장에 있던 선생님들이 피켓을 들고 종로에서, 국회 앞 여의도에서, 교육청 앞에서 외쳤습니다. 우리를 지켜 달라고. 붕괴되고 있는 교육 현장을 바로 잡아달라고. 아이들을 잘 가르칠 수 있게 해 달라고.

학부모의 악성 민원으로 인해 자신의 소중한 생명을 버리는 선생님은 무슨 죄가 있나요? 교대에 합격했을 때, 임용고사에 합격하고 발령받았을 때, 그 선생님과 부모님은 얼마나 기뻤을까요? 하지만 지금의 교육 현장이 그 선생님의 열정과 희망을 꺾고 말았습니다. 악성 민원이 더 이상 버티지 못할 만큼 고통을 주었기 때문입니다. 중요한 것은 이런 사태가 일어나고 많은 선생님이 거리에 나와 시위해도 또 다른 악성 민원 학부모가 나온다는 것입니다.

붕괴된 교권은 교육부가 나서고 교육감이 적극적으로 나서서 울타리를 만들어 주어야 합니다. 선생님이 무너지면 교육이 무너지기 때문입니다. 아이들을 가르치는 선생님이 가르칠 열정이 없는데, 학생과 학부모의 눈치를 보며 어떻게 소신 있게 제대로 된 교육을 할 수 있을까요? 더 강력하게 악성 민원 학부모의 잘못을 따지고 정당한 벌을 받을 수 있는 일벌백계의 처분이 필요하며, 교권은 매우 중요하기 때문에 교권을 침해해서는 절대 안 된다는 사회적인 분위기도 만들어 주어야 합니다. 선생님이 마음껏 소신껏 열정을 가지고 아이들을 잘 가르칠 수 있는 환경을 만들어 주어야 합니다. 언제 이런 세상이 올까요? 옛날처럼 선생님은 아이들을 열심히 가르치고, 아이들은 선생님 말을 잘 따르고, 학부모는 선생님을 신뢰하며 협조하는 그런 세상 말입니다.

지금도 학교 현장에서 자신만의 교육관과 가치관을 가지고 열악한 환경에서 묵묵히 아이들을 열심히 가르치는 선생님들도 많습니다. 이런 선생님들이 더 많아지도록 교육부와 시도교육청은 적극적으로 노력해 주면 좋겠습니다. 교사의 기본 권리인 교권을 보호받을 수 있도록 튼튼한 울타리를 만들어 주고 누구든 교권을 침해하는 경우에는 일벌백계의 강력한 처벌을 내려 주길 바랍니다. 교권을 함부로 침해해서는 안 되는 것임을 학생과 학부모가 깨달을 수 있도록 교육과 캠페인을 더 강력하게 펼쳐 주었으면 좋겠습니다.

해외 주요 국가에서는 학생이 교권을 침해할 경우 물리적으로 제지하거나 수업권을 제한하는 방식으로 강력하게 교권을 보호하고 있습니다. 미국은 교권 보호를 위해 학교장이 문제 해결의 주체로 나섭니다. 규율을 어긴 학생을 직접 지도하거나 그 학부모와 소통한 후에도 계속 다른 학생에게 피해를 주면 학교는 징계, 강제 전학 혹은 법적 조치를 취합니다. 이러한 강력한 처벌이 체벌이 금지된 미국에서 교권이 보장될 수 있는 이유입니다. 최근 사이버 폭력이나 집단 괴롭힘 사건이 불거지자, 일부 지역에서는 가해 학생 학부모에게까지 법적 책임을 묻고 있습니다. 뉴욕주 노스토나완다 시는 2017년에 학교폭력을 행사한 학생 부모에게 15일 구금이나 벌금 250달러를 물도록 하는 법을 제정했습니다.

일본도 교권 침해 사건이 늘어나자 일본 지방자치단체에서는 '교사 교육 활동 보호 매뉴얼'을 만들었습니다. 오사카시에서는 문제가 되는 학생 행위를 5단계로 나누고 교사에게 전치 3주 이상 피해를 입히는 등 가장 높은 단계 학생은 바로 경찰에 넘겨 지자체와 함께 아동 자립 지원 시설에서 학생 갱생 프로그램을 지도합니다. 또 교사에게 위압적인 태도를 보이거나 화를 내는 학부모에게는 조용히 말하도록 하고 두세 차례 주의를 줬는데도 학부모 태도가 바뀌지 않거나 폭력 행위 또는 협박 표현을 할 때는 경찰에 신고하도록 합니다.

독일에선 교사의 징계권을 법으로 보장하고 있습니다. 독일 노르트라인베스트팔렌주는 교육법에 교사가 수업권을 침해당했을 때 교장이나 교육위원회 임명 협의체가 논의해서 학생의 학습권을 박탈할 수 있다고 명시되어 있습니다.

영국 정부는 교권 보호를 위해 2013년 '타당한 처벌 권고 지침'을 마련했습니다. 이 지침에 따르면 훈육을 거부하는 학생을 교실로 내보내야 할 때, 학교 행사나 수학여행 등을 방해할 때, 학생이 교원이나 다른 학생을 공격할 때는 교사가 해당 학생을 처벌할 수 있으며 학생들 사이에 서서 싸움을 막거나 물리적 접촉을 통해 해당 학생을 교실에서 쫓아낼 수 있게 하는 등 교사들의 적극적인 대응을 유도하고 있습니다.

지금 우리나라 교육계는 위기입니다. 선생님들이 교육 현장을 떠나고 있으며, 열정도 사라지고 학생과 부모님 눈치만 보고 있습니다. 붕괴된 교육 현장에서도 어렵고 힘든 환경에서도 우리 선생님은 우리 아이들을 바르게 가르치기 위해 교육 현장에서 힘을 내야 합니다. 교육 위기 속에 희망은 오로지 선생님입니다. 교육부와 시도교육청의 적극적인 노력으로 하루빨리 교권이 회복되고 아이들도 학부모도 선생님을 존경하는 분위기가 생겨 마음껏 아이들을 가르칠 수 있는 미래의 그날을 위해 우리 선생님들은 교육 현장에서 꿋꿋하게 버텨 나가야 합니다.

2025년 9월, 울산시교육청은 한 학부모를 교사의 정당한 교육활동을 침해한 혐의(위계에 의한 공무집행방해, 협박, 무고)로 경찰에 고발했다고 밝혔습니다. 교육감이 직접 학부모를 고발한 것은 이번이 처음이라고 합니다. 울산시교육청은 이번 사건처럼 악의적이고 지속적으로 교육활동을 침해하는 행위는 교권뿐만 아니라 학생들의 학습권을 침해하는 행위로 규정하고 적극적인 법적 대응에 나서겠다며, 교원의 정당한 교육활동을 보호하고 학생들의 안정적인 교육환경을 조성해 나가겠다고 하였습니다. 이처럼 교육부와 시도교육감이 적극적으로 나서서 하루빨리 교권이 회복되었으면 좋겠습니다.

교육 위기 시대에 선생님만이 희망입니다. 언젠가는 학생, 선생님, 학부모가 함께 배려하고 존중하는 행복한 학교에서 아이들을 신명나게 가르칠 날을 기대해 봅니다.

아이를 제대로 지도할 수 있는 구체적인 생활지도권이 필요하다

교실에서 수업하고 있는데 한 학생이 자리를 이탈해서 다른 아이와 장난치고 있습니다. 선생님이 자리에 앉으라고 이야기합니다. 그 학생은 들은 체도 하지 않고 계속 떠들고 장난치고 있습니다. 그래서 선생님이 좀 더 강한 어조로 자리에 앉으라고 명령하였습니다. 그러자 그 아이가 선생님을 보면서 이렇게 말하는 것입니다.

"선생님, 지금 아동 학대하는 거예요?"

또 다른 교실에서 일어나는 일입니다. 수업 시간에 옆에 있는 친구와 말다툼 끝에 한 학생이 고함을 지르며 심한 욕설을 뱉어냅니다. 일반 학생들은 차마 입에 담지 못할 욕을 거침없이 쏟아내자 선생님은 그 학생에게 그만하라고 합니다. 그리고 그 학생이 폭력을 행사하려고 할 때 아이의 팔을 잡습니다. 그때 그 학생이 이렇게 말합니다.

"선생님, 지금 제 팔을 잡아당겼어요? 지금 아동 학대하는 거예요?"

한 교실에 25명 정도의 아이들이 함께 공부하고 있습니다. 하지만 그 교실에 이런 아이가 있다면 수업이 제대로 이루어질 수 없습니다. 대부분 아이들은 잘못된 행동에 대해 바르게 지도하면 잘못을 인정하고 행동을 수정하려고 합니다. 선생님은 수업 시간에 수업 방해하는 아이들이 있다면 적절한 훈육으로 조정하면서 수업을 이끌어 갑니다. 하지만 위의 두 아이 같은 학생이 교실에 있다면 그리고 그 아이처럼 선생님의 정당한 지도를 무시하고 대든다면 선생님이 어떻게 할 수 있을까요? 심지어 말리는 선생님에게도 욕을 하는 아이도 있습니다. 교권이 침해되고 무너지고 있습니다.

교실에서 관련 학생을 분리 조치하는 것 외에 선생님이 더 이상 할 수 있는 것이 없습니다. 이런 상황이 되면 수업이 제대로 이루어지지 않으며 다른 무고한 아이들의 학습권도 침해당하게 됩니다. 이런 경우 교권 침해로 그 학생을 신고하면 그 부모들은 사과하기는커녕 아동학대로 그 선생님을 신고하는 경우도 많아 교권 침해 신고하기는 쉽지 않습니다.

교육부와 시도교육청은 무너져가는 학교 현장을 바로잡기 위해 교사에게 구체적인 지도권을 마련해 주어야 합니다. AI 교육, 주도성 교육, 프로젝트 학습이 무슨 소용이 있을까요? 수업을 제대로 하기가 어려운데. 학교마다 어떤 교실에서 선생님들이 부르짖는 아우성이 얼마나 되는지, 선생님이 얼마나 괴롭고 힘든지 살펴보아야 합니다. 교실에서 난동을 부리고 수업을 방해하고 선생님의 정당한 지도를 무시하는 학생의 행동을 제지할 수 있는 구체적인 지도권이 있어야 합니다.

2022년 충남 홍성의 한 중학교에서 3학년 학생이 담임교사가 수업을 진행 중인데도 교단에 드러누운 채 휴대전화를 들고 있는 사건이 발생하였고, 전북 익산의 5학년 학생이 강제 전학을 온 지 닷새 만에 같은 반 학생을 발로 차고, 이를 제지하는 선생님에게 욕설하였으며, 심지어 교장에게도 욕설을 퍼부은 사건이 발생하였습니다. 또 경기 수원의 한 초등학교에서 6학년 학생끼리 싸움이 일어나 학생과 선생님이 말리자 양날톱을 휘두르며 욕설을 퍼부은 사건이 발생하였습니다.

이런 사건을 접한 선생님들은 '나에게도 일어날 수 있는 일'이라는 생각에 두려워하며, 학부모도 적잖은 충격을 받았습니다. 교육 활동을 방해하는 학생들을 지도할 수 없으니, 자연스럽게 다른 학생들은 학습권을 방해받게 됩니다. 결국 어떤 학생이 수업을 방해한다면 다른 학생들의 헌법상 권리인 학습권을 침해하는 것으로, 학습권 실현을 위한 교원의 교권을 침해했다고 할 수 있는 것입니다. 그래서 교권과 학습권 보호를 위해 교원지위법에 수업 방해와 관련된 교권 침해에 대한 구체적인 명문화가 필요합니다.

상황이 심각해지자 정부에서는 교권 회복 및 보호를 위해 학생인권조례 개정을 추진하겠다는 입장을 밝혔습니다. 정당한 생활지도에 대한 면책권 부여, 아동학대 수사 시 소속 교육청 의견 우선 청취 및 학교장 의견 제출 의무화, 교육 활동 침해 행위 시 학교생활기록부 기재 등의 개정안이 발의되면 선생님들이 문제행동을 하는 학생을 적극적으로 지도할 수 있게 될 것입니다. 교사의 교권뿐만 아니라 다른 학생의 학습권까지 보호할 수 있도록 학교 내 안전장치를 강화해야 하며, 이를 어길 경우 학생과 학부모의 처벌을 강화하여 절대 이런 일이 생기지 않도록 해 주어야 합니다.

서울 서초구 초등학교 교사의 극단적 선택 이후 교권 침해의 심각성을 보여 주고 있는 보도가 잇따르고 있습니다. 그중에서도 교사의 정당한 생활지도가 아동학대 고소·고발로 이어지기에, 무엇보다도 먼저 교사의 '생활지도권'을 구체적으로 명시해야 합니다. 교육 정책 네트워크의 '수업 방해 학생에 대한 교내 지도 방법'을 토대로 미국, 영국, 일본 등 주요 국가들의 사례를 살펴보면 다음과 같습니다.

먼저 우리나라 현행법상 교사의 생활지도권을 보면 2022년 12월, 초·중등교육법 개정으로 제20조의2에 교사의 학생 생활지도권이 명문화됐었습니다. 이어 2023년 6월, 초·중등교육법 시행령 개정으로 제40조의3(학생생활지도)이 신설되었고 시행령은 학교장과 교사가 학업·진로, 인성·대인관계 분야에서 학생들을 훈계할 수 있다는 내용을 골자로 하여 교사의 생활지도를 정당한 교육 활동으로 법적 보장한 것입니다. 하지만 문제는 생활지도권을 행사할 수 있는 범위와 방식이 구체적이지 않다는 것입니다. 교육부의 '교육 활동 침해 행위 및 조치 기준에 관한 고시' 제2조(교원의 교육 활동 침해 행위)도 마찬가지입니다. 고시에서는 '교원의 정당한 생활지도에 불응하여 의도적으로 교육 활동을 방해하는 행위'를 교육 활동 침해로 규정했지만, '정당한 생활지도'의 개념이 모호해 실효성이 떨어진다는 지적이 있습니다.

미국은 교육구(區)나 교육청별로 '학생 행동 강령(Student code of conduct)'을 수립해 학생과 학부모의 서명을 받도록 하고 있으며 학생 행동 강령에는 학교생활에서의 권리와 의무가 명시되어 있고, 수업을 방해하는 행동을 단계별로 규정하고 있습니다. 이에 대한 교사의 대응 방법 역시 구체적으로 정해져 있습니다.

미국 3대 교육구인 시카고 교육청(CPS)에서는 학생의 문제행동을 6단계로 구분합니다. 1단계 부적절한 행동, 2단계 방해 행동부터 6단계 불법 행동 및 가장 심각한 방해 행동까지. 단계별로 교사가 취할 수 있는 행동과 학생이 받게 되는 훈육 및 처벌의 예시가 규정되어 있습니다. 예를 들어 1단계 문제행동에는 복도에서 뛰어다니고 심한 소음 내기, 허락 없이 교실 이탈, 수업 진행을 방해하는 행동에 관여 등이 있으며 이에 대해 교사는 학생을 방과 후에 남게 하거나 교사, 학생, 학부모, 관리자 등이 참여하는 위원회를 소집할 수 있습니다.

영국은 교사의 구체적인 지도 권한을 교육법에 명시하고 있는데, 교칙 위반 등 용인될 수 없는 행동을 한 학생에 대한 교사의 지도 권한을 명시하고 있습니다. 예를 들어 등하교 시간에 학생의 부적절한 행동에 대해 교사는 일대일 훈계, 휴식 시간 박탈, 방과 후 지도, 학교 내 봉사활동 부여 등의 대응을 할 수 있습니다.

영국은 각 학교가 학생 행동 관리 규칙을 세웁니다. '낮은 수준'의 수업 방해 행동 대처 방안을 제시하고 있는데, 낮은 수준의 방해 행동으로는 손장난, 수업 지각, 허락 없이 수업 일찍 나가기, 잡담, 껌 씹기, 음악 듣기, 스마트폰 사용하기 등이 있습니다.

이에 대한 교사의 대응 매뉴얼도 구체적입니다. 먼저 학생에게 학습 태도를 고치라는 경고를 합니다. 누적 경고 2회 이후에도 방해 행동이 지속될 경우, 해당 학생의 이름을 칠판에 쓰고 학생을 따로 떨어진 책상에 앉힙니다. 그럼에도 불구하고 방해 행동이 지속되면 학교 내에 마련된 별도 학급으로 이동시켜 관리·감독을 받게 합니다. 중등학교의 경우, 태도 평가에서 낮은 점수를 주거나 최후의 수단으로 교장 면담을 활용하기도 합니다.

캐나다에서는 수업 방해 행동을 12가지로 정의하는데 '캐나다 상담심리치료학회(Canadian Counselling and Psychotherapy Association, CCPA)' 연구 결과를 따른 것으로 개인적으로 공격하는 행위, 핸드폰, 노트북 등 디지털 기기를 사용하는 행위, 교사의 허가 없이 교실을 이탈하는 행위, 교사가 이야기하는 동안 다른 학생과 떠드는 행위, 수업 중 자는 행위, 반복되는 지각 등이 그 예입니다. 교사는 학생이 만성적으로 12가지 문제행동을 보인다면 상담 교사에게 학생 지도를 의뢰할 수 있습니다.

교육 선진국 핀란드의 경우, 학생이 수업을 방해한 경우에 교사가 취할 수 있는 지도 방법을 기본교육법에 규정하고 있습니다. 핀란드 기본교육법령에 따르면 교사는 학생을 교실 밖으로 내보내거나 학교 행사에 참여하지 못하게 할 수 있고, 최대 2시간 동안 벌로 방과 후에 남게 할 수 있습니다. 또 학생의 폭력적인 행동이 다른 학생이나 교직원 안전에 위험이 될 정도로 심한 경우에는 귀가시킬 수도 있습니다. 숙제하지 않은 학생에게는 방과 후 최장 1시간까지 교사 감독하에 남게 할 수 있습니다.

우리나라도 구체적인 생활지도권이 있습니다. 그것은 바로 '학생생활교육위원회'이며 학생선도위원회라고도 합니다. 이는 학생의 선도 사항을 공정하게 처리함으로써 학생이 올바른 행동과 바람직한 생활을 할 수 있도록 함을 목적으로 하는 학교 내의 자치 기구입니다. 이를 운영하기 위해서는 학교 규칙 내에 학생생활규정을 제정해야 하며 학교마다 심의 사항이나 선도 기준이 다를 수 있습니다.

- 합당한 이유 없이 수업이나 시험을 거부한 학생
- 교내·외에서 남의 물건을 훔치는 행위를 한 학생
- 수업 중 정당한 지시나 지도에 불응하는 학생

- 교원의 정당한 생활지도에 불응하는 학생
- 학교의 공공기물을 파손하거나 훼손한 학생

그 외에도 다른 선도 기준이 있어 학생을 지도할 수 있는 지도권이 있습니다. 학생이 선도 기준에 해당되는 행위를 할 경우에는 규정에 따라 학생생활교육위원회(학생선도위원회)가 개최되어 심의한 후에 정당하게 사안에 해당되는 다음과 같은 조치를 취할 수 있습니다.

> **제1호** 학교 내의 봉사(1일 2시간 이내, 5일 이내, 수업 이외 시간에 실시함)
> **제2호** 사회봉사(1일 5시간 이내, 5일 이내의 기간, 학교 밖 공공기관 등 봉사활동 실시)
> **제3호** 특별교육 이수(총 30시간 이내 범위에서 일수 정하여 실시, 위탁 기관에서 실시)
> **제4호** 출석정지(1회 10일 이내, 연간 30일 이내의 범위에서 부과, 별도 교육프로그램 운영)
> **제5호** 퇴학(의무교육대상 제외)

중학교와 고등학교에서는 사안이 발생하면 학생생활교육위원회(학생선도위원회)를 열어 적극적으로 대응하지만, 초등학교에서는 위원회를 잘 개최하지 않습니다. 그 이유는 잘 모르겠지만, 그래서인지 초등학교에는 규칙을 잘 안 지키는 학생들이 점점 많아지고 있으며, 심지어는 규칙을 어겨서 선생님에게 생활지도를 받을 때도 "왜요? 안 했는데요? 저한테만 왜 그러세요?" 같은 태도로 일관하며 인정하거나 반성하는 태도를 보이지 않아 더 지도하기가 어렵습니다. 아이들은 규칙을 어겨도 그 순간 잠깐 야단맞는 것 외에 다른 조치나 벌칙이 따로 없기에 더 경거망동하는 것이 아닐까요? 초등학교에서도 좀 더 적극적으로 위원회를 열어 생활지도권을 강화해야 합니다. 교장, 교감 선생님과 인성 부장(생활부장)이 적극적으로 나서서 생활지도권을 우리 스스로 만들어 나가야 합니다. 그리고 학교생활규정을 학기 초에 반드시 지도해야 하며 아이들이 이 규정을 스스로 잘 지키도록 강조해야 합니다. 학생생활교육위원회(학생선도위원회)가 개최되면 학부모도 참석해야 함을 알려 주어 아이들에게 경각심을 주어야 합니다. 당장 모든 것이 정상화되고 모든 아이들이 규칙을 잘 지키지는 않겠지만, 이러한 문화가 정착된다면 아이들이 점점 규칙을 지키려는 태도를 가지며 교사가 정당한 학습지도나 생활지도를 할 때도 함부로 대들지 못할 것입니다.

 교권은 교사의 인권과 수업권과 학생의 학습권을 보장하기 위해 강화되어야 합니다. 이는 시도교육청 차원에서 강력하게 문제행동에 대한 처벌 규정을 만들어 시행하여야 하며, 학생과 교사, 교직원 모두에게 배려와 존중의 태도를 가져 누구의 권리도 침해하면 안 된다는 경각심을 심어 주는 캠페인도 함께 펼쳐 나가야 합니다. 이는 학생의 문제일 뿐 아니라 학부모에게도 경각심을 심어 주어야 하기 때문입니다.

 교권과 생활지도권이 확보되면 선생님은 교권 침해로 인해 불안한 마음이 없이 안전하고 편안한 교육환경 속에서 아이들을 제대로 가르칠 수 있을 것입니다. 이미 오염된 연못에 물고기가 살 수 없듯이 교권이 붕괴된 학교에서 제대로 된 교육 활동이 이루어질 수 없습니다. 물고기가 자유롭고 안전하게 잘 살 수 있도록 물을 깨끗하게 만들어 주어야 하듯이, 우리 아이들이 제대로 교육받을 수 있도록 교육환경이 먼저 바뀌어야 합니다.

가르치는 기술의 두 번째 원칙

창의적인 수업을 디자인하라

> 선생님은 PD처럼 수업을 연출할 수 있는 수업 전문가이기에 수업 전문성을 기르기 위해 끊임없이 연구해야 하며, 특히 창의적인 수업을 디자인할 수 있는 수업 설계 역량을 길러야 합니다. 아이들의 학습 수준과 역량은 선생님의 그것을 넘어설 수 없기 때문입니다. 교육과정을 재구성하여 아이들과 함께해 보고 싶은 수업을 창의적으로 디자인해 보시기 바랍니다.

창의적인 수업을
디자인하라

    교육의 목적은 한 아이의 변화와 성장입니다. 교육의 목적을 달성하기 위해 선생님은 수업을 합니다. 수업을 하는 이유는 수업을 통해 배움이 일어나게 하기 위함입니다. 배움이란 'Learn(배우다)'의 의미도 있지만 배우는 과정이나 결과에 나타나는 '결과물'의 의미도 있습니다. 인터넷 사전에서 배움의 뜻을 찾아보았습니다.

> **배움**: 몰랐던 것을 알게 되고, 할 줄 몰랐던 것을 할 줄 알게 되고, 없던 마음이 생겨나고 태도가 달라지는 것

    한마디로 배움이란 수업을 통해 지식과 기능, 태도가 생기는 것입니다. 배움이 잘 일어나도록 하기 위해서는 한두 가지의 교수법으로는 어렵기 때문에 다양한 교수·학습 방법이 적용되고 있습니다. 직접교수법, 토의·토론법, 탐구 학습, 프로젝트 학습 등은 오래전부터 해 오고 있던 교수법입니다. 요즈음은 하브루타, 플립러닝, 슬로리딩, STEAM 등 다양한 교수법도 많이 적용하고 있습니다. 하지만, 이러한 교수법이 아니더라도 얼마든지 변화와 성장이 있는 수업이 가능합니다. 수업의 본질을 알고 수업을 디자인한다면 아이들이 흥미 있게 수업에 참여하고 많은 배움이 일어나 성취감을 느낄 수 있도록 할 수 있기 때문입니다.
    수업의 본질은 '왜(Why) 가르쳐야 하는가? 무엇을(What) 가르쳐야 하는가? 어떻게(How) 가르쳐야 하는가?'에 대한 고민에서 시작합니다. 이러한

고민으로 수업을 설계하면 굳이 교과서를 따라 하지 않아도 선생님만의 창의적인 수업을 만들 수 있습니다. 교과서는 단지 일부 수업 전문가와 선생님들이 만든 교재에 불과합니다. 수업의 본질을 알면 선생님만의 창의적인 수업 설계가 결코 어렵지 않습니다. 단원의 성취 기준을 보면서 선생님이 하고 싶은 수업을 설계해서 재구성하면 됩니다. 이것이 바로 교육과정 재구성이며 수업 디자인입니다. 〈월터의 상상은 현실이 된다〉라는 영화처럼 선생님의 상상이 곧 수업이 됩니다. 제가 해 왔던 재구성 수업은 '이렇게 한번 수업해 보면 어떨까?'라는 상상으로 시작하였으며 그 과정과 결과는 기대 이상이었습니다. 이런 상상으로 수업을 창조해 보시기 바랍니다. 자신만의 수업을 창조한다는 것은 정말 신비롭고 재미가 있습니다.

2023년 가을에 충남 보령시 출장을 갔다가 한 분식집 메뉴판을 보았는데, 김밥의 종류만 10가지가 넘었습니다. 야채 김밥, 계란말이 김밥, 고추 김밥, 참치 김밥, 불고기 김밥, 샐러드 김밥, 갈비 김밥, 돈가스 김밥 등등. 고르기도 힘들 만큼 많은 종류의 김밥이 있었습니다. 라면의 종류도 매우 다양했습니다. 계란 라면, 떡 라면, 만두 라면, 해물 라면, 치즈 라면 등등. 여기서 중요한 것은 김밥을 만들든, 라면을 조리하든 어떤 재료를 넣어 어떤 음식을 만드는가를 결정하는 것은 바로 요리사라는 점입니다.

최근 〈흑백요리사〉라는 프로그램이 엄청나게 인기를 끌었습니다. 저는 그 프로그램을 보지 않았지만, 주변에서 너도나도 흑백요리사 프로그램을 보았던 이야기를 하느라 마치 본 것처럼 느껴질 정도였습니다. 요리사는 여러 가지 재료를 이용해서 맛있는 음식을 만드는 사람입니다. 똑같은 요리라 해도 재료에 따라 요리사에 따라 그 맛이 달라집니다. 물론 그 재료를 선택한 요리사의 조리 기술도 뛰어나야 맛있는 요리가 탄생하겠지요.

수업도 마찬가지입니다. 선생님에게 가장 기본적인 수업 자료는 바로 교과서입니다. 우리나라 교과서는 참 친절합니다. 교과서만 따라 수업해도 가르칠 수 있기 때문입니다. 하지만 교과서만 가지고 수업을 한다는 것은 라면에 어떤 재료를 추가하지 않고 기본 수프와 라면 사리와 물만 넣고 적절하게 조리하는 것과 같습니다.

교과서 외에 우리 주변에는 많은 수업 재료가 넘쳐납니다. 이런 재료를 수업에 가져와서 재구성하면 그것이 바로 수업을 디자인하는 것입니다. 유튜브, 신문, 영화, 동화책, 뉴스 등 모든 것이 재구성 자료가 됩니다. 이를 가져와 수업에 투입하는 것은 바로 선생님의 몫입니다. 선생님은 교과서를 매뉴얼처럼 그대로 보고 설명하는 것보다 새로운 학습 자료를 가져와 수업을 창의적으로 디자인할 수 있는 수업 전문가가 되어야 합니다.

'코이의 법칙'을 아시나요? 코이라는 말은 일본말로 잉어를 뜻하는 데, 비단잉어를 말합니다. 잉어를 작은 어항에서 키우면 8cm~15cm 정도 자라고 수족관이나 작은 연못에서 키우면 15cm~30cm 정도 자란다고 합니다. 하지만 저수지와 같은 넓은 곳에서 키우면 약 1m까지 자라는 잉어도 있다고 합니다. 주어진 환경에 따라 잉어의 자람이 다르듯이 우리 학교 교육도 우리 아이들이 마음껏 학습을 펼칠 수 있도록 학습 플랫폼을 제공하여야 합니다. 그러기 위해서는 교과서 내용을 벗어나 더 넓은 영역에서 우리 아이들이 학습할 수 있도록 재구성하는 수업 설계 역량이 필요합니다.

교과서에 얽매이기보다는 교과서 밖에서 구할 수 있는 학습 내용, 교과서에 나오지 않는 학습 방법, 그리고 책상에서 벗어나 교실 안에서 또는 교실 밖에서 때로는 학교 전체에서 주변 마을, 우리 지역까지도 공간적 범위를 넓혀서 아이들에게 넓은 세상 속에서 더 많은 것을 보고 체험하면서 느끼고 깨달을 수 있도록 해 주어야 합니다.

처음부터 새로운 수업을 디자인하기가 어렵다면 좋은 수업을 찾아 따라 하면서 조금씩 변형하여 적용해 보는 모방 창조 수업을 하는 것도 좋습니다. 모방 창조도 재창조이기 때문입니다. 다른 선생님의 수업에서 우리 반 학급 환경과 아이들의 수준 등을 고려하여 변형하여 적용해 본다면 아이들은 좀 더 흥미 있게 참여하고 배움이 절로 일어날 수 있을 것입니다. 모방 창조로 시작해서 자신만의 창의적인 수업을 디자인해 보시기 바랍니다.

창의적인 수업을 디자인한다는 것은 결코 어렵지 않습니다. 왜냐하면 단위 수업 재구성, 차시 재구성, 단원 내 재구성, 단원 중심 재구성, 주제 중심 재구성 등 여러 가지 방법으로 디자인할 수 있기 때문입니다. 단위 차시에서 한 가지 활동만을 재구성해서 수업해도 교육과정 재구성이라고 할 수 있으며, 실제로 많은 선생님이 교과서에 없는 활동이나 내용을 가져와서 수업하고 있는데 이것도 교육과정 재구성이며 수업을 디자인하는 것입니다. 그러기 위해서는 '아이들이 어떻게 하면 흥미 있게 수업에 참여할까?', '내용을 어떻게 가르치면 더 효과적일까?'라는 생각과 고민을 먼저 해야 합니다.

창의적인 수업을 디자인하는 방법 중 가장 간단한 것은 한 차시 수업에서 활동 방법을 바꾸어 보는 것입니다. 과학 시간에 일정한 거리에서 빠르기를 측정하는 수업을 할 때 교과서에는 아이들이 직접 운동장에 나가 50m 달리기 기록을 측정하여 비교하도록 되어 있었습니다. 저는 좀 더 흥미 있는 방법으로 디자인해 보았습니다. 그것은 바로 RC카 레이싱 게임입니다. 아이들이 좋아하는 RC카를 6개 구입하여 체육관에서 아이들과 레이싱 경주를 하였습니다. 3명이 한 팀이 되어 체육관 트랙을 한 바퀴 달린 기록을 초시계로 측정하여 가장 빠른 기록을 찾는 활동으로 해 보았습니다. 아이들은 한 시간 동안 자동차 경주하면서 기록을 재고 빠르기를 비교하며 신나게 공부하였습니다. 아이들이 정말 좋아했습니다. 똑같은 수업이지만 무엇을 어떻게 적용하여 디자인하느냐에 따라 아이들의 반응이 달라지는 것을 알 수 있었습니다.

그리고 단원 내에서 차시를 재구성하여 디자인하는 방법도 있습니다. 단원에 10차시 정도의 학습 내용이 있으면 그중에서 2~4차시 정도만 교과서 내용 대신 다른 내용과 다른 방법으로 재구성하여 디자인하는 것입니다. 10차시의 학습 내용 중 중요한 개념이나 꼭 다루어야 하는 학습활동을 하면서 재구성할 학습 내용이나 활동을 적절하게 적용합니다.

국어과에서 '한글을 소중히 여기는 태도를 지닌다'라는 성취 기준의 단원에서 세종대왕의 애민 정신을 알아보고, 한글의 소중함을 공부하도록 구성이 되어 있습니다.

'어떻게 하면 세종대왕의 애민 정신과 한글의 소중함을 알게 할까?', '교과서 내용 읽고 답하는 것보다 더 좋은 방법은 없을까?'

이런저런 고민을 하다가 좋은 아이디어가 떠올랐습니다. 바로 훈민정음 해례본 서문을 해독하는 것입니다. 우리 어른들은 서문 원문을 보고 어느 정도 의미를 이해하는 데 어려움이 없지만, 아이들에게는 이 서문이 암호처럼 보이기 때문에 흥미 있게 참여할 것으로 생각이 들어서 단원 첫 시간에 '암호를 해독하라' 수업을 전개하였습니다.

한 시간 동안 모둠별로 머리를 맞대어서 해석하는 활동에 아이들은 정말 흥미 있게 참여하였습니다. 물론 완벽하게 해석은 못 했지만, 어느 정도 의미를 찾아내는 아이들의 능력이 대단하다고 생각했습니다. 암호 해독 수업을 마무리하면서 알게 된 점과 느낀 점을 말할 때 아이들은 훈민정음을 만드신 세종대왕님의 애민 정신을 느낄 수 있었고 어떤 과정으로 만들었는지 어떤 마음으로 만들었는지 알게 되어 좋았다고 하였습니다. 교과서 내용을 읽고 해석하는 공부보다 2배 정도 더 효과적이었다고 생각합니다. 선생님의 재구성 아이디어 하나가 아이들에게 흥미 있는 수업이 될 수 있었습니다.

시간과 노력이 좀 더 필요하지만 단원 중심으로 재구성하여 디자인하는 방법도 있습니다. 단원 중심 재구성은 프로젝트 수업처럼 수행과제 중심으로 구성하여 전개하는 것도 좋습니다. 다른 교과 일부를 연계하지 않아도 되기 때문에 재구성하기에는 어려움이 별로 없으며 복잡하지도 않습니다.

2학년 우리나라 단원을 공부하며 이웃 나라 주제를 가지고 세계 여행 프로젝트로 재구성하여 수업을 디자인해 보았습니다. '어떻게 하면 아이들이 재미있게 여러 나라에 대해 탐구해 볼 수 있을까?' 제일 먼저 이런 고민부터 해 보았습니다. 그리고 우리 반 아이들이 세계 여행하는 수업을 상상하였습니다.

먼저 우리 반 아이들이 알고 있는 나라를 전부 브레인스토밍으로 찾아보았습니다. 그다음은 세계 여행을 하기 위한 가이드북 만드는 작업을 하였습니다. 가이드북을 완성한 후 각 나라의 중요한 내용을 담은 나라 지도를 만들어 교실 곳곳에 부착하고 세계 여행 다닐 준비를 마쳤습니다. 여권도 만들고 가이드북을 들고 그 나라에 방문하면 가이드가 자세히 설명해 주고 여권에 입국 도장도 찍어 줍니다. 온 교실을 세계지도로 만들어서 여행하였습니다. 가이드가 되어 보고, 여행객도 되어 보며 많은 것들을 직접 만들고 설명하고 하였습니다. 시간 가는 줄 모르고 세계 여행을 한 것입니다.

이러한 일련의 과정에 선생님이 하는 역할이라고는 좀 더 잘할 수 있도록 조그마한 도움을 주는 것뿐입니다. 이 세계 여행 프로젝트를 하고 나서 대부분의 아이들이 힘들었지만 재미있었고, 직접 그 나라에 가서 살펴보고 싶다고 하였습니다. 그리고 우리나라와는 다른 점들이 많아 무척 신기했다고 합니다.

이 수업을 하고 알게 된 점과 느낀 점을 주제 일기로 써 오라는 숙제를 내주었는데 우리 반 한 아이가 인터넷에서 배움의 뜻을 찾아보고 일기에 그 뜻을 이렇게 썼습니다.

'배움이란 신명이 나서 어깨가 절로 들썩이는 것이다.'

이 문장을 읽는 순간 '유레카'가 떠올랐습니다. 수많은 연수와 배움 수업에 관한 책들을 읽으면서 배움의 정의를 고민했지만 이렇게 명쾌한 답을 우리 반 아이가 찾아주었기 때문입니다. 여러 가지 복잡하게 고민하지 말고 아이들이 신명이 나서 어깨가 들썩일 정도로 재미있는 수업을 하면 됩니다. 꼭 뭔가 특별한 기법을 사용하지 않아도 됩니다. 무엇으로 목표에 도달했느냐보다 어떻게 도달했느냐가 더 중요합니다.

교과서에서 벗어나면 다른 것들로 수업이 채워집니다. 적어도 선생님의 열정이 있다면 말입니다. 물론 교과서에 있는 내용 중에도 필요하다면 활용해야 합니다. 중요한 것은 목표에 도달하기 위한 수단과 방법은 선생님이 만들어 나가야 한다는 것입니다.

선생님이 조금만 관심을 가지고 도전한다면 차시 내 활동 재구성부터 단원 중심 재구성까지 다양한 방법을 활용하여 얼마든지 수업을 디자인할 수 있습니다. 아이들에게 다양하고 흥미 있게 학습의 기회를 제공하는 것이 우리 선생님의 역할입니다. 그냥 주어진 교과서 내용을 전달하는 것은 100년 전의 교육 방식이며 지금은 아이들이 다양한 활동을 통해서 지식·기능·태도를 배우고 익혀서 미래 역량을 기를 수 있도록 학습 플랫폼을 제공하는 수업 디자이너가 되어야 합니다. 선생님은 PD처럼 수업을 연출할 수 있는 수업 전문가이기에 수업 전문성을 기르기 위해 끊임없이 연구해야 하며 특히 창의적인 수업을 디자인할 수 있는 수업 설계 역량을 길러야 합니다. 아이들의 학습 수준과 역량은 선생님의 그것을 넘어설 수 없기 때문입니다.

아이들이 만들어 가는 프로젝트 수업

교육과정 재구성이라고 하면 보통은 주제 중심 프로젝트 수업을 떠올립니다. 하지만 이런 프로젝트 수업은 계획부터 실행까지 어려운 점이 한둘이 아닙니다. 그래서 단원 중심으로 교육과정을 재구성하는 프로젝트 수업에 도전해 보기를 권장합니다. 단원 중심 프로젝트 수업은 아이들이 스스로 계획을 세우고 실행하고 발표하여 피드백하는 학생 주도적인 수업입니다. 이를 통해 지식·기능·태도의 성취 기준에 도달하는 것은 물론이고, 개인차는 있지만 의사소통 능력, 공동체 역량, 지식정보처리 역량, 창의성 등의 미래 핵심 역량까지 기를 수 있습니다. 그리고 2022 개정 교육과정에서 강조하는 '주도성'도 기를 수 있습니다. 프로젝트 수업에 참여한 아이들의 소감을 보면 과정은 힘들었지만, 결과물을 보면서 성취감을 느낄 수 있었으며 학습에 대한 보람도 느낄 수 있었다고 하였습니다.

다소 복잡하고 어려워 계획 단계부터 막막한 주제 중심 프로젝트 수업보다는 단원 중심의 프로젝트 수업이 훨씬 시도하기가 쉽습니다. 단원의 성취 기준에 따라 수행과제를 해결하도록 재구성하여 아이들이 주인공이 되도록 모든 것을 아이들에게 맡기면 됩니다.

'우리 몸의 구조와 기능' 단원은 단원 중심 프로젝트 수업을 하기에 적합하여 도전해 보았습니다. 우리 몸의 구조는 뼈와 근육, 순환기관, 호흡기관, 배설기관, 소화기관 등 5개로 구분되기 때문에 5개 모둠으로 구성하여 프로젝트를 하였습니다. 프로젝트 이름은 '우리 몸 박람회'입니다. 그리고 다음과 같은 수행과제를 제시하였습니다.

'의학박사가 되어서 우리 몸 박람회에서 우리 몸의 구조와 기능을 설명하시오.'

프로젝트 수업을 처음 시작할 때 아이들에게 프로젝트 수업을 하는 이유와 과정을 먼저 설명하였습니다.

"이번 '우리 몸의 구조와 기능' 단원은 교과서대로 하지 않고 여러분들이 교과서를 만들어 가는 프로젝트 수업을 하려고 합니다. 우리 몸의 구조는 뼈와 근육, 순환기관, 호흡기관, 배설기관, 소화기관 등 5가지로 구분할 수 있는데 여러분들이 우리 몸의 기관에 대해 조사하고 발표하는 수업입니다."

"진짜요? 우리가 수업을 만들어 간다고요?"

"네, 그렇습니다. 이번 과학 수업의 주인공은 바로 여러분입니다. 여러분이 선생님이 되어 수업을 진행할 것입니다."

아이들이 교과서를 만들어 가고 수업을 만들어 간다는 말에 무척 호기심을 가지면서 신기해하였습니다. 먼저 우리 몸의 구조에 대해 간단하게 설명한 후에 평소 관심이 있고 조사해 보고 싶은 몸의 기관을 각자 정하도록 하여 같은 기관끼리 모둠을 구성하였습니다.

제일 먼저 모둠별로 도화지를 나누어 주었습니다. 브레인 라이팅 기법을 활용하여 서로 다른 색깔의 사인펜 또는 네임펜으로 도화지에 자기 팀 몸의 기관에 대해 알고 있는 것을 모두 마인드맵으로 적어 보라고 하였습니다. 그리고 그 기관에 대해 궁금한 내용도 모두 적도록 하였습니다.

'사람에게 꼬리뼈는 왜 있을까요?'

'살을 빼려면 어떻게 하면 좋을까요?'

'심장은 왜 뛸까요?'

'방귀는 왜 나올까요?'

'오줌을 오래 참으면 어떻게 될까요?'

우리 몸의 여러 기관과 관련된 수많은 질문이 쏟아져 나왔습니다. 물론

이 질문들 모두를 조사하여 발표하는 것은 아니지만 그래도 프로젝트 학습의 흥미를 불러일으켜 학습에 대한 동기부여로는 충분하였습니다.

작업이 다 끝나고 월드 카페 활동으로 다른 팀에서 작성한 마인드맵을 둘러보도록 하였습니다. 물론 다른 팀에서 작성한 몸의 기관에 대한 정보와 궁금한 것을 보고 더 조사해 주었으면 하는 궁금한 내용을 추가로 적도록 하였습니다. 이렇게 하면서 자기 팀의 기관에만 관심을 가지는 것이 아니라 우리 몸 기관 전체에 관심을 갖도록 하는 효과가 있었습니다.

"잘 둘러보았나요? 그럼, 원래 자기 팀으로 돌아와서 친구들은 쓴 내용을 자세히 읽어 보고 모둠별로 조사하여 발표하고 싶은 내용을 골라 보도록 합니다."

이제 수많은 정보와 궁금한 것 중에서 조사하고 발표할 내용을 추려내야 합니다. 조사하고 발표할 내용을 추려내기 전에 우리 몸의 구조와 기능 단원에서 필수적으로 알아야 할 내용을 다 같이 점검하였습니다. 우리 몸의 기관 구조와 생김새, 그리고 그 기관이 우리 몸에서 하는 기능 등을 꼭 조사하여 친구들에게 설명해야 한다고 강조하였습니다. 그냥 아이들에게만 맡기면 수박 겉핥기식으로 중요한 핵심은 빠지고 흥미 있는 내용만 조사하기 쉽기 때문입니다.

기본적으로 꼭 조사하고 발표해야 할 내용을 포함해서 한 아이가 2~3개 정도의 소주제를 가지고 궁금한 내용을 조사할 수 있도록 하기 위해 모둠별로 9~11가지 정도의 내용을 골라서 다음 주까지 인터넷 백과사전, 블로그, 유튜브 등을 통해 조사해 오도록 하였습니다.

1주일 후 모둠별로 조사한 내용을 가지고 토의를 거쳐서 발표할 내용을 정리하는 시간을 가졌습니다. 각자 조사한 내용을 팀 친구들에게 발표하고, 불필요한 내용은 빼고 보충할 내용을 추가해서 발표할 내용을 정리하였습니다. 그리고 정리된 내용을 가지고 각자 4절 도화지에 발표 자료를 꾸미기 시작합니다. 관련 그림이나 사진을 붙이기도 하고 직접 그리는 아이도 있었으며 다양한 글꼴과 색깔 등으로 창의적인 작품을 만들어 나갑니다. 물론 꾸미기를 잘하는 아이들이 잘 만들지만 그렇지 않은 아이도 자신의 실력과 수준에서 나름 창의적으로 발표 자료를 제작하는 데 최선을 다합니다. 발표 자료의 특성상 가독성을 중요하게 생각해야 하기 때문에 돌아보면서 가끔 글자 크기와 색깔, 사진 배치 등에 대해 그 아이와 의논하여 결정하도록 하기도 합니다.

팀 프로젝트이긴 하지만 자신이 발표할 자료는 자신이 만들도록 하여서 창의성을 발휘하고 작품에 대한 책임감도 부여하였습니다. 협력 학습에 보통 하기 싫은 아이는 무임 승차하거나 방관하는 아이들도 있기에, 발표 실명제처럼 자신의 작품에 이름을 쓰고 그 자료로 발표도 하여서 발표를 듣는 아이들도 누구 작품인지 알게 됨을 강조하면서 열심히 만들도록 유도하였습니다. 물론 이 과정에서 그림이 이상하여 실패하기도 하고 좌절하기도 하며, 친구와 다투기도 합니다. 하지만 이러한 과정 모두가 프로젝트 학습의 일부이며 의사소통 과정에서 이를 통해 배우고 익히는 것도 있으므로 당연한 과정이라 생각합니다. 물론 각자 작업을 하지만 모둠 친구들끼리 서로 의논하며 수정하고 보완하기도 하였습니다.

발표 자료를 다 제작하고 나면 팀 친구들끼리 발표 자료에 대해 잘된 점과 보충할 점을 서로 이야기하면서 수정 보완을 하도록 하였습니다. 그리고 완성된 발표 자료를 보고 발표 시나리오를 짜도록 하였습니다. 보통의 경우 발표 자료를 보고 읽는 수준에 그치기 때문에 듣는 아이들은 재미가 없습니다. 그래서 재미있게 설명하도록 하기 위해 발표 시나리오를 미리 적어 보고 그것을 외우라고 하였습니다. 그래야만 배운 내용을 익혀서 다른 반 친구들에게 자신 있게 발표할 수 있기 때문입니다. 시나리오를 외워 말하기가 쉽지 않을뿐더러 다 외우는 아이도 별로 없지만 그래도 반 이상은 머릿속에 외워서 하므로 그 나머지는 융통성 있게 보면서 설명할 수 있습니다.

박람회 당일, 난생처음 해 보는 프로젝트 발표 수업이라 매우 긴장하는 아이들이 많았습니다. 분주하게 부스 준비를 다 마치고 아이들이 입장하기 전 관람객이 지켜야 할 수칙을 안내하였습니다.

"같은 팀원끼리 부스를 이동합니다. 그리고 궁금한 내용이 있으면 발표가 끝나고 질문을 해 주세요. 발표를 다 듣고 느낀 점이나 칭찬할 점을 포스트잇에 적어 주세요. 포스트잇에 소감을 적은 친구에게는 그 팀에서 박람회 카드에 스티커를 붙여 줄 것입니다. 5개의 부스 스티커를 다 모은 친구에게는 조그마한 기념품을 주도록 하겠습니다. 잘할 수 있겠죠?"

"네, 선생님~"

관람객 아이들도 들뜨긴 마찬가지라 기분 좋게 입장을 하였고 그다음부터는 시키지 않아도 알아서 부스별로 이동하며 활발한 박람회장이 되었습니다. 발표하는 내내 아이들이 서서 설명하는 것을 힘들어하였지만 그래도 끝까지 임무를 완성하는 것을 보면 평소 과학 시간에 이 정도로 집중하고 끈기 있게 수업했나 싶을 정도로 대견하였습니다.

발표를 듣고 질문하기도 하고, 퀴즈를 내어 신나게 맞히고 선물도 받으면서 재미있게 활동에 참여하였습니다. 그리고 나름 진지하게 발표를 들은 소감을 적어서 소감판에 붙이는 아이들도 많았습니다. 별도로 훈련하지 않아도 순조롭게 박람회가 진행되었으며 과학실에서 과학 실험을 하며 공부할 때와는 다르게 적극적으로 참여하는 새로운 모습을 보았습니다. 역시 프로젝트 수업은 아이들을 움직이게 만드는 것이라는 생각이 다시 한번 들었습니다.

모든 활동을 마치고 이제 마무리하는 단계에서 친구들이 정성껏 써 준 소감문을 팀 친구들과 같이 읽으면서 피드백하였습니다. 아이들은 열심히 준비하고 발표하긴 했지만 스스로 피드백하는 데는 한계가 있습니다. 친구들이 이렇게 직접 발표를 들은 소감을 읽어 볼 때 비로소 얼마나 준비를 잘했고, 얼마나 발표를 잘했는지를 알게 됩니다. 그리고 무언가 가슴에서 올라오는 뿌듯한 느낌을 알게 됩니다. 그것이 바로 참 잘했다는 대견함과 성취감입니다.

그리고 모둠 친구들과 프로젝트를 진행하고 발표하면서 느낀 점, 알게 된 점을 서로 이야기 나누면서 또 다른 피드백을 합니다. 마지막으로 이 모든 과정에 대한 소감을 박람회 카드에 적어서 선생님에게 제출합니다. 이 카드에 적힌 소감은 바로 프로젝트를 계획하고 전개하도록 설계한 선생님에 대한 피드백도 되기 때문에 저에게는 아주 소중한 피드백 자료입니다.

"열심히 조사하고 준비한 보람이 있었다. 그리고 댓글을 통해 내가 발표했던 것에 다시 한번 생각하게 되었고 다른 친구들의 발표를 들어 보았는데 모두 잘하고 멋있게 발표를 끝냈다. 또 다른 기관에 대해 모르는 것과 새로운 걸 알게 되었다. 다음에 또 이 프로젝트를 하면 좋겠다. 그리고 조사를 하는 동안 협동심을 기른 것 같고 발표를 통해 발표 능력도 기른 것 같다. 다른 친구들의 생각을 알게 되어 재미있었다."

"친구들과 협동하여 발표하니까 혼자 하는 것보다 훨씬 잘되었고 이제는 친구들과 더 호흡이 잘 맞을 것 같다. 옆 반 친구들이 댓글도 잘 달아 줘서 좋았다. 옆 반 친구들 발표를 들을 때는 '우리도 저렇게 잘할 수 있을까?'라는 생각도 들었는데 우리도 잘한 것 같다. 그리고 우리도 되게 열심히 해서 우리가 한 것에 나는 만족한다. 조사할 때부터 끝까지 재미있었고 이제는 발표를 더욱더 자신 있게 할 수 있을 것 같다. 그리고 다음에 또 이 프로젝트를 하면 더 자신 있게 훨~씬 더 잘할 수 있을 것 같고 옆 반, 우리 반 친구들이 너무 잘 참여해 내 이야기를 잘 들어주어서 좋았다."

"솔직히 잘할 자신도 없었고 어떤 식으로 발표할지도 막막했는데 막상 해 보니 발표하고, 퀴즈 내고, 질문받는 것이 정말 정말 재미있고 즐거웠다. 많은

> 친구들이 내 이야기를 주의 깊게 들어주는 것을 보고 뿌듯했고, 남은 시간 동안 또 이런 박람회를 한다면 이번 박람회보다 더 신나게, 재밌게, 즐기고 학습할 것이다. 한 가지의 아쉬움도 없이 공부한 내가 참 자랑스럽고 친구들과 더 친해져서 의미 있다고 생각한다. 준비하는 데에도 즐겁게 꾸미고 조사해서 힘든 점 없이 해낸 것 같다. 아무튼, 이런 방식의 수업은 재미있다."

전체 아이들의 소감문들을 찬찬히 읽어 보면 다음과 같은 공통점이 있습니다.

'힘들었지만 보람이 있었다.', '친구들이 나의 이야기를 잘 들어 주어서 좋았다.', '기관에 대해 많이 알게 되어 좋았다.', '이런 수업이 재미있고 또 했으면 좋겠다.', '친구와 친해진 것 같고 협동이 되어 좋았다.', '교과서로 배우는 것보다 더 많은 것을 알게 되었다.', '발표를 여러 번 해 보니 발표 능력이 많이 늘었다. 앞으로 더 잘할 수 있을 것 같다.'

소감문에 나와 있는 내용의 공통점만 보더라도 이 단원에서 성취해야 할 목표인 지식·기능·태도 외에도 성취감, 자신감, 협동심, 끈기, 도전 정신 등과 같은 미래 역량도 길러졌음을 알 수 있습니다. 이러한 역량과 태도는 아이들이 직접 계획을 세우고 실행하여 발표, 피드백하는 자기주도적 학습 프로세스를 거쳤기 때문에 수많은 고민과 시행착오와 체험을 통해 기를 수 있다고 생각합니다.

"힘들이지 않으면 그만한 보상도 없다."라는 말이 생각납니다. 우리 선생님들이 조금 더 수고하고 조금 더 고민하며 조금 더 준비한다면 그 보상은 우리 아이들에게 돌아갑니다. 단원 중심 재구성 수업을 통해서 우리 아이들을 주인공으로 만들어 준다면 미래의 주인공으로 성장하지 않을까요?

미래 역량을 기르는
자기 주도적 학습 프로세스

    선생님은 수업을 하고 아이들은 학습을 합니다. 선생님은 수업을 통해 배움이 일어나도록 하고 아이들은 학습을 통해 배움이 일어납니다. 수업의 목표는 지식·기능·태도를 기르는 것이고 다양한 교수·학습방법을 통해 의사소통 역량, 창의적 사고력, 공동체 역량, 지식 정보 처리 능력 등과 같은 미래 핵심 역량도 길러 주는 것입니다. 다시 말하면 아이들은 학습을 통해 배움이 일어나고 핵심 역량도 기릅니다.

    학습(學習)이란 '학(學)=배우고, 습(習)=익히다'입니다. 아이들이 수업 시간에 배우고 익히는 활동을 학습이라고 합니다. 여러 가지 학습활동을 통해 지식과 기능, 태도를 배우는 것은 학(學)에 해당합니다. 그러면 습(習)은 무엇일까요? 습(習)은 배운 것을 재조직하거나 실제로 적용해 보면서 익히는 것입니다. 한 시간에 아무리 많은 것을 배워도 그것을 실생활이나 다른 분야에 적용하지 못한다면 학습의 효과가 얼마나 있을까요?

    학습의 효과를 극대화하려면 수행과제를 제시하여 자기 주도적으로 배운 내용을 재조직하거나 실생활에 적용해 보도록 하면 됩니다. 그래서 자기 주도적 학습 프로세스를 개발하여 재구성 수업을 해 보았습니다. 자기 주도적 학습 프로세스란 수행과제를 해결하기 위해 스스로 계획하고 실행하여 그 결과를 발표하고 피드백하는 학습 과정을 말합니다.

'계획-실행-발표-피드백'

이 학습 프로세스는 선생님의 개입을 최소화하고 자신이 그 단원에서 배운 내용을 바탕으로 재구성하거나 재조직하며 그것을 다른 사람에게 전이(적용)하는 학습 과정입니다. 수행과제를 해결하기 위해 스스로 많이 고민하고 시행착오를 거치며 연습하는 과정에서 배운 내용을 익히게 됩니다.

배운 내용을 익히는 효과에 그치는 것이 아니라 다른 사람에게 배운 내용을 전이하면서 가르치는 보람과 성취감도 느낄 수 있습니다. 그리고 재구성 수업으로 다양한 체험을 함으로써 지식정보처리 역량, 공동체 역량, 의사소통 역량 등의 핵심 역량까지도 기를 수 있습니다.

선생님은 단지 아이들에게 배운 내용을 재조직하고 전이할 수 있도록 수행과제라는 기회를 제공하면 됩니다. 이 학습 프로세스는 아이들이 학습의 주인공이 되기 때문에 무엇보다 흥미 있게 적극적으로 참여합니다. 물론 과정이 다소 힘들어서 중간에 흐트러지는 아이들도 있지만, 이땐 다시 시작할 수 있도록 선생님이 격려하고 도와주면 됩니다. 힘든 만큼 결과에 대한 성취감은 매우 높으며 이를 통해 자신감도 많이 생기게 됩니다.

과학 교과 '동물의 생활' 단원을 재구성하여 자기 주도적 학습 프로세스를 적용해 보았습니다. 이 단원에서는 우리 주변에 사는 동물을 알아보고 땅에 사는 동물, 물에 사는 동물, 사막에 사는 동물, 하늘을 나는 동물들의 생활 모습을 배웁니다.

'어떻게 하면 배운 내용을 적용해 볼 수 있을까?'

이렇게 고민하다가 좋은 아이디어가 떠올랐습니다. 그래서 다음과 같은 수행과제를 제시하였습니다.

'과학 동화 작가가 되어 동화책을 만들고 2학년에게 동물의 생활 이야기를 들려주시오.'

지금부터 3학년 아이들은 자기 주도적 학습 프로세스를 가동합니다.

제일 먼저 땅에 사는 동물, 물에 사는 동물, 사막에 사는 동물, 날아다니는 동물 중 동화책으로 만들고 싶은 주제를 하나 정합니다. 그리고 그 동물의 특징과 생활 모습을 생각하면서 이야기의 줄거리를 짜 보도록 하였습니다. 3학년 아이들이라 처음에는 잘 이해가 안 되어 서툴렀는데, 계속 피드백하면서 고치고 또 고치는 작업을 하니 조금씩 이야기가 완성되었습니다. 어린 왕자가 곳곳에서 동물들을 만나 이야기하는 것처럼 어떤 주인공이 여행하면서 곳곳에 있는 동물들을 만나면서 이야기가 전개되는 내용입니다.

이야기가 완성된 아이들은 4절 도화지로 메이킹북 만드는 방법을 이용해 8면 책자를 제작한 후에 책 표지를 완성하고 이야기를 글과 그림으로 만들어 나갑니다. 각자 자신의 재능에 맞게 만들어 나가면서 몇몇 아이들은 3학년답지 않게 섬세하고 창의적으로 만들기도 하였습니다. 이 학습 과정에는 개인 수준별 학습이기 때문에 누구나 참여하고 누가 잘하고 못하고를 따지지도 않습니다. 단 2학년들에게 동화책을 보여 주면서 설명해야 한다는 전제 조건만 강조하였습니다.

드디어 동화책이 완성되고 과학실에서 출판 기념회를 열었습니다. 각자의 동화책을 소개하는 시간인데 한 명이 앞에 나와서 발표하는 것이 아니라 교실을 다니면서 일대일로 만나 서로의 동화책을 소개하고 잘된 점을 칭찬하는 시간입니다.

그리고 2학년들에게 동화책을 실감 나게 읽어 주기 위해 각자 연습한 후에 모둠 친구들과 동화책 읽어 주기 리허설을 하여 서로 잘된 점과 보완할 점을 이야기하면서 보완할 점을 다시 연습하였습니다.

드디어 2학년에게 동화책을 들려주는 날이 되었습니다. 3학년 아이들은 2학년에게 설명을 어떻게 해 주어야 할까 걱정이 되는지 매우 긴장하였습니다. 이 아이들도 태어나서 누군가에게 직접 동화책을 들려준다는 것이 처음이기 때문에 어떻게 보면 당연한 상황이라고 보입니다.

우리 학교는 학년별로 2개 반이 있는데 3학년 1반은 2학년 1반에 가서 설명을 하게 하였습니다. 2학년 교실에 들어가서 칠판 앞에 모두 서서 제가 아이들을 소개하였습니다.

"2학년 1반 여러분, 안녕하세요. 오늘은 3학년들이 여러분에게 과학 시간에 배운 내용을 동화책으로 만들어 이야기를 들려주려고 왔습니다."

"와~ 정말요?"

"자, 그럼 지금부터 3학년들이 여러분들 옆에 가서 과학 동화책을 들려줄 거예요. 3학년 1반 1번은 2학년 1반 1번 옆으로 가고 2번은 2번 옆으로 가서 설명해 주세요. 그리고 3명에게 설명해야 합니다."

"2학년들은 이야기를 듣고 느낀 점을 3학년들에게 이야기해 주세요."

"잘할 수 있겠죠?"

"네~~"

3학년들은 무척 어색해하면서 2학년들 옆에 앉아서 자기가 제작한 동화책을 보여 주며 이야기를 천천히 들려주었습니다. 2학년들은 신기한 표정으로 동화책을 보면서 이야기를 귀담아들었습니다. 3학년들도 처음에는 어색하게 이야기를 들려주기도 하였지만 2번째, 3번째 들려줄 때는 자신감이 붙었는지 재미있는 흉내를 내며 이야기를 들려주는 아이들도 있었습니다. 교실은 금세 시끌벅적해지면서 독서 한마당이 되었습니다. 책 읽어 주는 3학년, 이야기를 듣는 2학년. 학생이 학생에게 학습하는 과정이 참 멋져 보였고 아이들은 생소하기도 하지만 신선하기도 한 경험이 되었습니다. 이러한 경험은 학습에 대한 기대감을 높이고 학습 결과에 대한 기대감도 높여서 학습 자존감이 높아지는 효과가 있습니다.

동화책 들려주기 활동이 모두 끝날 때까지 기다렸다가 어느 정도 마무리가 되었을 때 3학년 아이들은 칠판 앞에 서서 인사를 하였습니다. 처음 2학년 교실에 들어왔을 때는 삐죽삐죽 어색하였던 3학년들이 마칠 때는 의젓하게 서서 인사를 하였습니다. 자신감 있는 눈빛으로 인사를 하고 과학실로 돌아왔습니다.

과학실에 와서 수행과제에 대한 자기 평가를 포스트잇에 적도록 하였습니다. 그리고 자기의 평가가 담긴 소감문을 친구들과 공유하는 피드백으로 수행과제를 마무리하였습니다.

> "처음에는 많이 긴장이 되었는데 계속하니까 긴장도 안 되고 계속하니 정말 재밌었다. 동화책을 만들 때는 힘들었지만 아이들이 재미있다고 해서 뿌듯했다."
>
> "'열심히 만들었는데 재미없으면 어떡하지?' 하고 생각이 들어 긴장했는데 아이들이 저의 이야기를 듣고 다 좋은 발표를 해 줘서 고마웠다."
>
> "2학년 동생들이 웃으면서 이야기를 들어줘서 들려주는 사람도 고맙고 뿌듯했다. 처음에는 매우 떨렸지만 들려주다 보니 내 발표력도 는 것 같고, 2학년 동생들도 잘 들어주어서 고마웠다. 내 이야기를 듣고 손을 들어 소감을 말해 주어 고맙고 이걸 열심히 만든 보람이 생긴 것 같았다. 2학년 동생들이 이 이야기를 지루해하지 않고 재미있게 즐겁게 들어주는 것이 고마웠다. 또 2학년들이 내 이야기가 끝나고 재미있다고 말해 주어서 나도 절로 웃음이 나왔다."
>
> "그림 그리고 나서 동생들에게 읽어 주고 보여 주니깐 뿌듯했다. 처음에 들어갈 때는 자신감보다 긴장감이 많았는데, 다 읽어 주고 나니 더 뿌듯하고 기분이 상쾌했다. 만들기 할 때는 힘들고 '왜 만들지?' 하고 생각했는데 읽어 주고 나니 이게 중요하다는 것을 알았다."

비록 3학년이긴 하지만 상상력을 동원하여 재치 있고 재미있게 동화책을 꾸며 나가는 아이들도 있었습니다. 동화책 꾸미기는 배운 내용을 재조직하여 2학년들에게 전이하는 학습 효과도 있었지만, 창의적으로 표현하는 것이 더 놀라운 수행과제였습니다.

자신도 모르는 재능을 발견한 아이도 있었습니다. 그림을 잘 그리는 아이, 이야기를 재미있게 들려주는 아이, 상상력이 풍부한 아이, 실감 나게 읽어 주는 아이 등 같은 수행과제였지만 서로 자신이 가지고 있는 재능을 발견할 수 있었으며 이 때문에 또 다른 과제가 있어도 할 수 있다는 자신감도 가지게 되는 것 같습니다.

일반적인 과학 수업에서 학습력이 조금 떨어지는 아이는 학습 자존감이 낮고 자신감도 부족하여 학습에 소극적으로 참여하는 경우가 많은데 재구성 수업으로 수행과제를 자기 주도적으로 진행하면서 자기가 할 수 있는 만큼 해낼 수 있어서 더욱더 적극적으로 참여하는 아이들이 많습니다. 모든 학습을 마무리하면서 동화책을 만들어 이야기를 들려주는 일련의 과정을 잘 마무리한 아이들이 자랑스러워 진심으로 칭찬해 주었습니다.

힘든 과정이 없이는 큰 보람이나 성취감도 느낄 수 없는 법입니다. 배우고 충분히 익히지 않으면 제대로 배움이 일어나지 않습니다. 자기 주도적 학습 프로세스는 배운 내용을 바탕으로 과제를 수행하기 위해 수없이 고민하며 작업하고 연습하고 발표합니다. 이렇게 힘들게 익히는 과정을 겪어 나갈 때 학습의 효과가 극대화된다고 믿습니다. 이러한 자기 주도적 학습 프로세스는 선생님의 역량에 달려 있습니다. 선생님이 제시하는 수행과제가 바로 아이들의 배움과 역량을 마음껏 펼치고 몸과 마음에 익혀 나가는 학습이 될 것입니다. 학습의 주도권을 아이들에게 맡겨 보십시오. 선생님이 상상하는 것 이상으로 아이들의 능력은 더 뛰어납니다.

큰 수를 활용한
재벌 게임

수학 4학년 1학기에 큰 수를 배우는 단원이 나옵니다. 3학년까지는 천의 단위까지 배우다가 4학년에 처음으로 만 단위 이상의 수를 배우게 됩니다. 만, 십만, 백만, 천만, 억, 조의 단위를 배우고 큰 수를 읽고 쓸 수 있도록 하는 단원인데, 수학과 교육과정에 따라 큰 수를 배우고 수학익힘책을 통해 익히게 하였습니다.

'아이들이 생활하면서 백만 이상의 큰 수를 어떻게 활용할 수 있을까?'

고민하다가 문득 재벌 게임이 생각났습니다. 큰 수에 대해 배우고 난 뒤 수행과제를 제시하였습니다.

'재벌이 되어 자기 회사의 제품을 판매하시오.'

우리 반 아이들 수가 23명이었는데 각자 하나의 회사를 세우고 판매할 물건을 정해서 반 친구들에게 판매하는 게임입니다. 게임을 잘하기 위해 큰 수 학습 문제를 풀어서 기준을 통과한 아이들만 참여할 수 있다고 하여 미리 충분한 연습의 기회를 주었고, 게임을 하고 싶어서인지 모든 아이들이 다 통과하였습니다.

그리고 아이들이 각자 회사에서 판매할 물건을 생각해 보게 하였습니다. 백만, 천만, 억, 10억, 100억, 1,000억, 조, 10조, 100조의 단위에 맞는 판매 물건을 의논하여 서로 관심이 있는 물건을 판매하기로 하였습니다. 우리 반에는 여섯 모둠이 있어서 여섯 개의 재벌 회사를 세워 제품을 만들어 판매하기로 하였습니다. 1 모둠은 명품 회사를 세워 지갑, 가방 등 백만 원 단위의 명품 가방 등을 제작하여 판매하기로 하였고, 2 모둠은 가전제품 회사를 세워 백만 원 단위의 휴대폰, TV 등을 만들어 판매하기로 하였습니다. 3 모둠은 자동차 회사를 세워 천만 원 단위의 각종 자동차를 제작하여 판매하기로 하였고 4 모둠은 1억 원대 단위의 아파트, 주택 같은 부동산을 판매하기로 하였습니다. 5 모둠은 1,000억 원대가 넘는 비행기를 판매하기로 하였고 6 모둠은 조 단위의 우주선을 판매하기로 하였습니다. 모둠별로 역할을 나누어 자신의 회사에서 판매할 물건을 도화지 1/4 정도 크기의 카드에 제품을 그린 후 이름을 쓰고 그 아래에는 판매 금액을 한글로 적었습니다.

제품을 모두 제작한 후 판매를 하는 시간입니다. 모둠원 중 2명 남고 2명 나가기를 하였습니다. 남은 아이는 판매 역할을, 나가는 아이는 제품을 구매하는 역할을 10분 동안 했습니다. 구매자는 백지수표를 들고 다니며, 구입하고자 하는 물건이 있으면 그 물건의 금액을 백지수표에 숫자로 적습니다. 판매자가 금액을 확인하고 정확하게 숫자를 썼을 때 판매 제품 카드를 줍니다.

일정한 시간이 지나면 판매자와 구매자의 역할을 바꾸어 진행합니다. 혹 구매할 물건의 값을 정확하게 적지 못하는 친구가 있을 때는 판매자가 친절하게 가르쳐 주기도 합니다. 자신의 회사 물건을 다 팔기 위해 나름 광고도 하고 설명도 하는 열정을 보이는 아이들도 있었습니다.

모든 활동이 끝나고 자기 자리에 와서 자신이 구매한 물건 카드를 보고 작은 수부터 큰 수 순서로 놓아 보게 하였습니다. 큰 수를 비교하기 위해서인데 모든 아이들이 순서대로 바르게 놓는 것을 보니 재벌 게임이 아이들에게 효과가 있었음을 알 수 있었습니다. 단순히 20개의 큰 수 문제를 풀고 매기는 활동을 할 수도 있었지만, 아이들이 수행과제를 해결하기 위해 스스로 계획을 세우고 실행하는 과정에서 흥미 있게 참여하였으며 자신이 배운 내용을 적용해 보는 학습 효과도 있었습니다.

모든 활동을 마치고 재벌 게임하고 난 후 알게 된 점, 느낀 점을 간단하게 쓰고 친구들과 돌려 읽어 보게 하였습니다.

"세상에는 큰 수가 들어가는 것이 아주 많은 것을 알았다. 재벌 게임이 정말 재미있고 즐거웠다. 이 게임을 하고 더 큰 수도 적고 읽을 수 있을 것 같다."

"재벌 게임을 하고 큰 수를 더 쉽게 재밌게 할 수 있었고 진짜 재벌이 된 것 같았다."

"내가 큰 수에 대해 잘 배웠다는 것이 정말로 뿌듯해서 하늘을 나는 것 같았다. 우리 모둠 물건이 다 팔려서 모둠 친구들이 자랑스럽다."

"학습지를 푸는 것도 공부이고 이렇게 게임을 하는 것도 공부라는 것을 알게 되었다."

"재벌 게임은 겉으로는 물건 사고파는 놀이인 것 같지만 사실 큰 수를 배우는 것이다. 신나면서도 기분 좋게 큰 수를 아는 것이 재벌 게임인 것 같다."

"3학년 때는 천밖에 몰랐는데 4학년이 되니 만, 억, 조를 알게 되었다. 재벌 게임을 하고 나니 조보다 더 큰 수를 알고 싶다는 생각이 들었다. 공부를 더 열심히 해야겠다."

"재벌 게임을 하면서 친구들의 지식과 생각을 자세히 알 수 있게 된 것 같고 나의 지식에 대해 한 번 더 생각할 수 있는 시간이 되어서 좋았다. 그리고 어려웠던 수학을 다시 공부할 수 있었던 시간이라고 생각했고 큰 수를 읽고 쓰는 방법을 자세하게 알아 좋았다."

'어떻게 하면 아이들이 흥미 있게 배운 내용을 적용해 볼 수 있을까?'

이 재구성 수업은 이렇게 시작되었으며 의도한 것보다 아이들이 더 즐겁게 참여하고 학습 효과도 높았습니다. 어떻게 보면 자신이 회사 사장이 되어 물건을 판매한다는 면에서 진로 교육도 되지 않았을까 하는 생각이 들었습니다.

교육과정 재구성이란 거창한 말이 없어도 단원에서 배운 내용을 적용할 기회를 제공하여 좀 더 익히게 하고 전이시킬 수 있도록 수행과제를 제시하는 것만 해도 좋은 재구성 수업이 될 수 있습니다. 단원 마지막 차시에서 아이들이 적용할 만한 수행과제 아이디어만 생각한다면 단원 학습 효과는 배가 될 수 있습니다. 선생님의 아이디어가 수업을 바꿀 수 있습니다.

백 마디 말보다
한 편의 영화가 더 효과적이다

7월 말, 여름방학을 앞두고 학교운영위원회가 있었던 다음 날 교감 선생님으로부터 메시지가 왔습니다. 전 교사에게 보낸 듯한데, 학교운영위원회에서 학부모 위원 중 한 분이 제기한 민원이었습니다. 민원의 요지는 자기 아이 반 선생님이 영화를 자주 보여 준다는 것입니다. 그러면서 선생님이 수업 시간에 영화를 보여 주고 선생님은 딴 일을 하는 것이 제대로 수업하는 것인가를 따진 것입니다.

이 메시지 내용을 보고 안타까웠습니다. 첫째는 선생님의 수업이 학부모로부터 감시당하고 있다는 느낌이 들어서입니다. 두 번째는 선생님이 이렇게까지 신뢰를 잃어버린 것에 대한 안타까움입니다. 그리고 마지막으로 선생님이 조금 더 반 아이들에게 영화를 보여 주는 타당한 이유를 충분히 설명해 주었으면 어땠을까 하는 아쉬움이 들었습니다. 영화를 보여 주기 전에 교과 학습과 관련된 내용을 이야기하며 이 영화를 보고 무엇을 어떻게 활동해야 하는지 설명해 주었다면 좋지 않았을까요? 그리고 영화를 본 후 감상문 쓰기나 발표하기, 그리기 등 사후 활동을 했다면 아이들은 수업한다는 느낌을 받았을 것입니다. 물론 아이들이 그런 설명도 빼고 그냥 영화만 봤다고 부모에게 말했을 가능성도 있습니다. 앞으로 영화를 보여 주는 것은 조심해야겠다는 경각심이 드는 민원이었습니다.

저는 과학 전담을 하면서 1년에 딱 2편의 영화를 수업 시간에 보여 주었습니다. 물론 교육과정 재구성을 통해 단원 학습의 마무리 단계에서 영화 보기를 편성하였습니다. '태양계와 별' 단원은 태양계를 이루고 있는 행성이 8개이기 때문에 8개의 모둠을 구성하면 한 모둠씩 행성을 맡아 조사하고 발표하기에 적합하다고 생각하여 '우주여행 프로젝트' 수업을 진행하였습니다. 이 단원의 성취 기준은 다음과 같습니다.

'태양이 지구의 에너지원임을 이해하고 태양계를 구성하는 행성을 조사할 수 있다.'

첫 시간에 아이들에게 수행과제를 제시하고 프로젝트 과정을 설명해 주었습니다.

'태양계를 구성하는 행성 가이드가 되어 우주 여행객들에게 행성을 소개하시오.'

모둠별로 조사하고자 하는 행성을 정하고 역할을 나누어 행성에 대해 조사한 후에 조사한 내용을 서로 토의하여 발표할 내용을 정하였습니다. 그리고 각자 역할을 나누어 발표 자료를 만들고 발표 연습을 하였습니다. 우주여행 프로젝트를 다 마치고 프로젝트에 대해 사후 소감을 나누며 서로 피드백하며 학습에 대한 보람을 느끼고 하였습니다.

사실 아이들이 유튜브 영상이나 인터넷에서 자료를 찾으며 학습하면서 알게 된 점이나 느낀 점이 많기도 하겠지만, 그래도 영상을 통해 실감 나게 우주에 대한 장면을 본다면 프로젝트 학습의 효과가 더 클 것이라고 예상되어 영화 1편을 아이들과 함께 보았습니다. 영화 제목은 〈유랑지구〉입니다. 유랑지구는 태양이 적색거성이 되었을 때 지구를 하나의 거대한 로켓으로 사용하고, 영하 70도, 목성 충돌 37시간 전, 대재앙을 맞은 지구를 옮기기 위한 범우주적 인류 이민 계획을 그리고 있습니다. 영화 속의 목성은 CG이긴 하지만 정말 아이들이 감탄할 정도로 실감 나게 묘사되고 있으며, 광활한 우주를 볼 수 있습니다. 그리고 태양계 속의 우리 지구가 얼마나 중요한지에 대해서도 한 번쯤 생각해 보게 합니다.

영화를 보기 전에 이 영화를 보여 주는 이유를 설명하고 '태양계와 별' 단원에서 배운 행성과 태양, 지구와의 관계 등을 영화 속에서 찾아 보고서를 작성하도록 안내하였습니다. 그냥 영화를 보면 오락이 될 수 있지만, 분명한 학습 목표를 제시한 후에 보여 주면 영화는 하나의 학습 소재가 됩니다. 그리고 우주라는 공간을 백번 말하는 것보다 영화로 한 번 보여 주는 것이 아이들에게는 더 흥미가 있고 우주에 대한 동경심도 갖게 될 거라고 생각하였습니다.

영화를 보고 알게 된 점과 느낀 점을 보고서로 작성하고 서로 발표하였습니다. 프로젝트 마지막 단계인 영화 보기는 심화학습이었으며, 아이들이 가장 좋아하는 학습 단계였습니다. 그리고 우주에 대해 더 흥미를 갖게 되었다는 아이들도 많았습니다. 태양계의 행성을 외우는 것보다 우주에 대해, 우리가 살고 있는 태양계에 대해 더 흥미를 갖고 더 알아보고자 하는 동기를 부여하는 것이 더 중요하지 않을까요?

과학과의 '연소와 소화' 단원에서는 불이 타는 조건과 불이 꺼지면 나타나는 물질 등을 배우며, 화재 대피 요령과 안전에 대해서도 배웁니다. 이 단원은 여러 가지 실험을 통해 연소와 소화에 대해 배우고, 화재 대피 요령과 우리 학교의 화재에 대비한 안전시설 등도 조사를 하며 단원을 마무리하게 구성되어 있습니다. 아이들은 실험 자체를 좋아하고 흥미 있어 하기에 이 단원을 좋아합니다.

불이라는 것이 우리에게 도움이 되기도 하지만, 자칫 잘못하면 엄청난 화가 된다는 사실을 알게 해주고 싶었습니다. 그래서 화재 관련 영화를 골라 아이들과 함께 시청하였습니다. 영화 제목은 〈타워〉이며, 화재로 인한 재난영화입니다. 모두가 행복한 크리스마스 저녁, 크리스마스 파티가 열리고 있는 108층 규모의 쌍둥이 빌딩 타워스카이에서 예기치 못한 화재 사고가 발생하는데, 최악의 화재 속에서 화재를 진압하고 삶에 대한 희망의 끈을 놓지 않는 사람들의 이야기가 펼쳐집니다. 이 영화를 보여 주기 전에 아이들에게 영화를 보는 이유를 설명해 주었습니다.

"이 영화에는 큰 화재가 발생하는데 우리가 수업 시간에 배운 연소의 조건과 관련지어 왜 화재가 발생하였는지 찾아야 합니다. 그리고 화재가 났을 때 소화를 시키기 위해 소방관들이 어떻게 하였는지 찾아 보고서로 작성해야 합니다. 연소와 소화에 대해 배운 내용을 바탕으로 영화 속에 숨어 있는 연소와 소화의 조건과 진화 방법, 그리고 화재가 났을 때 대피 요령도 함께 조사하길 바랍니다."

영화 속에서 아이들은 연소와 소화의 조건을 찾아보았으며, 화재 시 어떻게 대피하여야 하고 절대 해서는 안 되는 상황도 함께 알게 되었습니다. 앎과 삶이 함께하는 공부가 진짜 공부라면 간접적인 경험도 아이들에게는 실감 나는 삶의 공부라고 생각합니다. 직접 화재의 현장에 가서 공부할 수는 없으니까요.

아이들은 영화 보기를 정말 좋아합니다. 사실 영화만 본다면 아이들은 공부한다고 생각하지 않고 논다고 생각하기에 재미있고 시간 가는 줄 모릅니다. 그래서 영화 보기 수업은 따로 동기 유발을 할 필요가 없는 수업입니다. 영화 그 자체가 동기이며 학습이 되기 때문입니다.

〈유랑지구〉, 〈타워〉처럼 학습 내용과 관련된 영화는 정말 많습니다. 선생님이 좋아하는 영화 중에서 얼마든지 연결 지어 영화 보기 수업을 할 수 있습니다. 영화 보기는 2~3시간이 소요되기에 교육과정 재구성으로 시간을 확보한다면 단원 마무리 단계에서 누구나 쉽게 해 볼 수 있는 재구성 수업입니다.

제가 직접 재구성 수업으로 해 보았던 이 두 영화 보기 수업은 대성공이었습니다. 배운 내용을 바탕으로 영화 속에서 적용하고 또 교과서에서 학습하지 못한 내용도 더 배울 수 있으며, 등장인물의 행동에서도 배울 점들이 있었습니다. 영화 보기를 시간 때우는 용으로 활용하지 말고 재구성 수업 설계에 활용해 보시면 어떨까요?

모두가 신나는
변피구 수업

우리 반 아이들이 가장 좋아하는 경기는 '변피구'입니다. 변피구는 '변찬진 선생님이 만든 피구'란 뜻입니다. 일반적인 피구 경기는 배구장 크기의 코트에 2팀이 서로 나뉘어 코트 안과 코트 밖에 서서 맞은 편끼리 서로 맞히고 맞은 아이는 자기편으로 가서 공격에 참여하게 됩니다. 결국 빨리 아웃된 아이는 코트 밖으로 나가게 되면서 공을 잡을 기회는 더 줄어들고 재미가 없게 됩니다. 그래서 피구를 잘하는 아이만 재미있고 그렇지 않은 아이는 재미가 없다는 단점이 있습니다. 모든 운동 경기는 자기가 직접 참여해야 재미를 느끼는 법입니다. 그래서 '어떻게 하면 모든 아이들이 재미있게 참여할 수 있을까?' 고민하여 변피구를 만들게 되었습니다.

변피구는 경기 방법이 일반 피구와는 조금 다릅니다. 한 반에 25명 정도 된다면, 강당에 있는 배구 코트를 다 사용하면 공간이 너무 넓어 한 반이 피구를 하기에 적합하지 않은 경우가 있습니다. 그래서 변피구는 한 반이 할 수 있도록 최적화된 경기 방법입니다. 경기장은 배구 코트의 반(사각형)을 사용합니다. 한 반의 아이들을 A팀과 B팀으로 나누어 5분 시간제로 경기를 합니다. 경기장 밖 4개의 면에 둘러서서 공격하는 팀과 경기장 안에서 피하는 팀이 경기를 하며 5분 시간이 경과하였을 때 경기장 안에 몇 명이 살아남았는지 세어 많이 살아남은 팀이 한 세트를 이기게 됩니다. 총 3세트 경기를 하여 최종 승리 팀을 결정합니다. 40분에 시간이 모자랄 경우가 있는데 이런 경우 한 세트 경기를 3분~4분으로 조정하면 됩니다.

변피구는 일반적인 피구와 다른 규칙이 3가지 있습니다. 첫 번째 규칙은 땅볼도 아웃입니다. 일반 피구는 땅볼로 맞으면 아웃되지 않지만, 변피구는 땅볼로 맞아도 아웃이 됩니다. 이 규칙을 만든 이유는, 운동을 잘하는 아이 중에는 아무렇게나 세게 던지는데 간혹 머리를 맞히는 경우가 있어 매우 위험하기 때문입니다. 그래서 땅볼도 아웃이 되기에 아이들에게 몸통 아래나 다리를 향해 던지도록 하였습니다. 체육수업에서 제일 중요한 것은 안전입니다. 머리를 바로 맞히면 바로 퇴장을 시키고, 맞히지는 않아도 머리를 향해 던지는 경우는 경고를 한 번 주고 또다시 머리로 공을 던지면 퇴장시킵니다. 대신 피하려고 몸을 숙이다가 머리에 맞는 것은 예외입니다. 땅볼도 아웃 규칙은 피구 경기를 매우 속도감 있게 만들어 주며 운동 기능이 그렇게 뛰어나지 않는 아이도 땅볼로 맞힐 수 있기 때문에 적극적으로 참여하게 됩니다.

두 번째 규칙은 공을 받으면 아웃된 우리 편 한 명이 살아납니다. 일반 피구는 아웃되면 반대쪽에 있는 자기편에게 이동하여 같이 공격하게 되는데, 변피구는 아웃되면 일단 경기장 밖의 대기석으로 이동하여 살아날 준비를 합니다. 아웃된 순서대로 밖에 대기하고 있다가 자기편 아이가 공을 바로 받으면 재빨리 자기편 경기장으로 들어갑니다. 이것은 아웃이 되어도 언제든지 살아날 수 있는 부활 제도입니다. 아이들은 이 규칙을 정말 좋아합니다. 아웃이 되더라도 언제든지 친구들이 자기를 구해 줄 수 있기 때문에 끝까지 긴장을 놓지 않고 경기에 참여합니다. 단, 집중하고 있지 않다가 자기편이 공을 받았을 때 5초 안에 경기장 안으로 들어가지 않으면 다시 대기석으로 돌아가야 하기에 경기장 밖에서도 경기를 집중해서 보아야 합니다. 여학생들이 좀 더 적극적으로 참여하게 하도록 여학생이 공을 잡으면 2명이 살아나는 규칙도 있습니다.

세 번째 규칙은 경기장 밖으로 공이 아웃되면 상대편 아이 한 명이 살아납니다. 이 규칙은 변피구의 핵심입니다. 피구를 하다 보면 운동 잘하는 아이는 재미가 있지만 그렇지 않은 아이는 사실 재미가 없습니다. 공을 몇 번

만질 기회가 없기 때문입니다.

하지만 이 규칙은 모든 아이를 스포츠맨으로 만듭니다. 경기장 라인에 서 있는 공격자 중 코너마다 한 명씩 공을 잘 던지는 아이가 배치되어 있습니다. 나머지 아이들의 역할은 자기편 친구가 공격하거나 패스할 때 공이 뒤로 빠지지 않도록 막는 것입니다. 공을 잘 던지지는 못해도 자기 주변에 공이 오는 것을 잘 막으려는 플레이를 합니다. 왜냐하면 공이 뒤로 빠져 나가면 상대편 선수 한 명을 살려 주기 때문입니다. 그래서 공을 막으면 한 명 살려 주지 않는 효과가 있기에 공을 던져서 한 명 아웃시키는 효과가 있다고 강조합니다. 아무리 운동 신경이 부족한 아이라도 공을 막는 것은 할 수 있습니다. 어떤 아이는 공을 잘 받지도 못하고 잘 던지지도 못하지만, 공이 뒤로 빠지지 않도록 몸을 던져 열심히 잘 막는 아이도 있습니다. 이런 아이는 베스트 수비상으로 선정하여 칭찬해 주고 반 친구들이 크게 박수를 쳐 줍니다.

변피구는 각자의 역할이 있습니다. 공을 던져 상대편을 맞히는 아이, 공을 잘 던지는 친구에게 재빨리 패스하는 아이, 공이 뒤로 빠지지 않게 막는 아이 등 서로 역할을 잘 수행하면 그 경기에서 이길 가능성이 매우 높습니다. 이것이 바로 팀워크이며 협동이 아닐까요?

변피구에서 더 중요한 규칙이 하나 더 있습니다. 그것은 경기 점수와 협동 점수 제도입니다. 보통은 3세트 중 2세트를 이기면 그 팀이 승리하게 되는데 변피구는 점수제이기 때문에 이긴 팀은 500점, 진 팀은 300점을 획득합니다. 그리고 협동 점수를 부여합니다. 협동 점수는 팀 협동하는 정도를 보고 점수를 주는데, 500점부터 0점까지 줄 수 있습니다. 경기하면서 자기편 친구가 잘하면 칭찬하거나 경기 중에 파이팅을 잘하면 점수가 올라갑니다. 하지만 경기 중에 실수를 한 친구를 비난하거나 원망하면 감점이 됩니다. 그리고 경기 중에 욕을 쓰거나 싸우면 경고 없이 바로 퇴장시킵니다. 서로 재미있게 경기하기 위해서는 필요에 따라 엄하게 규칙을 적용할 필요가 있습니다.

피구를 하다 보면 항상 운동을 잘하는 아이가 자기 멋대로 공을 던지다가 공을 밖으로 아웃시키는 경우가 있습니다. 이런 경우 경기를 중단하고 잠시 지도를 해야 합니다. 공을 아웃시키면 상대편이 한 명 살아나기 때문에 자기 팀에 불리한 행동임을 알려 줍니다. 그리고 조금 강도를 줄여 공격하는 것이 필요하다는 것도 알려 줍니다. 경기가 끝나고 그 아이가 살려 준 사람이 몇 명인지 한번 되짚어 보는 것도 좋습니다. 맞혀서 아웃시킨 아이와 살려 준 아이를 빼 보면 얼마나 잘못했는지 바로 알 수 있기 때문입니다.

5학년이나 6학년 학생 중 공을 아주 세게 던져 위협적인 경우는 속도 제한을 두어야 합니다. 그 아이가 100%의 힘으로 던질 때보다 약 30% 힘을 줄여서 안전하게 던질 수 있도록 제한을 두는 것이 좋습니다. 간혹 흥분해서 이런 규칙을 지키지 못하는 아이가 있는데, 이럴 경우에는 경고를 한 번 주고 또 어기면 그 세트만 퇴장시켜서 흥분을 가라앉혀야 합니다. 아무리 재미있는 운동도 친구가 다치면 안 되기 때문에 안전 속도를 지키자고 지도를 충분히 하는 것이 좋습니다.

스포츠는 승부가 있는 운동입니다. 그래서 이긴 팀은 기분이 좋지만 진 팀은 기분이 좋지 않습니다. 하지만 변피구는 경기 점수와 협동 점수를 합한 점수로 승부를 결정하기 때문에 협동만 잘해도 그 경기를 이길 수 있습니다. 그렇게 되면 모든 아이가 열심히 참여하고 그러다 보면 모두가 즐거운 피구가 됩니다. 물론 변피구는 두 반이 함께할 수도 있으며 심지어는 네 반도 함께할 수 있는 멀티 피구입니다.

어떤 운동을 하든지 아이들이 협동하고 즐겁게 참여할 수 있는 규칙을 만들어 적용하는 것은 바로 우리 선생님의 몫인 것 같습니다. 변피구처럼 어릴 때부터 이런 체육 활동을 통해 정정당당하고 협동을 잘하며 친구를 배려하는 마음을 기른다면 훗날 어른이 되어 운동할 때도 규칙을 잘 지키고 서로 협동하며 스포츠를 즐길 수 있을 거라 생각합니다.

수업의
범위를 넓혀라

약 10년 전에 과정중심평가 연구학교 보고회를 참관한 적이 있었습니다. 공개수업에 참관하였는데 마침 수학 수업을 하고 있었습니다. 아이들이 좋아하는 과일, 운동, 노래 등 각각 주제별로 반 아이들을 대상으로 조사하여 표와 그래프로 나타내는 통계 수업이었습니다. 그때 '반 아이들을 대상으로 제한하기보다 그 학년 전체를 대상으로 조사해서 통계를 내 보는 것이 더 좋지 않을까?'라는 생각을 해 보았습니다. 그러면 아이들이 조사하는 범위가 더 넓어져서 더 많은 정보를 얻기 위해 더 고민하고 더 많은 배움이 일어날 수 있을 것 같았습니다.

선생님의 수업은 절대 선생님 자신의 수업관을 벗어날 수 없습니다. 그래서 선생님이 스스로 수업관을 확장해야 합니다. 각종 연수를 통해, 관련 도서를 통해 얼마만큼 더 수업을 확장할 수 있는지 고민해 보아야 합니다.

6학년 체육 전담을 할 때 체육수업을 확장해 보았던 이야기를 해 보겠습니다. 1학기에 배드민턴 수업을 하였는데, 6학년에 다섯 반이 있어 반마다 배드민턴 기본자세와 기술, 시합하는 방법 등을 가르치고 연습한 후에 반별로 배드민턴 경기를 했습니다. 하지만 이에 만족하지 않고 좀 더 범위를 넓혀 보았습니다.

'6학년 전체 아이들을 대상으로 교내 배드민턴 대회를 열면 어떨까?'

그래서 6학년 아이들을 대상으로 배드민턴 대회를 개최하였습니다. 남자 단식, 여자 단식과 남자 복식, 여자 복식 이렇게 4가지 종목을 토너먼트 방식으로 대회를 운영하였습니다. 각 반마다 참가를 희망하는 아이들의 신청서를 받고 추첨해서 대진표를 짜고 상품을 준비하는 등 따라오는 일들이 매우 많아 정신없이 바빴습니다. 하지만 아이들이 좋아하고 배드민턴을 더 열심히 한다는 생각에 끝까지 추진했습니다.

  전체 학생의 약 50% 정도가 배드민턴 대회에 참가하였고, 그래서인지 매일 점심시간 강당에는 배드민턴을 연습하기 위해 모인 아이들도 북적거렸습니다. 아이들의 안전과 질서를 위해 매일 급식 후 강당에서 시간을 보내 조금은 피곤하였지만, 열심히 연습하는 아이들을 보면 한편으로는 흐뭇하였습니다. 그냥 매일 연습하라고 하는 것보다는 대회를 만들어 자발적으로 연습하러 나오는 것이 더 낫다는 생각이 들었습니다.

  6학년의 모든 아이가 참가하는 것이 아니어서 점심시간을 이용해 토너먼트 경기를 했습니다. 1주일 정도 점심시간마다 경기하는 아이들과 관람하러 온 아이들로 성황을 이루어 재미있게 대회를 진행하였습니다. 물론 마지막 결승전은 체육 시간을 빌려 전체 아이들이 참관하는 가운데 멋지게 대회를 마무리하였습니다. 대회라는 느낌을 주기 위해 입상한 아이들에게 수여할 배드민턴 라켓 등의 상품을 준비하였고 금, 은, 동메달도 준비하여 교장 선생님, 교감 선생님께서 직접 수여해 주셨습니다. 시상대에 올라간 아이들을 보며 참가한 아이들 모두 진심으로 축하의 박수를 쳐 주니 진짜 대회 같았습니다.

  배드민턴 수업을 6학년 전체로 대상을 확대하였고, 대회를 개최하며 수업의 범위도 더 확장하였더니, 아이들의 실력이 몰라보게 달라졌습니다. 멋진 플레이를 볼 때는 진짜 경기를 보는 듯한 느낌도 들었으며 경기장 분위기는 마치 올림픽 배드민턴 경기장처럼 대단하였고, 경기를 보는 아이들과 선생님들 또한 감탄하면서 응원하였습니다.

  학교는 작은 사회라고 하는데, 아이들이 체육이라는 교과에서 할 수 있는 정말 멋진 경험이었다고 생각합니다. 무엇보다 참가한 아이들 모두가 대회 준비를 위해 열심히 노력하고 도전하였다는 점이 가장 흐뭇했습니다.

과정과 결과를 모두 생각하여 대회를 준비하였지만, 기대 이상으로 아이들이 잘해 주었습니다. 대회 시상을 마치고 한 아이가 저에게 한 말이 생생하게 기억납니다.

"변찬진 선생님, 이런 대회를 만들어 주셔서 정말 감사합니다."

지금까지 고생하고 힘들었던 것이 아이들이 열심히 하는 모습과 이 한마디에 눈 녹듯이 사라지고, 그 자리에 기쁨과 보람이 가득 피어오르는 듯한 느낌을 어디에서 경험할 수 있을까요? 선생님 하길 참 잘했다는 순간이기도 합니다.

다음으로 체육수업을 확장해 본 것은 배구 프로젝트입니다. 배구라는 종목은 배드민턴과는 달리 아이들이 짧은 시간에 언더 토스, 오버 토스, 스파이크, 서브 등의 배구 기본 기능을 익히기가 매우 어렵습니다. 그래서 배구 수업 시작할 때 모든 아이들에게 6학년 남자, 여자 배구 리그전을 한다고 예고하였습니다. 반별 대회를 해야 하니까 그만큼 더 열심히 해 보자는 의도였습니다. 보통 여학생과 남학생을 섞어서 배구 경기를 하면 아무래도 남학생이 활동 범위가 넓어 여학생에게 기회가 적어지기 때문에 아예 남자, 여자 리그전을 따로 한다고 하여 여학생의 참여 의욕을 높이려고 하였습니다. 두 달 정도 배구 연습을 한다고 해서 선생님들처럼 배구 경기를 잘할 수는 없겠지만, 그래도 배구 경기 흉내는 내지 않을까? 하는 기대감으로 정말 열심히 가르쳤습니다. 우리 학교는 체육 전담 교사가 2명이어서 2주간 강당을 사용하고 2주는 운동장 수업을 해야 하기에 운동장에서도 배구 연습을 하기란 쉽지 않았습니다.

힘든 훈련 과정을 거쳐 드디어 배구 리그전을 하게 되었습니다. 5개 반이어서 A조 3개 반과 B조 2개 반으로 나누어 리그전을 하고 조 1위 팀끼리는 결승전, 조 2위 팀끼리는 3~4위전을 하였습니다. 배구 리그전 조 추첨을 한 후부터 매일 점심시간에는 남자, 여자 할 것 없이 6학년 대부분이 강당에 와서 배구 연습을 하느라 여념이 없었고, 강당 안은 발 디딜 틈도 없이 꽉 찼습니다. 대회 준비를 위해 자발적으로 연습하러 나오는 아이들은 조금씩 조금씩 자신들의 실력이 향상되는 것을 느끼도록 피드백해 주었습니다. 저도 아이들과 똑같이 연습하고 참여하게 되어 매우 피곤하고 힘들었지만, 그래도 아이들을 위해 같이 땀 흘리며 도와주었습니다. 매일 점심시간에 아이들과 함께 강당에서 수고하는 모습을 보고 한 선생님께서 걱정하시며 저에게 물어보았습니다.

"선생님, 수업 시간도 아닌데 왜 이렇게까지 하세요? 힘들지 않으세요?"

"물론, 힘들지만 아이들이 좋아하고 열심히 하려고 하는데 조금이라도 도움이 되려고요. 또 아이들끼리 있으면 무질서하고 안전사고가 날 수 있기 때문에 제가 있어야 합니다."

드디어 배구 리그전이 시작되었습니다. 아이들 나름대로 포지션도 정하고, 역할도 정하고, 작전도 짜면서 경기하였습니다. 자기 반 아이들끼리 하는 것보다 다른 반 아이들과 하는 것에 아이들이 더 집중하고 이기기 위해 더 열심히 하려고 합니다. 그러면 경기력이나 기술 등이 더 향상되는 것을 볼 수 있습니다. 경기하면서도 배우고 익히는 것이 있기 때문입니다.

일반적으로는 반 아이들끼리 남녀 섞어서 두 편으로 나누어 배구 경기 몇 번 하고 마치는데, 이렇게 배구 리그전을 하게 되면 최소한 다른 반과 세 번 정도 경기를 해야 하므로 운동 경험이 더 많아지게 되고, 경기 상황에 따른 대처 방법이나 경기 규칙 등 더 많은 것을 배우게 됩니다. 한 학급이라는 범위를 좀 더 확장해서 6학년 전체를 대상으로 배구를 하면 더 많은 배움이 일어납니다. 물론 선생님은 리그전을 준비하기 위해 더 많은 수고를 해야 하지만, 선생님의 수고로 아이들이 조금 더 성장한다면 그 또한 보람이 아닐까요? 선생님이 마당에 돗자리를 넓게 깔아 주면 더 많이 놀며 배웁니다. 그래서 선생님은 수업관을 확장해서 더 넓게 더 많이 학습할 수 있도록 만들어 주어야 합니다.

배구 리그전을 마치고 아이들의 배구 실력이 많이 향상되어 좀 더 확장해 보았습니다. 그것은 우리 학교 여선생님 팀과 6학년 남자 대표팀의 친선 경기를 하는 것이었습니다. 우리 학교 여선생님들은 배구 실력이 매우 좋은 편이어서 결코 쉽지는 않겠다고 생각하였지만, 남자아이들은 도전해 보고 싶다고 하여 1차전, 2차전을 하기로 하였습니다. 배구 수업은 모두 끝났지만, 또 다른 도전을 하기 위해 남자 배구팀 아이들 11명은 매일 점심시간과 방과 후에 강당에 모여 특별 훈련을 하였습니다. 대부분 빠지지 않고 훈련에 열심히 참여하였고 실력은 나날이 늘었습니다. 그래서 제가 동력을 주기 위해 한 가지 제안을 했습니다.

"얘들아, 만약 우리 팀이 여선생님 팀을 이기면 선생님이 영화를 보여 줄게."

그때 한 아이가 이렇게 말하였습니다.

"선생님, 영화 말고 대패삼겹살 사 주시면 안 되나요?"

"좋아, 그렇게 하자. 대신 열심히 해 보자."

아이들은 저마다 좋다고 환호성을 지르고 더 열심히 하자고 다짐하였습니다.

여선생님과의 친선 배구 1차전을 앞두고 아이들 모두 엄청나게 긴장하는 모습이 역력했습니다. 경기할 때 리시브하고 토스하고 공을 넘기는 모습이 제법 배구 선수 같았습니다. 여선생님 팀은 생각보다 더 강했습니다. 아이들은 진짜 배구를 경험하였습니다. 1차전, 2차전 모두 2:0으로 지긴 했지만, 때로는 점수가 앞서기도 하며 이기는 분위기를 경험하고, 또 와르르 무너지기도 하는 경험도 하면서 배구를 알아 가는 값진 시간이었습니다.

이렇게 배구 프로젝트는 마무리되었습니다. 이 아이들에게는 6학년 1년 동안 정말 잊지 못할 추억이 되었기를 바랍니다. 친선 경기에서 이기지는 못했지만, 6학년 남자 배구 선수들과 함께 대패삼겹살을 먹으며 그동안 못했던 배구 이야기를 실컷 하였습니다.

1년 동안 가장 좋았던 체육 수업에 대해 적어 보라고 했을 때 배구 수업에 대한 소감이 참 많았습니다.

> "6학년 2학기에 배구를 시작하고 배구 리그전을 한다고 해서 매일 밤마다 2시간씩 모여 연습하였다. 예선전이 너무 쉽게 끝나 버려서 많이 당황했었다. 항상 연습하면 실수가 잦았기에 예선전은 한 반만 이기자는 마음으로 경기를 했고 어쩌다 보니 결승전에 서 있었다. 어리둥절하게 우승을 하고 밤에 모여서 과자 파티를 했는데 우승이 실감 나지 않았다. 그래도 결승이라고 떨렸던 것 같고, 주장이라서 책임감도 컸던 것 같다. 우리 반이 우승했다는 게 놀라웠다."

> "가장 재미있었던 체육 활동은 배구 리그전이었다. 배구를 연습하면서 친구들과 싸울 때도 있었지만, 같이 배구 리그전을 나가 보니 내가 평소에 친하지 않고 좋아하지 않던 친구들과도 함께 응원하고 협력하며 도와주었다. 그래서 우리 반이 우승한 걸지도 모르겠다."

6학년 체육의 표현활동을 수업할 때도, 수업의 범위를 넓혀 보았습니다. 반마다 4개의 모둠을 짜고 모둠 친구들끼리 표현활동 주제를 정하고 음악에 맞추어 춤을 표현하는 수업이었습니다. 원래는 자기 반 아이들에게만 발표하기로 하였는데 6학년 아이들이 춤을 연습하는 과정을 보니 자기 반 아이들만 보기에 아깝다는 생각이 들었습니다. 그래서 20개 모둠이 강당에 모여 모두 발표하기로 교육과정을 조금 수정하였습니다. 마치 TV 방송에 나오는 음악 프로그램처럼 준비하고 사회자도 정해서 진행하도록 하였습니다. 6학년 모든 학생과 담임 선생님, 교장 선생님이 보는 앞에서 무대 위에 올라가 음악에 맞추어 춤을 추는 아이들의 모습을 보며 환호하고 박수를 치며 멋진 공연장이 되었습니다. 자칫 네 모둠의 공연만 보고 끝날 뻔했던 수업이 전체 공연으로 확장되고 더 많은 공연을 보며 서로가 칭찬하고 감동하는 모습이 참 좋았습니다. 제가 기대했던 것보다 더 멋졌습니다. 수업을 설계하고 진행하는 선생님은 조금 힘들지만, 아이들이 더 즐거워하고 더 많은 배움이 일어나기에, 그 수고가 헛된 것이 아니라는 것을 알기에 그리 어렵지 않았습니다.

모든 공연을 마치고 마무리 정리하고 있는데 몇몇 아이들이 저에게 이런 공연을 하게 해 주셔서 감사하다고 인사를 하였습니다. 우리 6학년들에게 좋은 추억을 만들어 주었다고 생각하니 보람이 있었습니다.

도전 뮤직뱅크를 하고 난 후 아이들의 소감입니다.

> "도전 뮤직뱅크를 준비할 때, 친구들과 의견을 나누어 보고 모든 친구들의 의견을 존중해 주는 것이 매우 힘들었는데 결국 멋진 결과들을 만들면서 더 배울 수 있었습니다. 마냥 힘들고 싫기만 했던 팀 활동을 하면서 팀을 어떻게 이끌어야 하는지, 친구들과의 갈등을 어떻게 풀어야 하는지 조금 알게 되어 이제는 팀 활동이 정말 재미있게 느껴집니다. 체육 수업으로 제게 많은 것을 알려 주셔서 감사합니다."
>
> "처음에는 하기 싫고 춤추는 게 부끄러워서 싫었는데, 막상 해 보니 재미있고 좋았다. 6학년 전교생이 강당에 모여 도전 뮤직뱅크를 하니 내가 마치 아이돌이 된 것 같아 좋았다. 다른 학교 체육보다 훨씬 재미있었다."

또, 한번은 미술 시간에 4월 식단표를 보고 급식 메뉴판 만들기를 하였습니다. 식단표에 나와 있는 날짜를 아이들 번호 순서대로 정해 일일 메뉴판을 만들게 하였습니다. 아이들은 식단표에 있는 메뉴 음식을 보면서 잘 모르는 것은 인터넷에 찾아 가며 그림 메뉴판을 만들었습니다.

의외로 아이들이 잘 만들어서 우리 반에만 부착하는 것이 아까워 영양 선생님께 급식소에도 부착하면 좋겠다며 부탁드렸습니다. 영양 선생님께서 흔쾌히 승낙해 주셔서 4월 첫날부터 배식받는 곳에 그날 그림 메뉴판이 붙여지게 되었습니다. 전교생이 모두가 볼 수 있었습니다. 우리 반 아이들은 자기가 만든 메뉴판이 급식소에서 활용되는 것을 보고 부끄러워하면서도 뿌듯해하였습니다. 자기가 만든 미술 작품이 실제 생활 속에서 활용되는 것이 앎과 삶이 하나 되는 수업도 수업관을 확장한 좋은 사례입니다.

국어과 수업을 하면서 영화제를 만들어 상영한 프로젝트도 수업의 범위를 넓힌 좋은 사례입니다. 교과서에 〈우리들〉이란 동화 같은 영화의 앞부분을 보여 주고 등장하는 인물의 말과 행동을 통해 인물의 성격을 알아봅니다. 그리고 이어질 이야기를 상상해 보고 이야기를 꾸며서 간단하게 연극으로 발표하도록 구성되어 있습니다. 처음엔 교과서의 구성대로 〈우리들〉 영화를 재미있게 보고 아이들과 등장인물의 말과 행동에 대해 이야기한 후에 뒷이야기를 꾸며 보려고 했습니다. 그런데 문득 아이디어가 떠올라 수업하다가 말고 아이들에게 제안했습니다.

"얘들아, 〈우리들〉이란 영화처럼 우리도 영화를 직접 제작해 보면 어떨까?"

아이들은 처음엔 어리둥절하다가 한 아이가 이렇게 말하는 것이었습니다.

"선생님, 그거 재미있을 것 같아요. 우리가 직접 해 봐요."

그래서 다음과 같은 수행과제를 제시하였습니다.

'영화 제작자가 되어 영화를 제작하시오.'

영화 촬영에 필요한 도구, 태블릿 pc, 핸드폰 등을 준비하여 촬영을 하고 완성된 영화 세 편을 우리 반 아이들에게 공개하는 날이 되었습니다. 3편의 영화를 다 본 후 아이들은 뿌듯해하면서도 흐뭇해하였습니다. 그때 문득 또 다른 아이디어가 떠올랐습니다.

"얘들아, 이 영화를 우리만 보기에는 너무 아깝지 않니? 우리 학교 전교생과 선생님들을 초대해서 보여 주면 어떨까?"

"예? 정말요? 그게 가능해요?"

그래서 또 다른 수행과제를 제시하였습니다.

'가포영화제를 만들어 영화를 상영하시오.'

가포영화제를 만들기 위해 제일 먼저 한 일은 가포영화제추진위원회를 만드는 것이었습니다. 위원회를 구성하고 위원장을 중심으로 영화제를 어떻게 추진할 것인지를 토의하였습니다. 영화제 홍보 포스터, 영화 포스터, 영화제 현수막, 초대장 등을 어떻게, 누가 만들 것인지를 정하였습니다. 그리고 영화제 진행할 사회자도 정하고 영화제 장소는 급식소의 무대를 빌리기로 하였습니다. 어떤 아이는 영화를 보면서 팝콘을 먹으면 좋겠다고 하여 팝콘도 준비하기로 하였습니다. 또 영화제의 하이라이트인 최우수 작품상과 최우수 연기상도 뽑기로 하였습니다. 그래서 영화 상영이 끝나고 나면 영화 포스터가 있는 게시판에 가장 좋은 작품에 스티커를 붙이고 영화를 본 소감을 포스트잇에 적어 붙이기로 하였습니다. 마지막으로는 영화를 출품한 팀에서 선물을 준비하여 경품 추첨을 하기로 하였습니다.

아이들이 정말 대단하지 않습니까? 이렇게 아이들 스스로 다양한 이벤트를 준비할 수 있다는 것을 보면서 놀랐습니다. 제가 일일이 지시하지 않아도 아이들에게 맡기면 또 다른 의외의 결과물이 나온다는 것을 다시 한번 실감하였습니다.

영화제 모든 순서를 마치고 다른 학년 아이들과 선생님 할 것 없이 모두가 칭찬을 한마디씩 하였습니다.

"영화를 만든 것도 대단한데 영화제까지 아이들이 준비했다니, 4학년 아이들 정말 대단합니다."

아이들도 기대 이상의 반응을 보면서 많이들 놀라는 눈치였습니다. 영화제 식장 정리까지 마무리하고 영화제의 막을 내렸습니다. 수업의 범위를 전교생과 교직원으로 확대하여 영화제를 만든 엄청난 프로젝트를 수행하면서 우리 반 아이들은 한 번도 맛보지 못한 경험으로 멋진 추억을 만들고 자신감과 끈기, 도전 정신이라는 학습 보너스도 얻을 수 있었습니다.

  수업을 통해 아이들은 배움이 일어나게 됩니다. 그리고 자기가 배운 것을 생활 속에서 활용해 볼 때 아이들은 즐거워하고 보람을 느낍니다. 교육과정에 따라 교과별로 아이들이 배운 것을 생활 속에서 활용할 수 있도록 수업을 설계하고 적용한다면 아이들에게 배움이 더 많이 일어날 것이며 공부한 보람도 더 많이 느낄 것입니다.

  교육과정 재구성으로 수업의 범위를 더 넓은 영역으로 확장하여 우리 아이들이 더 많은 체험과 경험으로 배움의 자람이 그만큼 커질 수 있도록 하는 것은 선생님의 역량과 수업관에 달려 있습니다. 선생님의 수업관이 좀 더 확장되어 더 넓은 마당을 펼쳐 준다면 우리 아이들은 더 신나게 뛰어놀면서 더 많은 배움과 성장이 일어날 것입니다.

공유하고
공감하며 배우는 박사 게임

　제가 자주 활용하는 수업 기법은 박사 게임입니다. 박사 게임은 아이들이 배운 내용을 A4 종이에 적어서 우리 반 아이들과 만나 서로 내용을 공유하고 공감하면서 배우는 학습활동입니다. 보통 교실에서는 자신의 경험이나 배운 내용을 쓰고 짝과 공유하거나 모둠 친구들과 공유하는 것이 대부분입니다. 그러나 박사 게임은 교실 안에서 우리 반 아이들 누구와도 만나 서로 학습을 할 수 있는, 공간 활용이 자유로운 활동입니다. 그래서 아이들은 좋아합니다. 자리에 앉아 있지 않고 돌아다니면서 친구와 만나 학습하며 배우다 보니 재미있고 신나게 참여할 수 있기 때문입니다.
　이 활동의 이름을 박사 게임이라고 한 이유는 다른 아이들과 만나 활동할 때 박사처럼 예의를 지키고 매너 있게 행동하도록 하기 위해서입니다. 박사는 아주 전문적인 지식을 갖추고 바른 태도로 행동해야 함을 강조하며 친구들과 만날 때 예의를 갖추어 인사하고 서로 공손하게 정보를 공유하며 공감하는 말을 하도록 지도해야 합니다. 그렇지 않으면 참여하는 아이들 중에서 장난스럽게 행동하여 소란스러워지거나 서로 다툼이 일어나 활동에 방해가 되기 때문입니다. 그래서 만날 때는 서로 공손하게 인사하고 마칠 때도 공손하게 인사하며 마치도록 합니다.
　4학년 도덕과에 배려에 대한 주제가 나옵니다. 교과서에도 배려를 실천하는 활동이 나오지만, 박사 게임으로 활동해 보았습니다. A4 종이를 가로로 반을 접어서 맨 앞에는 활동 주제와 자기 이름을 씁니다. 그리고 다음 페이지에는 4학년에 올라와서 내가 배려를 실천해 본 경험과 느낀 점을 쓰고 다음 페이지에는 친구들이 나에게 배려해 준 경험과 느낀 점을 씁니다. 마지막 페이지에는 박사 게임을 하면서 만난 친구들의 사인을 받고 그 아래는 박사 게임을 하고 난 후 소감을 쓰게 합니다. 박사 게임을 마치고 소감을 쓴 후에는 자신의 소감을 반 아이들이나 모둠 친구들에게 발표하는 시간을 가지며 마무리합니다. 박사 게임을 할 때는 활동 시간을 고려하여 5명에서 10명 만나기를 정할 수 있습니다.

박사 게임은 아이들이 주도하는 학습활동이므로 대부분의 아이들이 적극적으로 참여하며 학습 효과도 높습니다. 여기서 중요한 것은 나만 그렇게 생각하는 것이 아니며 다른 아이들도 그렇게 하고 있다는 공감입니다. 그리고 다른 친구들의 행동을 공감하는 태도도 좋아집니다. 그러면서 자신의 태도를 돌아보고 성찰할 수 있습니다. 다음은 아이들이 박사 게임을 하고 난 후 소감을 적은 글입니다.

> "박사 게임을 하고 난 뒤 나의 배려 경험을 친구들이 칭찬해 주고, 친구들의 배려 경험을 알 수 있는 시간이어서 좋았다. 친구들의 배려 경험이 정말 다양해서 신기하고 이상하게 내가 다 뿌듯했다. 그리고 다른 사람에게, 또는 우리 곁에 있는 모두에게 배려를 베풀 때 말과 행동을 자세하게 알 수 있어서 좋았다."
>
> "박사 게임을 하면서 배려한 이야기를 읽어 보고 나서 친구들의 마음씨가 따뜻하다는 것을 알았고, 어떤 친구는 어린 동생에게 양보하고 또 어떤 친구들은 나이가 많은 할머니에게 양보해서 감동을 받았다."
>
> "친구들이 배려하는 경험을 보니 어떤 배려를 했는지 잘 알 수 있었고 내가 왠지 더 뿌듯했다. 정말 좋은 박사 게임인 것 같았다."

사회 시간에는 합리적인 선택이라는 주제로 학습할 때도 박사 게임을 적용해 보았습니다. '합리적인 선택이 왜 필요한가?'라는 주제를 공부하기 위해 자신의 경험을 적어 서로 공유하고 공감하도록 하였습니다. 먼저 A4 종이를 반으로 접어 맨 앞에는 제목과 이름을 쓰고 다음 페이지에는 합리적인 선택을 한 경험과 느낀 점을 쓰고 다음 페이지에는 잘못된 선택을 한 경험과 느낀 점을 씁니다. 마지막 페이지에는 박사 게임에서 만난 친구의 확인 사인을 받고 그 아래에 박사 게임을 한 소감을 적도록 하였습니다. 박사 게임을 하고 난 후 아이들은 합리적인 선택이 왜 필요한지 스스로 알게 되었고, 그 점을 반 아이들에게 발표하였습니다.

다음은 박사 게임을 하고 난 후 아이들의 소감입니다.

"박사 게임을 하고 세상에는 합리적인 선택과 불만족한 선택이 많이 존재한다는 것을 알았다. 친구들 이야기를 읽어 보고 합리적인 선택이 얼마나 중요한지 알게 되어 뿌듯했다."

"아이들 모두 경험을 잘 적었고 다들 다양한 물건을 사고 나서 만족, 불만족 이런 게 나뉘어져서 신기하기도 했다. 박사 게임을 하고 나니 내가 조금 진짜 박사가 된 것 같았다. 다 같이 해 보니 재미있었다."

"나랑 비슷한 합리적인 선택을 하고 있는 아이가 있어서 신기했다. 합리적인 선택을 잘한 친구가 많아서 놀라웠다. 그리고 다른 친구들처럼 합리적인 선택을 해야겠다고 다짐했다."

"박사 게임을 하고 나서 물건을 사기 전에 미리미리 확인하고 돈을 조금이라도 더 주더라도 좋은 물건을 선택하는 것이 더 낫다는 것을 알게 되었다. 리뷰나 후기도 잘 보고 사야겠다는 생각이 들었다. 친구들이 어떻게 합리적인

> 선택을 했는지, 어떤 것에 불만족했는지 이 박사 게임을 통해 알 수 있었다."

선생님이 설명하고 아이들이 발표하고 교과서에 있는 내용을 읽어보고 답을 쓰고 발표하는 활동보다, 자신의 경험이나 배운 내용을 쓰고 다른 친구들과 공유하는 박사 게임은 아이들이 즐겁게 참여하면서도 서로 배움이 활발하게 일어나는 간단하면서도 누구나 적용해 볼 수 있는 수업 기법입니다.

가르치는 기술의 세 번째 원칙

수업에 집중하고 참여하도록 만든다

선생님은 좋은 수업을 만들기 위해 아이들을 수업에 빠져들게 하는 수업 기술을 익혀야 합니다. 이 조그마한 실천이 수업을 변화시키고, 수업이 변하면 아이들도 즐겁게 참여합니다. 좋은 수업을 위한 선생님의 수업 기술은 거창하고 화려한 수업 기법이 아니라 수업에 집중시키는 기술, 말과 목소리에 변화를 주어 말하는 기술, 아이들의 발표에 긍정적으로 반응하는 기술, 수업 중 아이들을 잘 관찰하여 피드백하는 기술 등으로 아이들이 수업에 빠져들도록 만드는 기본적인 수업 진행 기술을 말합니다.

좋은 수업을 위한
3가지 조건

'좋은 수업을 위한 10가지 원칙' 연수 강의할 때 선생님들께 '좋은 수업' 하면 떠오르는 것을 포스트잇에 써서 칠판에 붙여 보라고 하였습니다. '아이들이 즐거운 수업', '아이와 선생님이 만족하는 수업', '목표를 달성하는 수업', '아이들이 신나게 참여하는 수업', '배움이 일어나는 수업' 등 다양하게 적어 주셨습니다.

연수에 참여한 선생님들이 생각하는 것처럼 좋은 수업이란 아이들이 신나게 참여하고 배움이 일어나 성취감을 느끼는 수업이라고 할 수 있습니다. 배움이 활발하게 일어나게 하려면 어떻게 해야 할까요? 아이들이 수업에 빠져들게 하면 됩니다. 아이들이 수업에 빠져들게 하려면 선생님의 수업 기술이 뛰어나야 합니다. 하지만 선생님의 수업 기술이 뛰어나더라도 좋은 수업을 하기 위한 조건이 갖추어지지 않으면 아무 소용이 없습니다. 아무리 좋은 씨앗을 가져와서 심어도 물과 공기 햇빛, 토양 등 알맞은 조건이 갖추어지지 않는다면 그 씨앗은 잘 자랄 수 없듯이, 좋은 수업을 위해서는 세 가지 조건이 갖추어져야 합니다.

좋은 수업을 위한 첫 번째 조건은 아이들을 존중하는 선생님의 태도입니다. A 선생님은 평소 굉장히 열정적이면서 다양한 수업 기법과 학습 기자재, 교수·학습 자료 등을 활용하여 역동적으로 수업을 하였습니다. 아이들도 A 선생님의 열정과 수업 기술은 인정하는 듯하였습니다. 하지만 A 선생님의 수업 장면을 보니 아이들의 수업 태도는 사뭇 달랐습니다. 아이들은 경직되어 있었으며 수업 분위기는 다소 살벌하였기 때문입니다. 문제는 A 선생님이 아이들을 대하는 태도였습니다.

한 아이가 수업 시간에 지각하거나 수업 준비물을 안 가져왔을 때 무시하고 깔보는 듯한 말투로 야단쳤으며, 수업 시간에 춤을 추면 답에 대한 힌트를 준다고 해 놓고 약속을 지키지 않았습니다. 선생님의 강압적이고 권위적인 태도로 아이들은 경직된 분위기에서 수업을 들어야 했습니다. 아이들은 진정으로 배우고자 하는 열의보다 선생님의 강압적인 수업에 끌려다니는 듯하였습니다. 아이들은 인격을 가진 사람입니다. 아무리 학습 목표에 도달하는 것이 중요하지만 무시하면서까지 그렇게 수업을 끌고 간다면 그 수업 시간에 아이들은 행복하지 않습니다.

그래서 수업 컨설턴트는 A 선생님에게 '아이들에게 상처 주는 말을 하지 말라'는 미션을 주었습니다. A 선생님은 미션을 수행하기 위해 열심히 노력하였습니다. 다양한 연수 프로그램에 참여하면서 아이들을 대하는 태도가 달라지기 시작하였습니다. 똑같은 상황에서 아이들을 질타하기보다는 선생님의 마음을 전달하려고 하였고 아이들을 존중하려고 노력하는 모습이 역력했습니다.

선생님의 변화된 태도에 처음에는 아이들도 어색하였지만, 선생님의 진심을 이해하고 부드러운 분위기에서 수업에 참여하기 시작하였습니다. 선생님의 진심에 아이들의 마음이 조금씩 열렸던 것 같습니다. A 선생님은 자신이 아이들을 무시하는 행동을 하면 선생님에게 신호를 보내 달라고 도움을 요청하기도 하였습니다. 결국, 수업은 같은 공간에서 사람과 사람이 함께 하는 상호작용이기 때문에 진정한 배움이 일어나려면 아이들의 마음이 열려 있어야 하며 아이들이 배우고자 하는 마음이 열리려면 선생님이 아이들을 존중하는 태도가 중요합니다.

절대로 선생님은 아이들 위에 군림하는 왕 같은 존재가 되어서는 안 됩니다. 아이들을 옆에서 이끌어 줄 수 있는 인도자와 같은 존재가 되어야 합니다. 그러기 위해서는 아이들을 존중하는 마음으로 말과 행동을 하여야 합니다. 공식적인 수업이나 설명할 때는 경어를 사용하여야 하며, 개별지도할 때도 아이들이 존중받고 있다는 느낌이 들도록 말해야 합니다. 그럴 때 아이들은 선생님을 신뢰하게 되고 수업 또한 신뢰하게 됩니다. 선생님이 진심으로 대할 때 아이들도 배움이 활발하게 일어나게 됩니다. 이것은 하루아침에 이루어지는 일들이 아니기 때문에 학기 초부터 아이들과 함께 만들어 가는 것이 필요합니다. 아이들을 존중하고 인정하는 태도야말로 선생님의 수업을 멋지게 만들어 줄 것입니다.

　좋은 수업을 위한 두 번째 조건은 아이들을 수업에 빠져들게 하는 수업 기술입니다. B 선생님은 자상하고 아이들을 사랑하며, 아주 친절하기로 소문난 선생님이었습니다. 물론 아이들은 B 선생님을 굉장히 좋아하고 잘 따랐으며 친하게 잘 지냈다고 합니다. 하지만 선생님의 수업 시간은 조금 달랐습니다. 수업 기술은 칠판에 판서하고 설명하는 것뿐이었습니다. 시간이 지날수록 아이들은 지루해했고 조는 아이들도 있었습니다. 심지어는 이 선생님 수업에 대해 이런 반응을 보이기도 했습니다.
　"수업이 재미없어요. 정말 지루해요. 잠 와요."
　아이들은 수업에 흥미가 없다고 합니다. 수업에 흥미가 없다는 것은 선생님의 수업 방법에 흥미가 없는 것입니다. 아이들이 재미있게 수업에 참여하도록 노력해야 하는 사람은 아이들이 아니라 선생님입니다. 선생님은 수업의 내용보다는 수업을 어떻게 전개하면 아이들이 흥미 있게 수업에 참여할 수 있는가를 늘 고민해야 합니다. 그래서 수업 컨설턴트는 이 선생님에게 '판서를 줄이고 교실을 넓게 활용하라'라는 미션을 주었습니다.
　B 선생님은 컨설팅을 받고 난 이후부터 열심히 노력하였습니다. 그리고 연수 프로그램을 통해 조금씩 발전하고 성장하기 시작하였습니다. 그 노력의 결과가 수업에 나타났습니다. 시종일관 판서와 설명만 하던 수업은 ppt

와 영상 자료 등 다양한 교수·학습 자료를 활용하여 수업 기술에 변화가 생기고, 동선을 적절하게 활용하면서 학생들이 수업에 대한 집중력을 높일 수 있게 되었습니다. 무엇보다 가장 변한 것은 자기 수업에 대한 자신감과 확신이 생겼다는 것이었습니다.

저를 비롯한 거의 모든 선생님은 강점과 약점을 가지고 있습니다. 자신의 강점을 통해 자신감을 가지고 약점을 조금씩 보완하여 자신만의 수업 기술을 만들어 나가는 것이 중요합니다. 선생님은 좋은 수업을 만들기 위해 아이들을 수업에 빠져들게 하는 수업 기술을 익혀야 합니다. 이 조그마한 실천이 수업을 변화시키고, 수업이 변하면 아이들도 즐겁게 참여합니다.

좋은 수업을 위한 선생님의 수업 기술은 거창하고 화려한 수업 기법이 아니라 수업에 집중시키는 기술, 말과 목소리에 변화를 주어 말하는 기술, 아이들의 발표에 긍정적으로 반응하는 기술, 수업 중 아이들을 잘 관찰하여 피드백하는 기술 등으로 아이들이 수업에 빠져들도록 만드는 기본적인 수업 진행 기술을 말합니다.

좋은 수업을 위한 세 번째 조건은 선생님과 아이들의 좋은 관계입니다. C 선생님은 수많은 공문과 제출할 자료를 처리하느라 아침부터 정신없이 바빠 아이들을 살펴볼 틈이 없었습니다. 그나마 일기, 숙제 검사를 받기 위해 아이들이 선생님께 다가왔는데도 눈을 마주치지 않고 건성으로 대하였습니다. 점점 아이들은 선생님을 신뢰하지 못하게 되고 우리 선생님은 자기들에게 관심이 없다고 생각하였습니다. 시간이 지나자 조금씩 아이들과의 관계가 틀어지고 틈이 커져 수업 시간이 되었는데도 아이들이 말을 듣지 않게 되자, 선생님은 감정이 폭발하고 걷잡을 수 없는 사태까지 이르게 되었습니다.

그래서 수업 컨설턴트는 C 선생님에게 '아이들과 가까워지고 눈을 맞춰라'라는 미션을 주었습니다. 수많은 시행착오를 거쳐 다양한 연수와 프로그램을 통해 선생님이 조금씩 달라졌습니다. 어떤 잡무보다 아이들과의 관계를 우선순위로 두었습니다. 아침 시간은 아이들과 함께하며, 숙제 검사부터 아이들의 생활 이야기까지 점점 아이들 속으로 선생님이 들어가기 시작하였습니다. 아이들도 조금씩 마음의 문을 열고 선생님을 받아들이기 시작하였습니다. 선생님은 아이들과 신뢰가 생기자 아이들을 조금씩 통제할 수 있었습니다. 조그마한 약속과 구호를 통해 수업에 집중시키며, 순회지도할 때는 무릎을 꿇고 아이들과 눈을 마주하며 이야기를 나누는 모습도 인상적이었습니다. 선생님의 노력이 아이들 마음을 열었으며 선생님의 눈과 마음 또한 열게 되었던 것 같습니다.

수업은 아이들과 선생님이 함께하는 교육 활동입니다. 선생님과 아이와의 관계가 원활하지 않으면 절대로 좋은 수업, 아이들을 성장과 변화로 이끄는 수업을 전개할 수 없습니다. 따로국밥처럼 선생님 따로, 아이들 따로인 수업이 됩니다. 한 교실에서 선생님과 아이들이 서로 교감을 나누고 공감하며 감정이 전달되는 수업, 그래서 아이들이 깨닫고 느끼고 성장하는 수업이 진정한 수업이 아닐까요?

아이와 관계가 좋아지려면 선생님이 먼저 자세를 낮추고 아이들과 눈을 마주치면서 아이들의 세계로 들어가야 합니다. 그리고 아이들을 있는 그대로 인정하고 이해하려고 노력해야 합니다. 그러면 아이들도 선생님을 믿고 따르며 선생님은 자신이 원하는 수업의 세계로 아이들을 이끌 수 있을 것입니다.

아이들을 존중하는 선생님의 태도, 아이들을 수업에 빠져들게 하는 수업 진행 기술, 선생님과 아이들의 좋은 관계, 이 세 가지 좋은 수업의 조건을 갖추어야만 선생님은 수업을 잘할 수가 있습니다. 물론 좋은 수업을 위한 조건을 만들기 위해 선생님은 끊임없이 노력하고 연구해야 합니다.

좋은 수업을 위한 10가지 원칙

저는 학기가 끝날 때마다 아이들에게 선생님 통지표를 받아 봅니다. 최근에는 과학 교과를 전담하고 있어서 제가 가르치는 3~6학년 아이들에게 통지표를 받아 보았습니다.

"선생님, 과학 수업이 정말 재미있어요."

"선생님과 과학 수업을 하니 과학이 더 좋아졌어요."

"프로젝트 수업을 하니까 더 많은 것을 경험해 볼 수 있어서 좋았어요. 다음에 또 했으면 좋겠어요."

"과학 수업 시간이 너무 빨리 지나가는 것 같아요."

"다른 수업보다 과학 수업 시간에 집중이 더 잘되는 것 같아요."

저의 수업이 완벽하지는 않지만, 아이들의 평가를 보면 적어도 아이들이 수업에 집중하면서 재미있게 참여하는 것 같았습니다. 아이들의 이런 반응은 수업 시간마다 아이들이 수업에 즐겁게 참여하도록 만들기 위해 '좋은 수업을 위한 10가지 원칙'을 적용하였기 때문입니다. 좋은 수업이란 아이들이 만족하고 행복해하는 수업이며 신나게 수업에 참여하여 배움이 절로 일어나 성취감을 느끼는 수업입니다. 저는 아이들을 수업에 집중시키려고 노력하였고, 다양한 수업 기법으로 재미있게 참여하도록 만들었습니다.

> **〈좋은 수업을 위한 10가지 원칙〉**
>
> 1. 아이들을 수업에 집중시켜라
> 2. 말과 목소리에 변화를 주어 말하라
> 3. 밝은 표정과 편안한 몸동작으로 수업하라
> 4. 수업 시간에 공간을 잘 활용하라
> 5. 다양하고 효과적인 발문을 하라
> 6. 아이들 발표에 긍정적으로 반응하라
> 7. 수업의 목표를 분명하게 제시하라
> 8. 다양한 수업 기법을 사용하라
> 9. 아이들에게 경어를 사용하라
> 10. 아이들을 관찰하여 적절하게 피드백하라

'좋은 수업을 위한 10가지 원칙'은 아이를 수업에 집중시키고 적극적으로 참여하게 하는 기본적인 수업 기술입니다. 이 원칙이 별로 놀라운 기법은 아니지만 잔잔한 호수에 조그마한 돌을 던지면 물결이 멀리 퍼지는 것처럼 수업에 놀라운 변화가 일어납니다.

좋은 수업을 만들기 위해서는 선생님의 많은 노력이 필요합니다. 그중 가장 중요한 것은 바로 선생님 수업을 스스로 진단하고 개선할 점을 찾아 노력하는 '수업 자가 진단'입니다. '수업 자가 진단'을 통해 자기 수업의 강점과 약점을 발견하고 강점은 더욱 자신감 있게, 약점은 관련 서적이나 연수, 컨설팅 등을 통해 개선할 수 있는 셀프 코칭이라고 할 수 있습니다.

제가 교육지원청 수업 컨설턴트로 활동할 때 한 해에 보통 20여 명의 선생님을 컨설팅할 기회가 있었습니다. 대부분 자의적으로 신청한 것이 아니라 학교 차원에서 지명을 당한 경우가 많아서인지, 저경력 선생님들은 컨설팅 자체를 부담스러워하는 편이었습니다. 그래서 저는 최대한 부담을 줄여 주기 위해 수업에 대한 지적보다는 좋은 점을 찾아 선생님의 강점을 말해 주고자 하였습니다.

컨설팅을 하다 보면 선생님들의 자존감이 낮은 것을 느낄 수 있었습니다. 수업에 대한 자신감도 없고 아이들도 통제가 잘되지 않아, 스스로를 무능력한 교사로 받아들이는 경우가 많았습니다. 사실은 그렇지 않은데도 말입니다. 제가 가장 힘들었던 점은 선생님의 그런 생각을 깨뜨리는 것이었습니다.

"사람은 누구나 강점이 있고 약점이 있는 법입니다."

이 말로 컨설팅을 시작하였습니다. 선생님들의 수업에서 잘한 점을 하나씩 둘씩 이야기하다 보면 선생님들의 표정이 조금씩 밝아지는 것을 볼 수 있었습니다. 그리고 선생님들의 고민을 들어 보니 대부분 선생님들이 자신 없어 하는 약점이었습니다.

한 선생님은 아이들과 친해지기 위해 수업할 때 반말로 수업하고 있었습니다. 그러다 보니 수업 시간에 아이들은 장난스럽게 참여하게 되고 선생님은 이를 통제하기 힘들었다고 하였습니다. 그래서 이 선생님에게 1주일 동안 실천해야 할 미션을 주었습니다.

"수업 시간에 경어를 사용해 보십시오."

1주일 동안 미션을 수행하고 선생님은 놀라운 변화를 경험했다고 합니다.

"수업 시간에 경어를 쓰기 시작하니 처음에는 아이들이 당황하더니 조금씩 수업에 긴장감이 들면서 장난이 많이 줄어들었습니다. 그래서인지 수업을 진행하기가 훨씬 쉬웠습니다."

이렇게 컨설턴트의 도움으로 선생님의 수업을 개선할 수 있었습니다. 선생님은 스스로도 자신의 강점이 뭔지, 약점이 뭔지 알고 있습니다. 단지 스스로 진단해 볼 생각을 못 하였거나 자신이 없어서 실천하지 않았을 뿐입니다.

수업 컨설팅을 받는다고 해도 타의적이면 그때뿐일 가능성이 큽니다. 그래서 자신의 수업을 개선하고자 하는 의지가 있다면 다른 외부로부터 자신을 변화시키는 것보다는 스스로 자신을 변화시키는 것이 더 효과적이지 않을까 하는 생각이 듭니다. 이것이 바로 '좋은 수업을 위한 셀프 코칭'의 시작입니다. '자가 진단표'를 통해 스스로 강점과 약점을 찾아내고 약점을 보완할 수 있는 실천적 방법을 찾아서 매일매일 수업에 적용해 보시기 바랍니다.

외과 의사는 수술을 잘하기 위해 수없이 수술 연습을 합니다. 야구 선수는 매일 1,000번 이상 스윙 연습을 하며 타격 기술을 익힙니다. 댄서들은 단 5분의 공연에 실수하지 않기 위해 하루 12시간 이상 춤 연습을 합니다. 무엇이든지 기술을 익히고 능숙하게 사용하려면 수많은 연습과 노력이 필요합니다. 수업 기술도 마찬가지입니다. 수업 기술도 트레이닝이 필요합니다.

과연 선생님들은 수업 기술을 익히기 위해 얼마나 트레이닝 할까요? 대부분의 선생님들은 좋은 수업 기술을 익히기 위해 다양한 연수를 받기도 합니다. 하지만 연수만 받는다고 수업 시간에 그 기술이 발휘될까요? 절대로 그렇지 않습니다. 의도적으로 수업 기술을 매일 수업 시간에 적용해 보아야 합니다. 하루에 5번씩 1년을 실천한다면 약 1,000번 정도 연습하게 됩니다. 적어도 그 정도는 해야 자기만의 수업 기술이 됩니다.

'좋은 수업을 위한 셀프 코칭'은 누구나 할 수 있는 '자가 연수'입니다. 특별한 수업 기법이나 복잡한 수업 모형보다는 '좋은 수업을 위한 10가지 원칙'이 선생님의 수업을 개선시키는 데 더 도움이 될 것입니다. 이 10가지 원칙을 매일매일 실천하면서 기본적인 수업 기술들을 충분히 익힌다면 자신 있게 수업을 이끌 수 있는 최고의 선생님이 될 것입니다.

선생님이 잘하고 있는 것도 있지만 잘되지 않는 것은 집중적으로 매일 점검하면서 셀프 코칭을 한다면 조금씩 수업 기술이 좋아질 것입니다. 이 원칙 외에 선생님만의 원칙을 만들어서 매일 실천하는 것도 좋은 방법입니다. 선생님마다 강점과 약점이 다르기 때문입니다.

좋은 수업은 결코 그냥 만들어지지 않습니다. 선생님의 끊임없는 수업 개선 노력과 수업 기술 트레이닝으로 만들어진다는 것을 명심했으면 좋겠습니다. 수업이 달라지면 아이들이 행복해집니다. 그런 아이들을 보면 선생님도 행복해집니다. 수업에 집중하고 참여하게 만드는 선생님의 노력은 바로 아이들의 행복한 미소를 보기 위해서입니다.

💡 좋은 수업을 위한 원칙 1

아이들을 수업에 집중시켜라

수업의 성패는 아이들이 수업에 집중하느냐 안 하느냐에 달려 있다고 해도 과언이 아닙니다. 선생님이 아무리 수업 설계를 잘하고 열심히 수업하여도 아이들이 집중하지 않으면 '소 귀에 경 읽기'처럼 아무 소용이 없습니다. 아이들은 받아들일 아무런 준비가 되어 있지 않은데 선생님 혼자 북 치고 장구 치는 수업이라면 선생님은 만족할 수 있으나 학습 효과는 떨어집니다. 하나를 가르쳐도 아이들이 그것을 진정으로 받아들이게 하는 것이 중요하며 아이들의 변화와 성장을 끌어낼 수 있는 수업 환경도 매우 중요합니다.

쉬는 시간이 끝나고 수업을 시작할 때, 아이들은 쉬는 시간에 놀았던 기분이 이어지며 다소 흥분되고 산만한 상태가 됩니다. 그래도 수업 시작할 때 스스로 수업할 준비를 잘 갖춘다면 얼마나 좋을까요?

대부분의 아이들은 스스로 집중을 잘하지 않습니다. 그래서 선생님은 수업 시작할 때 집중을 시키는 기술이 필요합니다. 수업을 시작할 때 집중시키는 기술은 여러 가지입니다. 대부분의 선생님들은 집중 구호를 하며 주의 집중을 시키곤 합니다. 하지만 왜 수업에 집중해야 하는지에 대한 설명이 빠진 채 집중하라고 구호를 외치는 것보다 왜 집중해야 하는지, 집중하면 어떤 효과가 있는지를 먼저 설명해 주면 아이들의 행동이 달라집니다. 그래서 수업 시간에 왜 집중해야 하는지, 어떻게 집중해야 하는지에 대해 한 번쯤 설명해 주는 것이 좋습니다.

'집중'이라는 말의 뜻을 아이들은 정확하게 이해하지 못합니다. 사전적 의미로 보면 '한곳으로 모임', '한 가지 일에 힘을 쏟아부음'입니다. 아이들이 조금 더 이해하기 쉽도록 한자어의 의미를 살려 이렇게 설명해 주었습니다.

"집중(集中)에서 집(集)이란 집합의 뜻이 있습니다. 집합이란 무엇일까요?"

"모인다는 뜻입니다."

"맞아요. 집중할 때의 집이 바로 집합의 집이란 뜻입니다. 그러면 중(中)은 무슨 뜻일까요?"

"잘 모르겠어요."

"집중에서 중은 가운데라는 뜻입니다. 따라서 집중은 온몸과 마음을 가운데로 모은다는 뜻입니다. 수업 시간에 집중하지 않으면 어떻게 될까요? 여기 구멍이 있는 노란색 바구니 보이나요? 이 바구니에 물을 부으면 어떻게 될까요?"

"물이 흘러 나가요."

"그래요. 물은 모이지 않고 그대로 흘러 빠져나가게 됩니다. 공부도 마찬가지예요. 온 신경을 집중하지 않고 수업하면 보고 듣고 체험한 내용이 그냥 빠져나가 수업을 마치면 무엇을 배웠는지 잘 기억나지 않게 됩니다. 이것은 무엇일까요?"

"컵이에요."

"컵에 물을 부으면 어떻게 될까요?"

"물이 모여요."

"그렇습니다. 컵에 물을 부으면 컵의 크기만큼 물을 모을 수 있어요. 그리고 이 물을 양치질하거나 화분에 물을 주거나 하는 등 다른 곳에 쓸 수도 있습니다. 이렇게 컵에 물을 모으는 것처럼 우리는 수업 시간에 집중해야 무엇을 배웠는지 잘 알게 됩니다. 그리고 배운 것을 생활 속에서 활용할 수도 있지요."

"아~"

"그럼, 집중을 잘하려면 어떻게 해야 할까요? 집중을 잘하려면 제일 먼저 수업 시작할 때 공부 스위치를 켜야 합니다."

이렇게 말하면 가슴을 누르며 스위치를 켜는 동작을 하는 아이들이 몇몇 보입니다.

"아~ 그렇게 하면 공부 스위치가 켜질까요? 공부 스위치는 눈에 보이지 않아요. 바로 여러분들 마음속에 있죠. 공부하려고 마음을 먹는 순간이 바로 공부 스위치를 켜는 것입니다. 공부 스위치를 켜면 세 가지의 반응이 나타납니다. 제일 먼저 허리에 힘을 주어 허리가 살짝 펴집니다."

이럴 때 아이들은 약속이나 한 듯이 허리를 폅니다.

"그리고 두 번째는 눈이 조금 커지고 세 번째는 눈과 몸이 마치 CCTV처럼 선생님을 바라봅니다. 공부 스위치를 켜면 잘 보려고 하고 잘 들으려고 합니다. 그러면 보고 들은 신호가 우리 뇌에 전달되어 뇌가 움직이기 시작합니다. 그럼 뇌는 무엇을 할까요?"

"잘 모르겠어요."

"보고 들은 내용을 분석합니다. 선생님이 왜 저렇게 말씀하시지? 왜 저런 몸동작을 하실까? 그리고 선생님이 말할 내용을 예상하기도 하고 질문에 답을 찾으려고 열심히 움직입니다. 공부 스위치를 켜면 바로 이 세 가지 반응이 일어나기 때문에 그 아이는 수업 시간에 집중을 잘하게 되고 많이 배우고 익혀 공부 부자가 되는 것이죠."

"아~ 그렇구나."

이럴 때 아이들은 비로소 집중의 의미와 어떻게 집중해야 하는지를 이해하고 40분 동안 열심히 집중하려고 노력합니다. 물론 모든 아이가 그렇진 않지만, 대체로 집중하는 시간이 더 길어지는 것은 사실입니다. 수업 시간에 집중력이 떨어지는 아이가 있으면 공부 스위치가 꺼진 것 같으니 다시 스위치를 켜 보라고 하면 앞에서 말한 세 가지 반응을 흉내 내기 때문에 왜 집중하고 어떻게 집중해야 하는지부터 아이들에게 알려 주는 것은 집중력의 기초를 닦는 아주 중요한 기술입니다.

그다음은 집중하는 게임을 통해 마음만 먹으면 집중을 할 수 있다는 것을 알게 해 줍니다. 집중력이 중요한 것을 알게 해 주는 게임도 있습니다. 전부 눈을 감게 하고 선생님 주먹 안에 무엇이 들어 있는지 맞혀 보게 하십시오. 맞히면 선물을 준다고 하고. 재미있게 답을 말하지만 거의 못 맞힙니다. 그리고 눈을 뜬 상태에서 주머니에서 동전 하나를 꺼내어 보여 주고 주먹을 쥡니다. 주먹 안에 무엇이 들어 있는지 물어봅니다. 모두가 "동전"이라고 자신 있게 말합니다. 앞과 뒤에서 무엇이 다른지 물어보고 수업 시간에 눈 집중력이 얼마나 중요한지 깨닫게 합니다.

'아무리 쉬운 것도 안 보면 모르지만, 아무리 어려운 것도 잘 보고 잘 들으면 쉽게 알 수 있다.'

다음에 소개하는 집중력 기르기 훈련 방법을 적절하게 활용하면 수업 시간에 많은 도움이 될 것 같습니다.

눈 마주치기 게임

저는 학기 초 아이들과의 첫 만남에서 가장 먼저 하는 일이 있습니다. 그것은 바로 '눈 마주치기' 게임입니다. 왜냐하면 수업의 가장 기본은 '눈 마주치기'이기 때문입니다. 아이들이 선생님을 쳐다보지 않으면 거의 50% 이상 딴생각한다고 보면 됩니다. 사실 눈을 마주 보고 집중해서 정확하게 말을 해도 그 말을 이해하는 아이들은 50%가 채 되지 않습니다. 하물며 눈도 마주치지 않고 듣지도 않는다면 선생님의 말을 이해할 확률은 더 떨어집니다. 선생님이 등을 지고 말하거나 컴퓨터 및 다른 자료를 조작하면서 시선을 마주하지 않고 말하면 아이들의 집중도가 낮아져서 학습 효율성도 떨어지게 됩니다.

조작 활동하기 전이나 하고 난 후 아이들의 눈을 바라보면서 분명하게 말하는 습관이 중요합니다. 눈을 마주 보며 이야기하거나 이야기를 들을 때 아이들은 존중받는 느낌이 들게 됩니다. 아이들도 눈을 보며 자신의 이야기를 하도록 지도하는 것도 중요합니다.

선생님은 한 반에 25명의 아이들과 수업하지만, 아이들은 한 명의 선생님과 수업합니다. 그래서 수업 중간중간에 아이마다 한 번 이상은 눈을 마주치고 선생님이 자기에게 관심이 있다는 것을 알려 주어야 합니다. 이럴 때 아이들은 선생님을 존중하며 수업에도 더 집중하게 될 것입니다.

눈 마주치기 게임은 학기 초에 하면 좋습니다. 아이들은 자기가 얼마나 집중을 잘할 수 있는지 잘 모르기 때문에 의도적으로 게임을 통해 알게 해 줍니다. 눈 마주치기 게임은 시간을 정해 놓고 합니다. 이 게임에서 이기는 아이는 100점을 획득하게 됩니다. 나중에 점수를 모아서 선물을 줍니다. 처음엔 5초 정도 선생님을 쳐다보게 합니다. 너무 쉬워서 아이들은 "에~" 합니다. 그러다가 10초, 20초, 30초 늘려 봅니다. 최종적으로는 선생님이 말하는 시간 동안 눈을 떼지 않는 게임을 해 봅니다. 이렇게 하면 순간 집중력이 길러져서 수업 시간에도 집중할 수 있는 능력이 생깁니다.

귀 집중력과 눈 집중력 게임

집중력에는 귀 집중력과 눈 집중력이 있습니다. 귀 집중력은 잘 듣는 것이고 눈 집중력은 잘 쳐다보는 것입니다. 수업 시간에 이 두 가지 집중력 게임만 잘 활용해도 아이들을 수업에 잘 집중시킬 수 있습니다.

눈은 선생님을 보지만 귀는 닫은 채 딴생각하는 아이가 의외로 많습니다. 이런 아이는 박수 게임으로 집중을 시킬 수 있습니다. "박수 2번 시작~" 하면 "짝! 짝!" 두 번 치면 됩니다. 그런데 반드시 "시작!"이라는 구호를 외칠 때만 박수를 치라고 해야 합니다. 이것이 이 게임의 핵심입니다. 만약 "박수 두 번 시족~", "박수 2번 시장~" 이렇게 해 보십시오. 반드시 몇몇 아이들은 멋도 모르고 박수 칩니다. 말을 끝까지 듣지 않는다는 뜻입니다. 틀린 아이는 게임에서 탈락시키고 게임을 계속합니다. 끝까지 살아남는 아이는 점수나 보상받게 됩니다. 끝까지 집중해서 잘 듣는 것이 중요하다는 것을 알려 주어야 합니다. 이 박수 게임은 수업 중 지루할 때나 중간쯤에 한 번씩 해도 좋습니다.

눈 집중력을 길러 주는 박수 게임도 있습니다. 이번에는 선생님이 숫자를 말로 하지 않고 손가락으로만 숫자를 표시하면서 "박수 시작~"이라고 말합니다. 그러면 아이들은 틀리지 않기 위해 선생님의 손가락을 뚫어져라 쳐다보면서 게임을 합니다. 정말 대단한 집중력 에너지가 느껴집니다. 이럴 때 선생님이 한마디 합니다.

"우와~ 대단하네요. 여러분들 눈에서 레이저가 나오는 것 같습니다. 이런 집중력이라면 수업 시간에 정말 집중을 잘할 것 같습니다."

귀 집중력과 눈 집중력 훈련이 어느 정도 된다 싶으면 동시 박수 게임을 해도 됩니다. 그런데 반드시 손가락을 보고 박수를 쳐야 합니다. 선생님이 입으로 말하는 것은 무시해야 합니다. 손가락은 2개를 표시하고 입으로는 "박수 세 번 시작!" 이렇게 말하면 아이들은 박수를 두 번 쳐야 합니다. 간혹 세 번 치는 아이가 있는데 이 아이는 눈으로 보지 않은 것입니다. 눈과 귀 집중력 게임은 수업 중 아이들이 지루해하거나 분위기를 전환하고자 할 때 간단하게 활용할 수도 있는 유용한 게임입니다.

집중 검색 게임

수업 시작할 때 보통의 아이들은 바로 집중하지 않습니다. 쉬는 시간에 놀았던 여운이 남아 있기 때문입니다. 이럴 때 "박수 세 번 시작!", "4학년 1반 짝짝짝 파이팅!" 등 구호를 외치기도 하지만, 집중 검색 게임을 하는 것도 좋습니다. 공항에 가면 금속 물질을 검색하는 검색대를 통과해야 합니다. 금속 물질이 있으면 경고음을 내어 알려 줍니다. 이 게임은 공항 검색대처럼 수업 시작하기 전에 집중하고 있는지 검색하는 게임입니다.

선생님이 칠판 앞에 서서 아이들을 바라보며 게임을 시작합니다.

"지금부터 집중 검색을 할 거예요. 선생님과 눈이 마주치지 않으면 삐삐삐~ 하고 큰 경고음이 들릴 것입니다."

이렇게 말하고 오른 손바닥이 아이들을 가리키면서 왼쪽 끝에서부터 오른쪽으로 아이들 눈을 보면서 천천히 움직입니다. 5초 정도 '삐, 삐, 삐, 삐, 삐' 하는 음향 효과를 넣으면서 천천히 움직이면 아이들은 가리키는 선생님 손을 따라 쳐다보게 됩니다. 대부분 집중에 성공합니다.

"오~ 모든 아이들이 집중력 검색대를 무사히 통과했군요. 그럼, 이제 수업할 준비가 되었나요?"

"네~ 선생님~"

별로 어렵지 않으면서 아이들과 선생님이 눈으로 교감하고 또 선생님은 아이들의 눈빛과 표정을 보면서 쉬는 시간에 무슨 일이 있었는지 어렴풋이 파악할 수 있는 장점도 있습니다. 특히 수업 시간 전에 아이들 집중시킬 때 매우 유용한 게임입니다.

집중 구호 활용하기

수업 시작할 때나 수업 중간에 아이들을 집중시키고 싶을 때는 선생님 반만의 집중 구호를 활용하는 것이 좋습니다. 집중 구호는 간단하면서 아이들이 재미있어하는 구호가 좋습니다.

"4학년!(선생님)"
"1반 짝짝짝 파이팅!(학생)"
"선생님을 보세요.(선생님)"
"하나, 둘, 셋!(학생)"

집중 구호는 단위시간에 자주 사용하면 효과가 떨어지므로 수업 시작 전, 활동 시작하기 전, 활동 마친 후, 학습 정리할 때 적절히 사용하면 좋습니다. 그리고 반 아이가 발표할 때도 '○○○을 보세요' 구호를 활용하면 효과적입니다.

수업 시간에 집중시킨 다음 설명을 해도 아이들 중 50%밖에 이해 못 하는데 집중도 시키지 않고 수업을 진행한다는 것은 아이들이 수업에 참여하지 않아도 된다는 암묵적 허락입니다. 수업 시작 때도 필요하지만 수업 중간중간 집중력이 흐트러질 때마다 다시 집중시킬 수 있는 기술이 필요합니다.

집중력 게임을 하면서 조금씩 집중력이 길러진다는 것을 아이들에게 알려 주는 것도 중요합니다. 아이들 스스로 '나도 조금만 신경 쓰면 집중력이 이렇게 좋아지는구나.' 하는 것을 알게 되면 아이들의 집중력은 정말 놀라울 정도로 좋아집니다. 수업 시작하거나 수업 중간에 여러 가지 집중력 게임을 적절하게 활용하면 한 시간의 수업을 선생님의 의도대로 잘 이끌어 갈 수 있을 것입니다.

탈탈 게임

학기 초에 집중 훈련을 충분히 하고 수업 시작할 때 집중을 시킨 다음 수업을 진행하면 금방 집중이 흐트러지는 아이들이 나옵니다. 사실 몇몇 아이들을 제외하고는 거의 10분 정도 집중력을 유지하기란 쉽지 않습니다. 그래서 수업 중간에 할 수 있는 집중력 유지 게임이 바로 '탈탈 게임'입니다. 탈탈 게임은 '탈락 탈출 게임'의 줄임말인데, 보통 탈락이라는 말은 안 좋은 느낌을 주기에 '탈탈 게임'으로 이름을 붙였습니다.

  수업 시간 집중하지 않고 딴짓하거나 장난치면 탈탈 게임에 걸리게 되고 5분 동안 탈출하지 않으면 쉬는 시간에 성찰 일기를 쓰는 것이 게임의 규칙입니다. 탈탈 게임에 참여하는 아이는 손을 머리에 올렸다가 내리는 동작으로 게임을 시작합니다. 탈락한 아이는 5분 동안 어떻게 할까요? 아이 대부분은 초집중력을 발휘하여 탈출하려고 안간힘을 씁니다. 그리고 탈출하게 되면 반 아이들이 축하의 힘찬 박수를 쳐 줍니다. 탈탈 게임에서 정말 중요한 것은 탈출하기 위해 집중을 하는 것과 탈출했을 때 친구들이 쳐 주는 박수로 인정받는 느낌이 들어 엄청나게 뿌듯해한다는 것입니다. 이럴 때 집중력이 조금씩 강화된다고 보면 됩니다. 탈탈 게임에서 주의할 점은 탈락이라는 말이 자칫 아이의 자존심을 상하게 할 수 있기에 게임이라는 것을 강조하고 언제든지 탈출할 수 있다는 기대감을 주는 것입니다.

  실제 탈탈 게임을 통해 수업 중간에 흐트러지는 아이들이 집중하려는 태도가 좋아졌고 다른 아이들도 집중해야겠다는 암묵적 신호로 받아들여져 전체적으로 수업 집중력이 좋아지는 효과가 있었습니다.

💡 좋은 수업을 위한 원칙 2

말과 목소리에 변화를 주어 말하라

  한번은 '우리 선생님'이라는 주제로 일기 쓰기 숙제를 내 주었습니다. 아이들마다 선생님에 대해 자기만의 관점에서 다양하게 적어 왔습니다. 그중에서 수업이 참 재미있다는 내용이 많았습니다. 물론 다양하고 재미있는 수업 기법으로 아이들이 수업에 재미있게 참여한 것도 있지만, 수업 시간에 말과 목소리에 변화를 주어 수업에 집중하게 만들기 때문에 아이들이 좋아하는 것 같았습니다.

　선생님은 수업을 말로 시작하고 말로 마무리합니다. 그래서 선생님은 기본적으로 말을 잘해야 하며 아이들이 수업 시간에 지루해하거나 졸지 않도록 말과 목소리에 변화를 주며 수업을 진행해야 합니다. 그리고 수업 중 발음이 분명하지 않으면 아이들은 무슨 말을 하는지 잘 알아듣기 힘들기 때문에 교실 맨 뒤의 아이나 귀가 잘 들리지 않는 아이들도 잘 알아들을 수 있도록 발음을 또박또박 해야 합니다. 그리고 '자~, 음~, 에~' 등과 같이 습관적으로 반복해서 사용하는 말을 하지 않도록 주의해야 합니다. 또박또박 말하다가 끝에 가서 흐지부지되는 경우도 말을 정확하게 전달하기 어려우니, 문장의 처음과 끝이 분명하도록 말하는 것도 중요합니다.

　수업 시작부터 마칠 때까지 똑같은 톤과 똑같은 높이의 목소리로 진행한다면 아이들은 수업이 지루해지기 시작하며 집중력도 떨어지게 됩니다. 그래서 선생님은 스타카토 기법, 순간 멈춤 기법, 세 파트로 나누어 말하기 기법, 롤러코스터 기법 등과 같은 말하기 기술로 수업에 집중할 수 있도록 해야 합니다. 말과 목소리에 변화를 주어 말하는 건 수업 진행에 있어서 매우 유용한 수업 기술입니다.

스타카토 기법
　어떤 유명한 강사가 학교에 와서 아이들에게 강의한 적이 있었습니다. 제가 봐도 참 재미있고 유익한 강의였지만 말이 너무 빨라 어른인 저도 이해하기 쉽진 않았습니다. 강의가 끝나고 아이들에게 물어보았습니다.
　"뭘 배웠니?"
　아이들은 말이 너무 빨라서 잘 모르겠다고 했습니다. 말의 속도가 너무 느리면 학생들의 집중도가 떨어지고 말의 속도가 너무 빠르면 알아듣기가 힘듭니다. 그래서 말의 속도를 일정하게 유지하면서 중요한 낱말이나 내용이 나오면 의도적으로 '스타카토'처럼 천천히 끊어서 말하면 집중도가 높아집니다.

"이슬은 공기 중의 수증기가 차가운 표면에 닿아 응결하여 생긴 물. 방. 울. 입니다."

이슬에 대해 설명할 때 중요한 부분은 천천히 끊어서 한 글자씩 말하면 아이들은 집중해서 정확하게 들을 수 있으며 선생님은 핵심 내용을 분명하게 강조할 수 있습니다. 이 기법을 스타카토 기법이라고 합니다. 앞부분을 천천히 한 자씩 끊어서 말하면 그 뒤에 나올 글자나 낱말을 아이들이 머릿속에 유추하는 작용을 하기 때문에 집중력에 효과가 있습니다. 그리고 선생님은 그 순간 천천히 말함으로써 한 템포 쉬며 여유 있게 진행할 수 있습니다.

순간 멈춤 기법

수업 중 학습 내용을 설명하다가 중요하다고 생각되는 부분 앞에 말을 잠깐 멈추고 아이들을 한번 둘러보세요. '아이들은 무슨 일이지?' 하며 조심스럽게 선생님을 쳐다보며 이다음엔 무슨 말을 할까 궁금해하면서 이야기에 집중하게 됩니다.

과학 시간 먹이사슬과 먹이그물에 대해 설명하면 보통은 이렇게 합니다.

"먹고 먹히는 관계가 사슬처럼 되어 있는 것을 먹이사슬이라고 합니다. 그리고 먹고 먹히는 관계가 복잡하게 그물처럼 되어 있는 것은 먹이그물이라고 합니다."

그냥 일반적으로 개념을 설명하는데 여기에 조금만 변화를 주어 말하면 결과는 달라집니다.

"먹고 먹히는 관계가 사슬처럼 되어 있는 것을 먹이사슬이라고 합니다. 그리고 먹고 먹히는 관계가 복잡하게 그물처럼 되어 있는 것은…."

이 순간 뒷부분을 말하지 않고 멈추어 버립니다. 그리고 5초 정도 이야기를 안 하고 아이들을 둘러봅니다. 뭔가 중요한 이야기를 할 것처럼. 그러면 아이들은 일제히 선생님을 쳐다봅니다. 이때는 딴짓하던 친구들도 뭐지? 하며 쳐다봅니다. 그리고 이때 말합니다.

"무엇일까요?"

"먹이그물요."

일제히 기다렸다는 듯이 말합니다. 큰 효과는 아니지만, 순간 수업에 집중하게 만들며 먹이그물이라는 낱말을 아이들의 머릿속에 떠오르게 만들 수 있습니다. 그냥 수동적으로 듣기만 하는 것보다는 선생님이 말하는 동안 아이들도 같이 생각하게 만드는 적극적인 듣기는 집중력에 많은 도움이 됩니다. 그리고 이렇게 말합니다.

"우와~ 혹시 선생님 머릿속에 들어갔다가 왔나요? 선생님이 하고 싶은 말을 어떻게 알았죠?"

별거 아니지만 지루해지기 쉬운 수업에 환기 효과를 주기 때문에 순간 멈춤 기법은 수업 진행에 도움이 됩니다. 수업 중 한두 번 정도는 이렇게 중간에 말을 멈추고 뒷이야기를 궁금하게 하는 등 다양한 변화를 주는 것이 필요합니다. 때로는 전혀 엉뚱한 결과를 이야기하는 반전도 필요합니다.

문장을 세 파트로 나누어 말하기 기법

교육실습학교에 근무할 때 말이 너무 빠른 교생 선생님을 지도한 적이 있었습니다. 수업하는 날, 교생 선생님은 열심히 수업하고 있는데 아이들의 표정은 영 좋지 않았습니다. 교생 선생님의 목소리 톤이 너무 높고 말도 빨랐기 때문입니다. 당연히 교생 선생님도 당황하는 표정이 역력했습니다.

그래서 그날 오후 교생 선생님과 수업 협의회를 할 때 말이 너무 빠르고 쉼이 없어서 아이들이 집중하기가 힘들다고 설명해 주었습니다. 그리고 이 문제를 개선하기 위해 '말과 목소리에 변화 주어 말하기 연습'을 하였습니다. 아이들에게 설명할 때 문장을 세 파트로 나누어 말하는 연습이었습니다.

"이야기를 읽고 / 인물의 성격을 / 알아봅시다."

아이들은 어른과 달리 긴 문장을 빨리 알아듣기 힘듭니다. 선생님은 당연히 이 정도 말하면 알아들을 것 같아 빨리 말하지만, 사실 반도 못 알아듣고 그냥 넘어가는 아이들도 많습니다. 그래서 문장을 세 파트로 나누어 말하는 연습이 필요합니다.

교생 선생님은 '왜 이걸 내가 해야 하는 거죠?'라는 표정으로 한 시간 정도 연습을 하였습니다. 그다음 날 교생 선생님은 어쩔 수 없이 '말과 목소리에 변화 주어 말하기' 연습한 대로 수업을 하였습니다. 그러자 아이들의 집중력이 좋아지면서 교생 선생님도 편안하게 수업을 진행하는 것이었습니다. 이날은 별 무리 없이 수업을 잘 마칠 수 있었습니다.

그날 오후 교생 선생님이 저에게 수업 소감을 이렇게 말했습니다.

"처음엔 선생님이 왜 이런 연습을 시키는지 몰라 짜증이 많이 났는데 오늘 수업을 해 보니 그 이유를 알았습니다. 문장을 세 파트로 나누어 천천히 진행하다 보니 톤도 낮아지고 여유가 생겨서 아이들도 눈에 보이고 수업에 집중할 수 있었습니다."

그날 이후 그 교생 선생님은 수업에 대한 자신감을 찾았고 더욱 열정적으로 나머지 수업을 잘 마칠 수 있었습니다.

롤러코스터 기법

목소리가 너무 크거나 너무 작으면 학생들은 듣기에 불편하고 학습 효과는 떨어지게 마련입니다. 변화가 없는 무미건조한 목소리, 천편일률적인 톤의 목소리 등은 수업 시간에 아이들을 지루하게 만듭니다. 당연히 수업의 집중도는 떨어지게 됩니다. 그래서 수업 중 말할 때 어느 부분은 목소리를 크게 했다가 다음 부분은 소리를 낮추어 말하며 목소리에 적절한 변화를 주는 것이 중요합니다. 이 말하기 기법은 롤러코스터 기법입니다. 롤러코스터가 높이 올라가서 갑자기 아래로 떨어지는 것처럼 가끔은 생동감이 넘치는 수업을 위해 목소리의 높낮이에 변화를 주면 좋습니다.

그리고 보통 빠르기로 말하다가 갑자기 천천히(느리게) 말하는 것도 아이들의 주의를 끄는 데는 도움이 됩니다. 한 번씩 느리게 말하다 보면 수업에 여유가 생겨 아이들의 반응을 살피면서 진행할 수 있어 도움이 됩니다.

한번은 수업 중 소리 내지 않고 입 모양만으로 퀴즈를 내어, 그걸 보고 답을 맞혀 보라고 하였습니다. 아이들의 집중력이 엄청났습니다. 제 입 모양을 하나라도 놓치지 않으려고 눈을 부릅뜨고 집중하는 모습이 정말 귀여웠습니다.

이렇게 말과 목소리에 변화를 주어 말하기를 수업 시간에 잘 활용한다면 선생님은 한 시간의 수업을 잘 이끌어 갈 수 있을 것입니다. 물론 아이들도 집중하며 재미있게 수업에 참여할 것입니다.

💡 좋은 수업을 위한 원칙 3
밝은 표정과 편안한 몸동작으로 수업하라

레이프 에스퀴스 선생님이 쓴 《당신이 최고의 교사입니다》에 이런 이야기가 있습니다.

> 어느 날 제니스(5학년)란 아이를 엄마가 일하고 있는 미용실에 태워 줄 기회가 있었다. 나는 제니스에게 5년 동안의 학교생활을 물어보면서 매년 만난 선생님 중에서 몇 학년 때 선생님이 가장 좋았냐고 물어보았다. 제니스는 주저 없이 1학년 때 선생님이라고 했다. 그 여선생님이 매우 훌륭한 선생님인 줄은 알고 있었지만 그래도 놀랐다. 더 훌륭한 선생님을 고를 줄 알았기 때문이다. 나는 왜 그 선생님이 좋았냐고 물어보았다.

> "그 선생님은 미소가 정말 멋지거든요."
> 무뚝뚝한 표정으로 당신을 대하던 식당 종업원이나 판매사원, 택배원, 미용실 헤어디자이너를 떠올려 보라. 미소 짓지 않는 간호사, 의사는 어떠한가? 이제 아이의 입장이 되어 미소 짓지 않는 선생님을 바라보라.

이 이야기를 읽고 저 자신이 정말 부끄러웠습니다. 과연 아이들이 편안해할 만한 미소를 얼마나 지었는지를 알고 있기 때문입니다. 업무가 많고, 아이들이 내 뜻대로 따라와 주지 않는다고 표정이 늘 굳어 있는 저 자신을 돌아보았습니다. 선생님은 말과 몸짓 등 모든 부분에서 아이들에게 영향을 준다는 것은 익히 알고 있었지만, 정작 실천은 하지 못하고 있었던 겁니다.

'지킬 박사와 하이드 선생님'이란 말을 들어 본 적이 있나요? 평소 평온하고 밝게 미소를 지으며 선생님들과 이야기를 나누면서도 수업 시간만 되면 굳은 표정과 근엄한 목소리로 수업을 진행하시는 선생님을 '지킬 박사와 하이드 선생님'이라고 합니다. 아이들과 즐겁게 수업하고 싶어도 밝은 미소로 편하게 수업하면 아이들이 장난스럽게 받아들이고 수업이 흐트러질까 봐 걱정되어 조심스럽다고 합니다. 하지만 분명한 것은 엄하고 굳은 표정으로 수업을 진행할 수는 있지만, 아이들이 편안하고 활기차게 수업하는 데는 불편한 분위기를 만든다는 것입니다.

미소는 코르티솔과 아드레날린, 도파민같이 스트레스를 높이는 호르몬의 수치를 낮추는 대신, 엔도르핀처럼 기분을 좋게 하는 호르몬을 분비합니다. 잘 알려진 기쁨 유도 물질인 초콜릿도 미소의 힘에는 미치지 못한다고 합니다. 영국의 학자들은 한 번의 미소가 초콜릿 바 2천 개에 필적하는 두뇌 자극을 가져온다는 것을 밝혀냈습니다. 또한 현금으로 2만 5천 달러를 얻는 것과 같은 수준의 기분 좋은 자극을 가져온다고도 주장합니다. 미소 짓는 행위가 좋은 기분의 결과물이라기보다는, 미소 짓는 행위 그 자체가 기분을 좋게 만든다고 합니다. 즐거워서 웃는다기보다는 웃다 보면 즐거워진다는 말과 비슷합니다.

　선생님이 밝은 미소와 편안한 몸동작으로 수업을 진행하면 선생님의 기분도 좋아지지만, 더 중요한 것은 선생님을 바라보는 아이들에게 좋은 감정이 전해져서 수업을 더 부드럽고 편안하게 만들 수 있다는 점입니다. 여러 가지 조건들이 선생님의 기분을 망친다고 하더라도 생동감 있고 활기찬 수업을 위해 밝은 미소를 지으며 수업할 마음의 준비가 되어 있어야 합니다. 생동감 있고 활기찬 수업은 아이들이 수업에 적극적으로 참여하게 만듭니다.

　수업 중 선생님의 몸짓이나 표정, 말투 등이 편안한 느낌을 줄 때 아이들은 허용적인 분위기에서 수업에 참여하게 됩니다. 선생님이 팔짱을 끼고 말한다든지, 손을 주머니에 넣고 말하거나, 뒷짐을 지고 말하거나, 찡그린 표정으로 수업을 진행할 때 권위적인 느낌이 들어 아이들은 불필요한 긴장을 하게 되어 수업이 경직되고 아이들은 수동적인 학습 태도를 보이게 됩니다.

　수업 시간에 선생님의 표정도 중요하지만, 손을 어떻게 활용하는가도 중요합니다. 마치 마술을 부리는 것처럼 수업 중간에 손으로 다양한 제스처를 보여 주면 선생님의 손동작에 호기심을 가지고 집중력도 좋아집니다. 때로는 설명하는 내용과 관련된 손동작과 몸동작을 보여 준다면 아이들은 더 좋아합니다. 양손을 숨기거나 고정하지 말고 마음껏 활용하시기 바랍니다.

　선생님은 의도적으로 밝은 표정과 부드러운 말투, 자연스러운 몸짓 등으로 수업 분위기를 편안하게 만들어 주어야 합니다. 편안한 미소를 지으며 수업을 이끌어가는 것만 해도 수업의 반은 성공한 것입니다.

 **좋은 수업을 위한 원칙 4**

수업 시간에 공간을 잘 활용하라

저는 수업 시간에 아이들이 활동할 때 끊임없이 이동합니다. 그래서인지 수업을 다 마치고 아이들이 하교하고 나면 몹시 피곤합니다. 한번은 국어 시간에 아이들 글쓰기 할 때 순회지도를 하고 있는데 한 아이가 이렇게 물어보았습니다.

"선생님, 그렇게 계속 돌아다니시면 안 힘드세요?"

"물론, 힘들단다. 하지만 우리 반 아이들 모두 지도하려면 이렇게 계속 돌아다니면서 잘하는 것과 그렇지 않은 것을 말해 주어야 해."

간혹 아이들이 수학 문제를 풀 때, 국어 시간에 글을 쓸 때, 사회 시간에 조사하거나 토의할 때, 미술 시간에 그림 그릴 때 선생님이 컴퓨터 앞에 앉아 업무를 보거나 다른 일을 하는 경우가 있습니다. 아이들이 활동하는 시간은 개별지도할 수 있는 시간입니다. 한 반에 25명의 아이가 있다면 선생님은 한 명이지만 25명의 아이를 개별지도하려면 순회지도 시간에 최대한 많이 돌아다니면서 피드백해 주어야 합니다.

수업 시간에 교실이라는 공간을 잘 활용하면 선생님은 아이들이 수업에 보다 적극적으로 참여할 수 있도록 만들 수 있습니다. 수업 시간 공간 활용하기는 선생님이 동선을 잘 활용하여 아이들 곁으로 이동하는 것과 활동에 따라 아이들의 자리 배치에 변화를 주고 학습하는 공간을 다양하게 활용하는 것이 있습니다.

수업 시간 공간 이동하기

선생님은 여러 가지 이유로 수업 시간에 의도적으로 아이들 곁으로 이동하여야 합니다. 아이들의 집중력은 개인별로 차이가 있겠지만 초등학생이라면 보통 5~10분 정도 되는데, 컴퓨터 조작을 위해, 판서를 위해 한곳에서 수업한다면 아이들의 집중도는 더 떨어지게 됩니다. 교실 맨 뒤에 있는 아이들은 선생님의 말이나 몸짓 등에 거리감을 느끼며 그만큼 선생님과 친밀감이 떨어질 수 있어 딴짓하거나 딴생각하게 될 가능성이 커집니다.

그래서 수업 중에 의도적으로 자리를 이동하면서 아이들이 수업에 집중할 수 있도록 하여야 합니다. 또, 아이들의 학습활동을 자세히 관찰하여 개인별 학습지도를 하기 위해서도 의도적으로 동선을 넓혀야 합니다. 대부분의 아이들은 선생님이 자기 옆을 지나가기만 해도 긴장을 하며 딴짓하다가도 수업에 집중하게 됩니다. 다른 말이 필요 없습니다. 그냥 지나가기만 해도 이런 집중 효과가 나타납니다. 그리고 이동하면서 학습 태도나 학습활동에 대한 칭찬과 격려를 한다면 더욱 수업에 효과가 있을 겁니다. 하지만 너무 부산하게 이리저리 왔다 갔다 하는 것은 오히려 주의 집중도를 떨어뜨리고 산만한 분위기를 조성할 수 있기 때문에 의도적으로 필요한 동선을 생각해서 자리를 옮기는 것이 중요합니다.

한 반에 아이들이 25명 정도 된다면 수업 시간에 아이들은 선생님과 직접 가까이 만날 기회가 많지 않습니다. 은근히 선생님이 곁에서 말 한마디 던져 주기를 바라는 아이들도 있습니다. 선생님이 의도적으로 이동하지 않으면 멀리 떨어져 있는 아이들일수록 선생님을 만날 기회는 더 줄어들기 마련입니다. 선생님은 25명의 아이를 가르치지만, 아이들에게는 선생님이 한 명밖에 없습니다. 당연히 선생님의 손길과 눈길을 바라고 있습니다. 하루 종일 선생님에게 말 한마디 못 듣는 아이는 어떤 마음일까요? 그날 선생님으로부터 칭찬 한마디 들은 아이의 기분은 어떨까요? 아마도 집에 가서 엄마에게 자랑할 것입니다. 이렇듯 선생님은 아이들에게 엄청난 존재입니다.

수업 중 이동할 때는 두 가지 원칙이 있습니다. 첫 번째는 수업 중 순회지도할 때, 돋보기로 보듯이 자세히 관찰하는 것입니다. 흔히 우리는 나무를 보지 말고 숲을 보라고 합니다. 하지만 순회지도에는 다릅니다. 대개 많은 선생님이 순회지도할 때 수박 겉핥기식으로 쓱 훑어보듯이 지나가는 경우가 많습니다. 순회지도할 때는 반드시 한 아이 곁에 최소 10~30초 정도는 아이의 표정, 모습, 공부하는 태도, 학습 결과물 등을 자세히 관찰해야 합니다. 그리고 말이든 표정이든, 몸짓이든 표현해 주면 좋습니다. 표현해야 아이들은 선생님의 관심과 사랑을 느낄 수 있습니다. 그리고 직접적인 표현을 아이들은 더 좋아합니다.

"야~ 이렇게 글씨를 잘 쓰다니, 대단한걸."
"오늘은 연필을 바르게 잘 잡았네, 잘했어."
"이것은 좀 다르게 생각해서 다시 한번 해결해 볼래?"
"이런 표현은 정말 창의적이구나."

그리고 두 번째 원칙은 순회지도할 때 여러 아이를 한꺼번에 보기보다는 한 번에 한 명씩 자세히 관찰해야 합니다. 그 아이가 어떻게 쓰는지, 어떤 말을 하는지 관찰한 후에 칭찬과 격려 등으로 적절하게 피드백하는 것이 가장 중요합니다. 우리 선생님은 수업 시간에 우리 곁에서 관심 있게 지켜봐 주시고 열심히 가르쳐 주신다고 생각하게 되어 선생님과의 신뢰감도 높아집니다. 아이들을 존중한다면 아이들 곁으로 자주 이동하시기 바랍니다.

수업 시간 공간 활용하기

수업 시간에 교실이라는 공간을 잘 활용하면 아이들이 수업에 보다 적극적으로 참여할 수 있도록 만들 수 있습니다. 40분 동안 책상에만 앉아서 수업하는 것보다는 책상 밖 다양한 공간으로 이동해서 수업하는 것을 아이들은 좋아합니다.

아이들이 하루 종일 자기 자리에 앉아 수업하는 것은 매우 지루한 일입니다. 지루해지면 집중력이 떨어지고 학습 참여도도 낮아지게 됩니다. 그래서 선생님은 활동에 따라 아이들의 자리 배치에 변화를 주고 교실 곳곳을 학습 공간으로 활용하여야 합니다.

　단원평가를 치거나 골든벨 퀴즈를 할 때는 책상을 일자 형태로 배치하는 것이 좋습니다. 짝 토의할 때는 모둠 형태나 짝끼리 좌석을 배치하면 좋습니다. 물론 모둠 토의 활동이나 공동 작업 활동에는 4인 모둠 형태가 적합합니다. 짝끼리 앉아 짝 토의를 하고, 모둠 토의가 필요할 때는 앞 친구가 뒤로 돌아서 앉도록 하면 자연스럽게 모둠 토의가 가능하기도 합니다. 이러한 자리 배치 훈련은 학기 초에 미리 연습하여야 혼란이 적습니다. 저는 '변신 1', '변신 2', '변신 4' 이렇게 세 가지로 자리를 변신하도록 지도하였습니다. '변신 1'은 시험이나 골든벨 퀴즈를 할 때, '변신 2'는 짝 토의할 때, '변신 4'는 모둠별로 토의할 때 활용하는데 '모둠 변신'이라고도 합니다. 아이들은 몇 번 자리 변신 훈련을 하고 나면 선생님이 10초 셀 동안 자연스럽게 변신을 마치고 활동할 준비를 잘합니다.

　그리고 미술 시간 작품 발표할 때는 러그 미팅처럼 교실 뒤편 환경판에 붙여져 있는 작품 앞에 모든 친구들이 앉아 작가와의 만남을 할 수도 있습니다. 선생님이 이야기를 들려줄 때도 선생님 앞으로 모여 앉을 수도 있습니다.

　교실을 돌아다니며 학습활동을 하는 것도 효과적입니다. 박사 게임은 교실을 돌아다니며 만나는 친구에게 준비한 내용을 설명하는 활동입니다. 5분, 또는 10분 정도 정해진 시간 동안 자유롭게 다니면서 공부한다는 것은 아이들에게 참 매력적이며 정말 좋아합니다.

　가끔은 모둠을 벗어나 다른 모둠 친구들과 자신의 작품을 서로 바꾸어 읽고 소감을 말하기 위해 교실 빈 공간으로 모여 바닥에 앉거나 엎드려서 활동할 수도 있습니다. 단 이렇게 자유로운 활동에는 반드시 규칙을 지키도록 주의를 주는 것이 좋습니다.

　이처럼 자리 배치의 변신과 공간 활용 활동은 수업에 변화를 주어 아이들이 더욱더 적극적으로 수업에 참여할 수 있도록 해 줍니다. 고정관념을 깨고 자유롭게 공간을 활용한다면 수업이 역동적으로 달라질 것입니다.

다양하고 효과적인 발문을 하라

수업 컨설팅을 나가게 되었을 때 선생님들로부터 가장 많이 받는 질문 중 하나는 발문과 관계되는 것이었습니다.
"수업 시간에 발문을 잘하려면 어떻게 해야 하나요?"
"어떤 발문을 해야 수업을 잘 이끌 수 있을까요?"
"발문이 너무 어려워요."
"좋은 발문은 어떤 발문이에요?"

사실 저도 좋은 발문이 어떤 것인지, 어떻게 발문을 해야 수업을 잘 이끌 수 있는지 잘 모릅니다. 하지만 발문은 수업 중에 일어나는 교수·학습과정 중 하나이며 선생님이 발문할 수도 있고 아이들이 질문할 수도 있습니다. 과연 좋은 발문, 훌륭한 발문이란 것이 어떤 것일까요? 좋은 발문이 무엇인지 명확하게 잘 모르겠지만 분명한 것은 수업을 진행하면서 학습 목표에 도달하기 위한 과정 중에 일어나는 발문이 학습활동에 필요하다면 좋은 발문이 아닐까요? 그래서 저는 고차원적인 발문뿐만 아니라 OX 퀴즈, 단답형 퀴즈와 같은 간단한 것도 학습에 도움이 되고 아이들이 참여하는 데 도움이 된다면 좋은 발문이 될 수 있다고 생각합니다.

교육 서적에 보면 수업 시간에 고차원적이고 사고가 필요한 발문을 많이 하는 것이 좋다고 합니다. 하지만 40분 수업 시간에 모든 발문을 그렇게 한다면 과연 모든 아이들이 흥미 있게 수업에 참여할 수 있을까요? 중요한 것은 한 반 아이들 모두가 다 이해력이 뛰어나고 고차원적 사고를 할 수 있는 아이들이 아니라는 점입니다. 그렇기 때문에 모든 아이들이 참여할 수 있는 발문부터 단순한 답을 요구하는 발문도 필요하고 사고를 필요로 하는 고차원적인 발문도 필요합니다. 발문은 생각을 하게 만드는 것이 주요 목적이지만 수업에 참여하도록 유도하는 목적도 있습니다. 그래서 참여형 발문과 사고형 발문으로 다양하게 발문을 하는 것이 중요합니다.

발문은 아이들의 사고를 일으키는 마중물과 같은 중요한 매개체가 됩니다. 수업 중에는 OX형, 단답형, 선택형, 사고형 등 여러 가지 다양한 발문을 할 수가 있습니다. 전시 학습 상기나 출발점 행동 진단을 할 때, 학습 정리에서 배운 내용을 확인할 때 별다른 제시 자료가 없다면 OX형 발문, 즉 OX 퀴즈로 확인할 수 있습니다. OX형, 단답형, 선택형 발문은 발표에 자신감이 없거나 학습력이 다소 떨어지는 아이들도 쉽게 참여하도록 할 수 있는 장점이 있습니다. 학습에 흥미를 갖게 하는 참여형 발문을 한 다음 학습 주제에 대해 사고형 발문으로 넘어가면서 꼬리에 꼬리를 무는 발문을 하면 집중력에도 도움이 됩니다.

> T: 다른 나라와 활발하게 무역한 나라는 고려이다. 맞으면 ○, 틀리면 ✕를 하세요.
> (O✕형 발문)
>
> S: ○
>
> T: 고려 시대 무역을 하기 위해 여러 상인들이 드나들었던 곳은 어디인가요?
> (단답형 발문)
>
> S: 벽란도입니다.
>
> T: 주로 어느 나라 상인들이 많이 이용하였나요? (단답형)
>
> S: 송나라, 아라비아 상인들입니다.
>
> T: 왜 여러 나라 상인들이 이곳을 이용하였을까요? (사고형 발문)
>
> S: ****, *****입니다.
>
> T: 벽란도에서 무역이 활발하게 이루어지면서 고려에 어떤 영향을 주었을까요?
> (사고형 발문)
>
> S: ****, *****입니다.

고려 시대 벽란도에 대해 학습할 때 누구나 참여할 수 있는 간단한 OX형 발문을 제시하고 단답형으로 학습 주제에 대해 접근합니다. 그리고 이어서 '왜', '어떻게'와 같은 사고형 발문을 던져 좀 더 깊이 있게 생각하게 합니다. 단순한 발문에서 점점 사고를 필요로 하는 꼬리에 꼬리를 무는 발문은 학습 주제에 자연스럽게 연결할 수 있기 때문에 아이들의 집중도가 좋아지고 학습 효과도 높아집니다.

"왜 그렇게 생각하나요?", "어떻게 하면 좋을까요?" 이와 같이 사고를 필요로 하는 발문은 아이들이 부담스러울 수 있으므로 정답이 아니라도 자기만의 방법으로 생각을 할 수 있도록 하는 것이 중요합니다. 그리고 짝과 생각을 나누어 보거나 모둠 친구들과 생각을 나누게 한 뒤에 발표해 보게 하면 더 좋습니다.

어떤 발문을 하는가는 선생님의 몫입니다. 흥미 있고 생동감 있는 수업을 위해 다양한 발문들을 의도적으로 적절하게 활용하는 것이 좋은 발문 기술입니다. 간단하면서도 많이 참여할 수 있는 참여형 발문으로 시작하여 점점 생각하게 만드는 사고형 발문으로 자연스럽게 연결하는 발문 기술은 선생님이 수업을 이끌어 가는 데 유용한 수업 기술입니다.

선생님이 발문을 한 후에는 아이들이 선생님의 발문 내용을 충분히 생각하고 답을 하도록 시간적 여유를 주어야 합니다. 일반적으로 수업 시간에 아이들에게 발문을 한 다음에 1초도 지나지 않아 먼저 손든 아이를 바로 지명하기가 쉽습니다. 생각이 빨리 떠오르는 아이도 있지만, 조금 신중하게 생각하여 발표하려는 아이도 있기 때문에 발문하고 아이들이 손을 들면 먼저 반 아이들을 전체적으로 둘러본 뒤 여유를 가지고 지명하는 것이 중요합니다.

발문하고 난 후 발표하고 싶은 아이는 손을 들어서 선생님에게 표시합니다. 손 든 아이만 발표시킨다면 손을 들지 않은 아이는 더 이상 생각을 떠올리려고 고민하지 않게 됩니다. 발문을 한 후 손을 들게 하는 이유는 무엇일까요? 발문에 대한 자기 생각을 말하거나 답을 말하기 위해서입니다. 그렇다면 이렇게 설명하는 것은 어떨까요?

"여러분, 선생님이 질문을 할 때 그 질문에 대해 조그마한 것이라도 생각이 떠오르면 손을 들어서 선생님에게 알려 주세요. 정답을 말하기 위해서 손을 드는 것이 아니라 생각이 떠올랐다는 것을 선생님에게 알려 주는 것입니다. 꼭 정답이 아니어도 됩니다. 그냥 생각이 떠오르면 손을 들면 됩니다."

답이 틀릴까 봐, 부끄러울까 봐 손을 잘 들지 않는 아이도 그냥 생각이 떠오르면 손을 들라고 했을 때 아이들은 손 드는 것에 대한 부담을 조금이라도 덜게 되어 생각 떠올리기에 도움이 됩니다. 그리고 선생님은 손을 든 아이든, 손을 들지 않은 아이든 지명해서 그 아이의 생각을 들어 보면 됩니다.

선생님의 다양한 발문 다음으로 중요한 것은 아이들의 발표입니다. 수업에 집중하게 하고 효과적으로 사고하기 위해 다양한 발표 방법을 활용하면 좋습니다. 손을 들고 발표를 하게 되면 소극적인 아이는 아예 손을 들지도 않으려고 하기 때문에 모든 아이들이 생각 떠올리기에 참여하게 하려면 스파이 발표가 효과적입니다.

스파이 발표는 선생님이 발문한 후에 선생님이 아무 소리 없이 아이를 가리키면 그 아이가 발표하는 것입니다. 스파이 발표는 발표를 하고 싶어도 손을 들지 않는 것이 규칙입니다. 단 이 스파이 발표를 하려면 발문한 후 아이들은 틀리고 이상하더라도 무조건 아무 생각이나 해야 하며 스파이 지명을 받으면 자기가 생각한 것을 발표해야 합니다. 답을 말하는 것이 아니라 발문을 듣고 떠오르는 것을 말하도록 하여야 합니다. 아무리 엉뚱한 생각이라도 자유롭게 말하고, 답이 틀리고 맞고를 떠나서 발표하면 인정하고 칭찬합니다. 그리고 어느 정도 발표를 하고 나면 자기가 발표하고 싶은 아이들은 손을 들어 발표하라고 합니다.

이 스파이 발표는 모든 학생이 발문에 생각을 떠올리게 하여 수업에 참여하도록 만드는 것이며 발표는 어려운 것이 아니라 떠오른 생각을 친구들에게 알리는 것이라는 생각을 갖도록 하는 것이 목적입니다. 학습의 목적이 생각하게 하는 것이라면 답을 맞히도록 하는 것보다는 떠오른 생각이나 느낌을 그냥 말하라고 하는 것이 아이들에게는 부담이 적습니다.

그리고 릴레이 발표는 수업을 조금 더 활발하게 만들어 줍니다. 선생님이 발문하고 나서 한 아이를 지명하여 발표시킵니다. 그 아이가 발표한 후에 발표한 아이가 다른 아이를 지명하도록 하는 것이 릴레이 발표입니다. 이 발표법은 다른 아이들이 집중하도록 만들어 주기에 매우 효과적입니다. 보통 모둠별로 앉아 있을 경우는 다른 모둠 아이를 한 명 지명하라고 합니다. 모둠 형태가 아니라면 남자아이는 여자아이를, 여자아이는 남자아이를 지명하는 방법도 있습니다.

발표에 자신이 없어 하는 아이를 위해서 먼저 짝 발표나 모둠에서 돌아가며 발표하기를 하고 발표시키는 방법도 효과적입니다.

"공기 중의 수증기가 응결되는 과정을 설명해 보세요."

이때 짝끼리 서로 인터뷰하는 형식으로 발표해 보게 합니다. 짝이 가위바위보를 해서 이긴 사람이 인터뷰어(질문자)가 되고 진 사람이 인터뷰이(답변자)가 됩니다. 인터뷰어가 먼저 똑같이 질문합니다. 그러면 인터뷰이는 자기가 알고 있는 답변을 합니다. 잘 발표했을 경우 인터뷰어가 잘 발표했다며 칭찬해 주고 역할을 바꾸어 진행합니다. 이 과정은 전체 발표하기 전에 미리 연습하는 발표입니다. 그래서 발표 연습을 통해 미리 준비하고 자신감을 심어 주는 게 목적입니다.

또 다른 연습 발표 방법은 모둠별로 발표해 보는 것입니다.

"과학 실험을 하고 알게 된 점, 느낀 점을 발표해 봅시다."

그러면 모둠별로 1번부터 돌아가며 알게 된 점과 느낀 점을 모둠 친구들에게 발표해 봅니다. 모든 아이들이 다 발표하고 나면 전체 발표를 위해 한 명씩 발표해 보게 합니다. 모든 아이들이 자신감 있게 잘 발표하지 못하기에 조금이라도 자신감을 심어 주기 위한 사전 연습 발표를 하는 것은 매우 중요합니다.

아이들 발표에 긍정적으로 반응하라

　판소리꾼이 창을 할 때, 흥을 돋우기 위해 고수가 장단을 치면서 '좋다', '좋지', '얼씨구', '으이' 따위의 소리를 내는 것을 추임새라고 합니다. 추임새는 판소리꾼의 흥을 돋우어 소리를 더 잘하도록 돕고, 청중의 분위기나 감흥을 자극하여 소리판을 어울리게 합니다. 추임새는 창자와 청중 모두에게 흥을 돋우며 소리판을 이끌어 가는 중요한 요소입니다.

　이처럼 선생님도 수업 시간에 아이들의 발표에 대해 추임새와 같은 반응을 보이면 매우 효과적입니다. 왜냐하면 수업 시간에 보이는 선생님의 반응에 따라 수업 분위기가 좌우되기 때문입니다. 선생님이 아이의 발표에 맞장구를 쳐 주는 긍정적인 반응을 보이면 아이는 인정받는 느낌이 들어 수업에 더 집중하게 되지만, 무시하는 듯한 부정적인 반응을 보일 경우 발표한 아이는 마음의 상처를 입어 수업에 참여하지 않으려고 합니다.

　수업 분위기를 잘 이끌어 가는 것은 중요한 선생님의 수업 기술입니다. 맞장구치기, 실마리 제공하기, 격려하기 등 '아이들의 발표에 긍정적으로 반응하기' 기법은 아이들이 발표에 대한 부담을 줄여 주고 수업에 적극적으로 참여하게 할 수 있을 것입니다.

맞장구치기

　맞장구치기는 아이들 발표에 긍정적으로 반응을 보이는 방법 중 하나이며 아이들의 발표를 들으면서 반응하는 적극적인 경청 방법입니다. 아이들의 발표를 들으면서 호응이 되는 부분은 고개를 끄덕인다든지, "좋았어", "그래", "잘했어" 같은 반응을 보여 줄 수 있습니다. 그리고 미소를 짓거나 표정을 밝게 하는 것 또한 긍정적인 반응이 될 수 있습니다. 좀 더 적극적인 반응을 보이려면 "그래서 어떻게 되었니? 정말 그랬겠구나."처럼 아이의 말에 빠져드는 듯한 표현을 해 주면 됩니다. 이것은 아이의 말에 맞장구를 치면서 공감하고 있다는 느낌이 들게 합니다.

수업 시간에 아이들의 발표에 적절한 반응을 보이면 아이들은 선생님이 자기의 발표를 적극적으로 경청하고 있다는 느낌을 갖게 되고 존중받는 느낌이 들어 좀 더 수업에 집중하려고 합니다. 그리고 수업 분위기를 활발하게 조성하면서 다른 아이들도 수업과 발표에 좀 더 흥미를 갖게 하는 일석이조의 효과가 있습니다.

실마리 제공하기

실마리 제공하기는 아이가 전혀 대답을 못 하거나 일부분만을 대답하였을 때, 혹은 틀리게 대답을 한 경우에 아이의 학습활동 참여를 유도하기 위해서 사용하는 언어적-비언어적 수업 대화 기법입니다. 이 기법의 유형에는 학습과제 해결에 단서가 될 수 있는 삽화의 특정 부분을 가리키는 시각적 단서와 해답의 첫 번째 말이나 해답과 관련된 음성 신호, 초성 힌트, 글자 수 등과 같은 언어적 단서가 있습니다.

실마리 제공하기는 답을 잘 모르거나 애매할 때 활용하면 가라앉을 수 있는 수업 분위기를 살려 주고 집중하게 해 주며, 아이들에게 자신감을 실어 줄 수 있는 긍정적인 효과가 있습니다. 대답이 틀렸다고 잘 모른다고 야단치는 것보다 효과적인 방법이 될 수 있습니다.

격려하기

격려하기는 부정확한 답변이나 오답을 제시한 아이에게 사용하는 수업 기법입니다. 아이의 틀린 답을 교정할 때는 틀린 이유를 명확히 밝히되 선생님이 다음과 같이 개입할 수 있습니다.

"□□하니까 그렇게 생각할 수 있겠구나."

"그런 점도 있지."
"○○의 생각도 옳은데 내 생각에는 어떤 내용이 빠져 있냐면~"
또, 틀린 답에 대한 교정의 이유와 내용을 학생에게 밝혀야 하지만 그 시기가 반드시 답변 직후일 필요는 없습니다. 다른 친구의 발표를 듣고 자신의 답변이 왜 틀렸는지 한번 생각해 보는 시간을 주는 것도 좋기 때문입니다.
"그럼, 다른 친구의 발표를 들어 보고 나중에 다시 발표해 보세요."
이때는 발표 후 종합 정리 시간에 자연스럽게 교정하는 것도 하나의 방안이 될 수 있습니다. 격려하기는 최대한 아이들의 마음을 헤아려서 상처를 입지 않도록 하는 것이 중요합니다.
하지만 발문에 대해 장난스럽게 대답하여 수업 분위기를 흩트릴 경우에는 단호하게 말해 주어야 합니다.
"○○야, 지금 너의 발표는 지금 활동하고 있는 주제와 맞지 않는 것 같아. 수업에 방해될 수 있으니 수업 내용에 집중해 주었으면 좋겠어."

좋은 수업을 위한 원칙 7
수업의 목표를 분명하게 제시하라

학습 문제와 학습 목표는 그 차시에 도달해야 할 목표 지점이라고 할 수 있습니다. 그래서 설명 및 시범을 통해 아이들이 학습 목표나 학습 문제 등을 명확하게 인지하도록 하는 것이 중요합니다. 아이들이 목표 지점을 분명하게 알고 무엇을 공부해야 할지를 안다면 학습 효과가 더욱더 높아질 것입니다. 그리고 활동마다 학습의 목표 지점을 반복해서 알려 준다면 아이들도 그것을 생각하면서 수업에 참여할 것입니다.

공개수업이 아닌 보통의 수업에서는 업무나 학급 경영, 자료 취합, 숙제 검사 등으로 한 시간의 수업이 바쁘게 지나가는 경우가 많습니다. 그래서 학습 문제조차 판서하지 못하는 일도 있습니다. 그러다 보면 수업 시간에 여러 가지 활동은 했지만 정작 아이들은 무엇을 했는지, 왜 그 활동을 했는지 모르는 경우가 있습니다. 부분적인 활동 내용은 알지만, 수업의 큰 주제를 모르는 것입니다. 그래서 수업 시작부터 오늘 공부할 내용을 분명하게 설명하고 이해를 시키는 것이 중요합니다.

그리고 활동마다 학습 목표와 연관 지어서 이 활동을 왜 하는지도 설명해 주어야 합니다. 활동을 어떻게 하는지만 설명하고 왜 하는지를 설명하지 않으면 활동 후에 아이들은 활동 자체만 기억하고 왜 했는지, 이 활동을 통해 무엇을 알아야 하는지를 잘 모르는 경우도 있습니다. 보통 게임 활동의 경우 아이들은 즐겁게 게임에 참여합니다. 하지만 나중에 물어보면 재미있는 느낌만 있고 정작 무엇을 배웠는지를 모르는 경우가 많습니다. 그래서 활동하기 전에, 활동에 대한 설명을 하고 학습 목표와 관련지어서 이 활동을 하는 목적도 안내해 주고 나중에 활동이 끝나면 무엇을 알게 되었는지를 피드백하는 것이 중요합니다.

수업 마무리 단계에서는 이 시간에 무엇을 공부하였는지, 무엇을 배웠는지 확인하며 학습 목표와 연관 지어 주어야 합니다. 아이들은 보통 마무리를 잘해 주지 않으면 무엇을 왜 공부했는지 잘 정리하지 못합니다. 그래서 판서를 통해 학습 내용을 정리하거나 배움 공책으로 학습 정리를 하게 합니다. 학습 내용을 정리할 때는 아이들이 이번 시간에 알게 된 점, 느낀 점을 기록하도록 하면 좋습니다. 짝끼리 서로 배운 내용과 느낀 점을 이야기해 보게 할 수도 있고 모둠 친구들과 공유하면서 학습 내용을 한 번 더 확인할 수도 있습니다. 중요한 것은 내가 배운 것과 친구들이 배운 것을 서로 나누며 공감하는 것입니다. 선생님은 단지 공감할 수 있는 시간만 제공하시면 됩니다. 아이들 스스로 오늘 배운 내용을 정리하게 하는 것도 필요한 수업의 과정이기 때문입니다.

조벽 교수님은 훌륭한 수업을 하려면 수업의 핵심 메시지를 세 번 반복하라고 말씀하셨습니다.

"오늘은 이슬이 어떻게 생기는지 알아보겠습니다."

"이 실험은 이슬이 생기는 과정을 알아보기 위한 활동입니다."

"이슬은 공기 중의 수증기가 차가운 표면에 닿아 응결하여 생기는 것입니다."

수업이 일관성 있고 학습 효과를 높이려면 수업 시간에 세 번 이상 핵심적 내용을 알려 주어야 합니다. 수업 시작할 때, 수업 과정에서, 수업 마무리할 때 학습 목표와 학습 내용, 활동하는 목적에 대해 분명하게 설명하여 아이들이 무엇을 배웠는지, 왜 배웠는지를 잘 알 수 있도록 하여야 합니다.

좋은 수업을 위한 원칙 8
다양한 수업 기법을 사용하라

초등학교에서 40분 단위 수업 시간에 활용할 수 있는 수업 기법은 매우 많습니다. 설명, 시범, 게임, 비교, 관찰, 실험, 토의, 토론, 실습, 발표, 자료 활용, 역할극, 판서 등 다양한 수업 기법을 활용하여 학습 효과를 극대화하는 것이 선생님의 역할입니다. 시종일관 판서만 한다든지, 인터넷 교육 콘텐츠로 수업을 진행한다든지, 40분 내내 말로 설명한다든지 등 수업 시간에 같은 기법으로 단순하게 수업한다면 아이들은 지루해하며 수업의 집중도 떨어져 배우고자 하는 흥미와 의욕이 줄어들 것입니다.

선생님은 아이들이 학습에 흥미를 느껴 수업에 참여하도록 학습 내용과 아이들의 수준에 맞는 수업 기법을 다양하게 활용하여야 합니다. 마치 마법사처럼 그동안 잘하지 않았던 새로운 수업 기법을 선보일 때 아이들의 눈은 반짝입니다. '이게 뭐지?' 이런 생각이 든다면 절반은 성공한 것입니다. 화려하고 큰 자료, 멋진 자료를 사용하라는 뜻은 아닙니다.

어떤 선생님은 자료가 없고 만들 시간도 없다는 핑계를 대기도 합니다. 다양한 수업 기법을 수업 시간에 사용하는 것은 전혀 어렵지 않습니다. 조그마한 변화를 주기 위해 여러 가지 수업 기법에 도전하면 됩니다. 간단하게 수업 시간 아이들 자리 배치를 바꾸어 보거나, 교실에서 운동장으로 장소를 옮겨 보거나, 교과서를 덮어 두고 교실에 있는 학교에 있는 모든 시설과 자료를 활용하여 수업해 보는 것도 좋습니다.

2학년인 우리 반 아이들과 봄을 주제로 공부할 때 교과서를 책상 서랍에 넣도록 하고 그냥 아이들과 함께 학교 주변에 있는 꽃들과 나무들을 관찰하러 나갔습니다. 교과서보다는 직접 운동장에서 봄을 느끼도록 하고 싶었습니다. 노란 개나리를 보며 꽃잎도 세어 보고, 하얀 목련꽃도 보고, 예쁜 녹색을 띤 아기 나뭇잎도 보고, 봄바람도 느끼면서 봄이 우리 주변 곳곳에 숨바꼭질처럼 봄이 숨어 있다는 것을 알아보았습니다. 교과서를 적절하게 활용하는 것도 좋지만, 교과서에 나오는 수업 기법과 활동을 그대로 해야 한다는 고정관념에서 벗어나 다양한 수업 기법을 펼쳐 보시기 바랍니다. 아이들의 눈빛이 달라지고 집중력이 달라집니다.

학습 내용이나 활동에 따라 효과적인 수업 기법을 사용하여 수업을 진행할 때 아이들이 학습에 좀 더 흥미를 갖게 되고 학습 효과도 높아집니다. 수업에 따라 다소 차이는 있겠지만 필요에 따라 한 차시에 2~3가지 정도의 수업 기법을 활용하여 수업에 변화를 준다면 학습의 효율성이 정말 달라집니다.

천편일률적인 수업 진행에서 벗어나 수업 기법에 약간만 변화를 주어도 아이들이 정말 재미있게 수업에 참여할 수 있습니다. 선생님이 창의적인 수업 기법을 만들어 사용하면 더 좋겠지만, 지금은 책이나 인터넷 같은 미디어가 잘 발달되어 있어서 이를 통해 다른 선생님이 활용하는 다양한 수업 기법을 익혀서 수업에 적용해 보는 것도 좋습니다. 중요한 것은 다양한 수업 기법으로 아이들을 수업에 빠져들게 하여 학습의 효과를 높이는 것입니다.

그동안 제가 적용해 본 수업 기법 중 대표적인 것은 해시태그 정리 기법과 골든벨 퀴즈, 박사 게임, 수학 빙고 게임과 카드 게임, 돌아가며 말하기 토의, 재미있게 개념과 원리 외우기 등이 있습니다. 이 기법은 수업 시간에 자주 사용하는 기법들이며 아이들의 반응은 꽤 좋은 편이었습니다.

해시태그 정리 기법

사회 과목이나 과학 과목에서 단원 정리 및 평가를 할 때는 해시태그 기법이나 골든벨 퀴즈를 활용하면 재미있게 단원 마무리를 할 수 있습니다. 해시태그 기법은 단원에서 공부한 내용을 한 명씩 핵심 낱말을 말하게 하고 선생님이 해시태그(#)를 붙여 판서하면 단원에서 학습한 주요 내용이 칠판에 펼쳐집니다. 그것을 가지고 아이들과 단원 정리를 할 수도 있으며 이 해시태그 내용 중에서 골든벨 퀴즈를 내면 더 효과적입니다.

단원에서 배운 내용 중 떠오르는 키워드나 핵심 낱말 등을 번개 발표하듯 돌아가며 말하고 선생님은 칠판에 적습니다. 유목화해서 적어 주면 한눈에 이해하기가 쉽습니다. 이 해시태그 내용에 대해 간단하게 한 번 더 아이들과 정리하고 A4용지를 이용해서 골든벨 퀴즈를 합니다. 골든벨 퀴즈는 그 단원에서 꼭 알아야 할 개념이나 중요 내용을 퀴즈로 내어 답을 맞히는 게임인데 시험지로 평가하는 것보다 이 골든벨 퀴즈를 아이들은 훨씬 재미있어합니다. 그리고 퀴즈로 받은 점수를 보면 이 단원을 얼마나 열심히 공부했는지 스스로 판단해 볼 수도 있어서 좋습니다.

골든벨 퀴즈를 하기 위해 A4용지를 한 장씩 나누어 줍니다. A4용지를 4번 접으면 16칸이 나옵니다. 맨 위 칸은 단원 제목과 학반, 이름을 씁니다. 두 번째, 세 번째, 네 번째 칸에는 1번부터 10번까지 문제 번호를 매기고 맨 마지막에 점수 칸을 만듭니다. 그리고 선생님이 해시태그에 나왔던 낱말 중에서 그 낱말이 답이 되도록 문제를 즉석에서 내면 아이들은 답을 번호 칸에 크게 적습니다. 다 쓴 아이는 퀴즈 종이를 뒤집어 놓습니다. 중요한 규칙은, 답을 모르는 사람은 칸을 비워 두지 말고 '모름'이라고 쓰도록 하는 것입니다. 그 이유는 안 쓰고 있다가 나중에 답을 말하면 몰래 쓰는 경우가 있어 공정하게 하기 위해서라고 강조하면 아이들은 잘 알아듣습니다.

그다음 하나, 둘, 셋 하면 골든벨 할 때처럼 A4 종이를 높이 듭니다. 정답을 말하고 맞으면 종이를 흔들면서 "와~" 하고 외쳐야 합니다. 반응도 아주 중요한 요소이기 때문입니다. "와~" 하고 외치지 않으면 점수를 안 준다고 하면 더 크게 외쳐서 실제 퀴즈 대회를 하는 느낌을 살릴 수 있습니다.

이렇게 열 문제를 다 풀면 점수를 매기고 뒷장에 골든벨 퀴즈하고 알게 된 점 느낀 점을 세 줄 이상 쓰도록 합니다. 그러면 대부분 퀴즈를 통해 자기가 얼마나 열심히 했는지를 돌아보기도 하고 100점 맞은 친구는 엄청나게 뿌듯해합니다. 결국, 퀴즈 형식으로 학습 정리를 하지만 단원 학습할 때 스스로 얼마나 열심히 공부했는지를 알게 하는 효과도 있으며 더 높은 점수를 받기 위해서는 공부 시간에 더 집중해야겠다고 다짐을 적는 아이도 있습니다.

박사 게임

박사 게임은 학습한 내용을 친구에게 설명하는 수업 기법입니다. 박사는 아주 똑똑하고 많이 아는 사람이기 때문에 박사 게임에 참여하려면 학습한 내용을 열심히 공부해야 한다는 것을 알려 줍니다. 그리고 박사 게임에서는 모두가 박사답게 예의를 갖추고 남을 배려하여야 한다고 합니다. 그러면 아이들은 나름 자기가 알고 있는 내용을 설명할 때 박사처럼 예의를 갖추어 정성껏 하려고 노력합니다.

가르치면서 배운다는 말처럼 박사 게임은 자신이 알고 있는 내용을 친구에게 설명함으로써 서로 가르쳐 주고 배우는 활동입니다. 먼저 설명할 내용을 학습지에 미리 적어 보고 외웁니다. 그리고 자리에서 일어나 다른 친구를 만나면 제일 먼저 정중하게 인사를 합니다.

"박사님, 안녕하세요."

그리고 가위바위보를 하여 이긴 친구는 자기가 먼저 설명할지 앞의 친구가 먼저 설명할지를 정합니다.

"박사님, 먼저 설명해 주십시오."

그리고 설명이 끝나고 나면 자신의 생각이나 느낌을 전합니다.

"지표의 변화를 자세히 설명해 주어서 많은 도움이 되었습니다. 감사합니다."

박사 게임에서는 서로 칭찬을 많이 하도록 하는 것이 좋습니다. 서로 설명이 끝나고 나면 정중하게 인사를 하고 헤어집니다.

"박사님, 안녕히 가십시오."

그리고 또 다른 박사를 찾아 만나서 설명합니다. 시간에 따라서 3명 만나기, 5명 만나기를 할 수 있습니다. 같은 주제를 가지고 할 수도 있지만, 그것보다는 서로 다른 주제를 정해서 설명하기를 하면 더 다양한 내용을 서로 가르치면서 배울 수 있는 장점이 있습니다. 아이들은 의자에서 일어나서 돌아다니며 하는 박사 게임을 아주 좋아합니다. 그리고 친구의 발표를 들으면서 많은 것들을 서로 배우게 됩니다.

수학 빙고 게임과 카드 게임

수학 빙고 게임은 덧셈, 뺄셈, 곱셈, 나눗셈 등 연산 학습에 활용하면 좋은 수업 기법입니다. 보통 수학익힘책을 그냥 풀라고 하면 지겨울 수 있기 때문에 A4용지를 나누어 주고 9칸을 만들라고 합니다(접거나 그려서 만들면 됩니다). 그리고 수학익힘책에 있는 문제 9가지를 정해 주고 풀어서 빙고 종이에 답을 쓰라고 합니다. 일정한 시간을 주고 다 푼 만큼 가지고 빙고 놀이를 합니다. 제가 문제를 칠판에 하나씩 풀어 주고 답을 제시하면 자기의 빙고 종이를 보고 해당하는 칸에 동그라미를 하고 3줄 빙고를 완성하는 아이가 우승합니다. 그리고 아홉 문제 다 풀 때까지 계속 빙고 게임을 이어 갑니다. 단순히 지겹게 문제만 푸는 것보다는 빙고 게임을 활용할 때 아이들은 흥미 있게 문제를 풀게 됩니다. 똑같은 문제도 수업 기법을 조금만 재미있게 응용하면 게임처럼 놀이도 하면서 즐겁게 참여하는 활동을 만들 수 있습니다.

그리고 수학 카드 게임도 재미있게 수학 공부하는 데 도움이 됩니다. 수학 시간에 곱셈이나 나눗셈, 분수의 덧셈과 뺄셈을 공부할 때 카드에 문제를 만들고, 수학 카드를 들고 다니면서 다른 친구와 만나 서로 문제를 풀어 보는 활동도 좋습니다. 시간에 따라 5명~10명 정도 만나기를 하면 지루해지기 쉬운 수학 수업을 좀 더 흥미 있게 만들어 주며, 계산이 틀리면 상대편 친구가 틀린 부분을 바르게 계산하도록 설명해 주기 때문에 보충학습의 효과도 있습니다.

돌아가며 말하기 토의

아무 자료 없이도 수업에 변화를 줄 수 있는 수업 기법은 돌아가며 말하기입니다. 여러 가지 토의법이 있지만 저는 돌아가며 말하기 토의법을 자주 활용합니다. 돌아가며 말하기는 한 시간 동안 한 번도 발표하지 않는 아이도 말할 수 있는 기회를 줄 수 있습니다. 5분에서 10분 정도 아이들만의 시간을 주면, 자기들 나름대로 많은 이야기를 서로 주고받으며 배움이 일어납니다.

돌아가며 말하기는 말 그대로 발문이나 주제에 대해 자기의 생각이나 느낌을 돌아가면서 말하는 토의법입니다. 먼저 4인 모둠을 기준으로 1번부터 4번까지 번호를 정합니다. 1번부터 발표를 시작하기도 하고 다른 번호부터 시작할 수도 있습니다. 번호는 돌아가는 순서이기 때문에 바꿀 수도 있습니다. 1번이 말하면 2번~4번 아이는 1번 아이가 말한 내용을 듣고 자기의 생각과 느낌을 말하거나 그 내용에 대한 질문을 해야 합니다. 친구가 말할 때는 경청하라고 하지만 잘 안되는 경우가 많아 친구의 발표를 듣고 반드시 한 번 이상 말하게 하는 것이 중요합니다. 이렇게 하면 친구의 발표를 듣지 않을 수가 없어서 매우 효과적입니다.

자리 배치가 모둠 형태가 아닌 경우에는 앞줄 아이가 의자를 돌려서 뒤로 돌아보고 모둠 형태로 만들어서 말하면 되고, 그렇지 않은 경우는 짝끼리만 말하기를 해도 됩니다. 그리고 말할 때는 그렇게 생각한 이유를 말해야 하기 때문에 '왜냐하면~' 말하기를 하도록 합니다.

"공기는 무게가 없다고 생각합니다. 왜냐하면 우리 주변에는 공기가 있지만, 무게가 전혀 느껴지지 않기 때문입니다."

그리고 돌아가며 말하기 할 때 미처 발표할 내용이 생각이 나지 않는 아이는 "나중에 발표하겠습니다."라고 말하고 모든 아이가 다 발표하고 나면 마지막에 다시 발표하면 됩니다. 다른 아이의 발표를 듣고 그 내용 중에서 발표해도 된다고 하여 발표에 대한 부담을 줄여 주는 것이 좋습니다.

이 토의법은 지루하기 쉬운 선생님 주도의 수업을 아이들에게 맡겨 보는 것입니다. 그리고 토의한 결과를 모둠의 누구든지 발표할 수 있다고 알려 주어 전체적인 내용도 스스로 정리하도록 하면 더 좋습니다. 선생님이 기대한 만큼 토의가 이루어지지 않을 수도 있지만, 무엇보다 아이들이 수업에 적극적으로 참여하도록 만든다는 점에서 효과가 있습니다.

토의한 결과를 모둠별로 발표하는 것도 좋습니다. 모둠별로 토의한 내용을 화이트보드에 잘 보이게 적은 다음 발표를 합니다. 여기서 중요한 것은 발표로 끝나는 것이 아니라 다른 모둠 아이들이 발표를 듣고 궁금한 내용을 질문하는 것입니다. 시간이 많지 않아 한 모둠이 발표하면 보통 2~3명 정도 질문을 하게 하고 질문에 대한 답을 발표 모둠에서 답변하는 방식으로 진행합니다. 이 토의 발표는 아이들이 다른 모둠 발표를 좀 더 집중해서 들으려고 하며, 발표하는 모둠은 어떤 질문이 나올지 모르기 때문에 토의할 때 예상 질문을 찾아 답변을 미리 준비하는 것이 좋습니다.

재미있게 개념과 원리 외우기

요즘 아이들은 낱말의 뜻을 잘 모릅니다. 사회나 과학 시간에 새롭게 나오는 개념의 뜻도 잘 모릅니다. 아주 쉬운 것도 잘 모르는 경우가 많아, 저는 수업 시간에 누구나 알 것 같은 낱말도 아이들에게 확인하는 편입니다. 수업 중 개념과 원리에 대한 내용을 지도하는 것은 매우 중요하기 때문에 간과해서는 안 되는 중요한 활동입니다.

3학년 과학 수업에 '물의 상태 변화' 단원에서 물이 응결하여 이슬 현상을 배우는 차시가 있습니다. 여기에서는 공기 중에 있는 수증기가 차가운 표면에 닿으면 응결하여 물방울로 되는 현상을 아이들이 이해해야 합니다. 실험을 통해 관찰하고 그 결과를 발표하는 수업에서 어떻게 하면 아이들이 좀 더 잘 이해하고 기억할까 고민하다가 사자성어 기법으로 설명해 주었더니 아이들이 정말 잘 기억하고 이해하는 것이었습니다.

"유리컵에 얼음을 넣고 물을 넣은 뒤 유리컵 표면에 무엇이 생겼나요?"
"물방울요~~"
"이 물방울은 어떻게 생겼을까요? 짝과 함께 토의하고 그 결과를 이야기해 봅시다."
"컵 속에 있는 물이 밖으로 나왔어요. 물이 샌 거 같아요."

아이들에게는 신기한 과학 실험이었지만 그 현상의 원리를 알아내기는 쉬운 일이 아닙니다. 정답을 맞히지 않아도 됩니다. 정답은 없었지만, 그 원리를 꼭 알고 넘어가야 하는 일반적인 지식이라 그림을 그려 가며 설명해 주고 잘 기억하도록 하였습니다.

칠판에 사자성어처럼 '공. 수. 차. 응.'이라고 쓴 뒤에 무슨 내용인지 짝과 함께 맞혀 보라고 하였습니다. 배운 원리와 연결하여 나름 일반적인 지식을 문장으로 만들어 내는 모습들은 오히려 귀엽기만 합니다. 아이들이 답이 궁금해서 선생님을 바라보면 제가 사행시처럼 의기양양하게 말합니다.

"공~ 공기 중에 있는, 수~ 수증기가, 차~ 차가운 표면에 닿아, 응~ 응결하는 현상."

수증기가 물로 상태가 변하는 과정을 좀 더 재미있게 익히기 위해 중국어처럼 읽어 줍니다

"꼬옹~ 쑤~ 우~ 차~ 응~"

억양을 중국어처럼 올렸다 내렸다 하면 신기하다는 듯이 따라 하다 보면 어느새 입에 익어 버립니다. 그때 선생님이 하는 질문에 무조건 '공수차응'으로 대답하라고 합니다.

"욕실 거울이 왜 뿌옇게 되나요?"

"공수차응!"

"라면 먹을 때 안경이 왜 뿌옇게 되나요?"

"공수차응!"

"수증기가 물방울로 변하는 과정은?"

"공수차응!"

이렇게 하다 보면 모든 아이들이 공수차응을 알게 됩니다. 절대 잊어버리지 않는 기가 막힌 학습법이 아닐까요? 이걸 제가 개발했다는 데 엄청 뿌듯했습니다. 이 공수차응이 우리 반 아이들과 제가 만날 때마다 암호처럼 사용하기도 합니다.

아는 만큼 보인다고, 꼭 알아야 할 지식은 어떤 방법으로든지 재미있게 익히게 해야 합니다. 그래야 우리 주변에서 일어나는 현상에 좀 더 관심을 가지게 되고 과학이 더 재미있어지게 됩니다. 지식은 역량을 발휘하게 하는 도구로써 아주 중요한 것입니다. 아는 만큼 보인다는 말처럼, 많이 알고 있어야 삶과 배움을 잘 연결할 수 있습니다.

 좋은 수업을 위한 원칙 9

아이들에게 경어를 사용하라

저경력 교사 컨설팅을 할 때 선생님들께 경어 사용에 대해 물어보았습니다.

"선생님은 수업하실 때 아이들에게 경어를 사용하시나요?"

10명 중 6명 정도는 경어를 사용한다고 합니다. 반대로 말하자면 4분의 선생님은 수업 중 경어를 사용하지 않는다는 뜻입니다.

"이것은 무엇이지? 그렇지~"

수업 중 보통 친숙함 때문에 선생님이 아이들에게 반말하거나 예사말을 쓰는 경우가 있습니다. 선생님은 아이들을 대상으로 가르치는 직업이며 아이들을 존중해야 합니다. 선생님이 아이들을 존중함으로써 아이들도 존중받는다는 느낌이 들게 되며 장난이나 농담이라도 되도록 반말이나 경박한 용어 사용은 자제해야 합니다. 선생님의 모든 언행이 아이들과 학부모에게 영향을 끼칠 수 있기 때문입니다. 요즈음 같은 세상에서 자칫 아이들과 친하게 농담을 주고받거나 빈정대는 말을 했다가 실수를 하게 되면 학부모들에게 전화를 받기 쉽습니다. 아이들 또한 예민하게 받아들여 속상해하거나 부모님께 일러바치기도 합니다. 우리는 선생님입니다. 그렇기에 이 모든 말과 행동에 제약이 따를 수밖에 없습니다.

따라서 모든 아이들을 대상으로 말할 경우 경어를 사용하도록 노력해야 합니다. "~해 봅시다, ~하도록 합니다, 그렇죠, 맞아요." 단, 개인적으로 1대1로 대면할 경우는 친근한 말투로 말하는 것도 좋습니다. "이것은 이렇게 하는 게 어떻겠니? 잘했어~"

한번은 같은 학교에 근무하던 신규 선생님이 저에게 고민을 털어놓았습니다.

"부장님, 아이들과 신나는 수업을 하고 싶은데 수업 시간이 왠지 산만하고 질서가 없어서 수업을 제대로 하고 있는지, 아이들은 제대로 이해하고 있는지 잘 모르겠습니다. 무엇이 잘못된 것일까요? 저는 어떻게 해야 할까요?"

그래서 저는 신규 선생님 수업을 동영상으로 5분 정도만 찍어서 보여 달라고 했습니다. 그 선생님 수업 동영상을 보니 그 이유를 알 수 있었습니다. 수업 시간에 선생님은 아이들에게 장난스럽게 말을 하고 아이들은 그게 재미있는지 계속 장난스럽게 대답하는 등 다소 어수선하게 진행되고 있었습니다. 아이들 발표에도 질서가 없었으며 수업이 전제적으로 매끄럽게 진행되지 않았습니다.

우리 선생님들이 조금 착각하는 것이 하나 있습니다. 그것은 수업을 재미있게 하는 것이 수업을 잘하는 것이라고 생각하는 것입니다. 저도 수업 시간에 최대한 재미있게 수업하려고 노력합니다. 그러다 보면 아이들 중 몇몇은 흥분하여 기본적인 규칙과 질서를 깨뜨리는 말과 행동을 하곤 합니다. 그때 저는 이렇게 설명합니다.

"수업을 재미있게 하는 거랑 까부는 것은 다릅니다. 수업에 재미있게 참여하는 것은 규칙과 질서를 지키면서 즐겁게 참여하는 것이고 까부는 것은 혼자 즐겁지만, 규칙과 질서를 어겨 반 아이들에게 피해를 주는 것입니다. 그래서 수업 시간에는 선을 지키면서 즐겁게 참여하여야 합니다."

그리고 그 선생님께 2가지 미션을 주었습니다.

"선생님이 먼저 수업 시간에 아이들에게 경어를 사용해 보세요. 그리고 수업 시간에 발문하거나 설명할 때 친구처럼 장난스럽게 말하지 않는 게 좋겠습니다."

그 선생님이 일주일 실천하고 나서 그 결과를 저에게 말해 주었습니다.

"선생님, 선생님이 일러 주신 대로 수업 시간에 경어를 사용했더니 아이들도 수업을 장난스럽게 여기지 않는 것 같았어요. 뭔가 조심스러우면서도 집중력이 좋아진 것 같았어요."

 별다른 수업 기법을 알려 주기보다는 간단한 수업 진행 기본 원칙을 알려 주었습니다. 수업 시간에 아이들과 친하게 수업하고 싶다고 친구처럼 반말을 섞어 쓰는 것은 위험한 일입니다. 선생님이 장난스럽게 말하면 아이들도 수업이 장난처럼 느껴져서 집중하기가 힘듭니다. 재미있게 수업하고 싶다고 질서 없이 마음대로 활동하도록 두는 것도 위험한 일입니다.

 선생님과 학생의 경계가 수업 시간에 없어질 수 있어서 저는 항상 수업 시간에 선생님 먼저 경어를 사용하라고 합니다. 경어 쓰기는 질서 있는 수업의 기본입니다. 경어를 사용하면 선생님이 아이들을 존중한다는 느낌이 들게 되며 아이들도 선생님을 존중하는 분위기를 만들어 전체적으로 수업에 질서가 있게 됩니다. 어떤 아이는 이전 학년에서는 아이들이 수업 시간에 너무 떠들어서 수업에 집중할 수 없어 힘들었는데, 올해는 수업 시간에 반 아이들이 떠들지 않고 진지하게 수업에 참여하는 것을 보고 정말 좋다고 평가하기도 하였습니다.

 경어 사용은 아이들을 존중하는 선생님의 가장 기본 태도입니다. 하지만, 경어를 잘못 사용하는 경우도 많습니다. 대상이 아이들일 경우에 사용하는 경어와 어른일 경우 사용하는 경어는 다릅니다.

 관광버스를 타고 현장학습을 가던 중이었습니다. 저는 전담 교사라 4학년 버스를 타고 가게 되었습니다. 현장학습 장소에 다다를 때쯤 담임 선생님이 마이크를 잡고 아이들에게 주의 사항을 설명하였습니다.

 "자~ 이제 현장학습 장소에 도착합니다. 선생님이 주의 사항을 몇 가지 전달하겠습니다. 여러분들이 차에서 내리실 때 내리시자마자 줄을 서 주시고, 선생님이 내릴 때까지 기다려 주셔야 합니다. 알겠죠?"

 "네~ 선생님!"

 차에서 내리고 난 후 또 아이들에게 안내합니다.

 "박물관에 들어가면 조용히 하셔야 합니다. 아시겠습니까?"

이 선생님께서 아이들에게 경어를 사용하였는데 조금 이상한 것을 못 느끼셨나요? 아이들에게 사용하는 경어를 바르게 적어 보겠습니다.

"자~ 이제 현장학습 장소에 도착합니다. 선생님이 주의 사항을 몇 가지 전달하겠습니다. 여러분들이 차에서 내릴 때 내리자마자 줄을 서고, 선생님이 내릴 때까지 기다려 주어야 합니다. 알겠죠?"

"박물관에 들어가면 조용히 하여야 합니다. 알겠습니까?"

어떤가요? 보통 선생님들이 많이 하는 실수입니다. 대상이 누군가에 따라 사용하는 경어가 다름을 알고 바르게 사용하는 것도 중요합니다.

수업 시간에 아이들에게 경어를 사용하는 것은 아이들을 존중하는 의미도 있지만, 수업에 선생님과 아이들이 지켜야 할 선을 만들어 질서 있는 수업을 만들어 주기도 합니다. 하지만 쉬는 시간이나 점심시간에 아이들과 놀거나 장난칠 때는 서로 편하게 말하며 친하게 지내는 것도 좋습니다. 그 경계를 만들어 주는 것은 선생님이지만, 그 선을 지키는 것은 아이들입니다.

좋은 수업을 위한 원칙 10
아이들을 관찰하여 적절하게 피드백하라

보통 학급의 아이들을 살펴보면 학습력이 뛰어난 아이가 20%, 보통의 아이는 60%, 학습력이 떨어지는 아이가 20% 정도 됩니다. 수업할 때 발표의 대부분은 상위 20%의 몫이며 모둠별 토의 활동 시에도 20%의 아이들이 주도하는 경우가 많습니다. 그래서 세밀하게 관심을 가지지 않으면 하위 20%의 아이들이 소외되기가 쉽습니다. 그러나 많은 잡무와 학교 행사로 쉬는 시간마저 부족한 교육 현실에서 수업 후에 아이들의 학습 정도를 판별하고 사후에 지도한다는 것은 거의 불가능합니다.

그래서 선생님은 수업 시간에 의도적으로 반 아이들의 태도와 활동 모습을 자세히 관찰해야 합니다. 상위 30% 아이들은 일부러 관찰하려고 하지 않아도 스스로 자기는 잘하고 있다고 표현하는 경우가 많습니다. 따라서, 나머지 아이들의 학습 태도와 학습 결과에 좀 더 관심을 가져야 합니다. 수업 중간에 아이들의 표정을 살펴보면 학습 내용을 얼마만큼 이해하고 있는지 엿볼 수 있으며 학습 태도를 보면 수업에 얼마나 참여하고 있는지도 알 수 있습니다. 대부분의 아이들은 선생님이 관심을 가지고 지도하면 수업에 좀 더 적극적으로 참여하게 됩니다.
　아이들이 개별 활동을 하거나 모둠 활동을 할 때는 반드시 순회지도를 하며 한 명 한 명의 학습 결과나 태도를 관찰하고 그때그때 개별지도를 하며 칭찬과 격려도 아끼지 말아야 합니다. 선생님은 25명의 아이들을 가르치지만, 아이들은 단 한 분의 선생님에게서 배우기 때문입니다.

　교육과정-수업-평가-기록 일체화와 과정중심평가는 한 아이의 변화와 성장을 위한 개별화 교육 시스템입니다. 한 선생님이 25명의 아이를 가르치지만, 사실은 한 반에 모여 있는 한 아이 한 아이를 가르치는 것입니다. 그래서 40분 단위 수업에서 학습활동을 할 때 선생님의 관찰은 매우 중요합니다. 한 아이를 관찰하여 그 아이에게 맞는 개별 교육을 하는 것이 선생님의 역할이기 때문입니다.
　물론 개별화 교육은 우리나라 교육 현실에서는 매우 어렵습니다. 가르치는 일 외에 선생님에게 부여된 업무가 너무 많기 때문입니다. 그럼에도 불구하고 우리는 선생님으로서 한 아이의 변화와 성장에 필요한 교육을 해야 합니다. 세밀한 관찰을 통해 그 아이에게 필요한 피드백을 제공해 주어야 합니다. 학습활동을 제시하고 순회지도를 하면서 잘하고 있는지만 관찰하는 것은 바람직하지 않습니다. 옛날에는 '궤간 순시'라고 하였는데, 순시가 아니라 지도를 해야 합니다. 아이들 곁에 가서 학습 성취 정도를 파악하여 필요한 경우 적절한 정보를 제공해 주어야 하고, 잘하는 경우는 칭찬이라는 피드백으로 학습 자존감을 높여 주는 것이 좋습니다.

"생각이나 느낌을 자세히 잘 적었구나."

"생태 피라미드를 창의적으로 잘 꾸미고 완성도도 매우 높구나."

때로는 학습 결과물이 아니라 학습하는 태도를 관찰하고 칭찬과 격려를 아끼지 않아야 합니다.

"글씨를 바르게 잘 쓰는구나."

"활동에 열심히 참여하는 태도가 아주 좋구나."

"글씨를 바르게 쓰고 조금 더 내용을 보충하면 좋을 것 같아."

선생님은 잘 느끼지 못하지만, 평소 선생님의 관심에서 먼 아이의 경우 곁에 있는 선생님의 따뜻한 말 한마디와 표정이 그 아이에게 행복한 하루를 선물하게 됩니다. 그래서 선생님은 아이들을 세밀하게 관찰하여 적절하게 칭찬하는 기술이 뛰어나야 합니다.

제가 중학교에서 뜻밖의 칭찬을 들은 적이 있습니다. 그 당시 체육 선생님은 호랑이 선생님이었습니다. 잘못 걸리면 몽둥이로 엉덩이를 맞기도 하고 엄청 엄하게 혼내시는 분이셨습니다. 어느 날 육상 달리기를 연습하는 체육 시간이었습니다. 저를 포함한 6명의 아이들이 출발선에 서서 크라우칭 스타트 자세를 하였습니다. 선생님께서는 스타트할 때 힘차게 발을 디디고 달려가라고 강조하였습니다. 선생님의 호루라기 소리에 6명의 아이들이 일제히 출발하였는데 저는 바로 앞에 자빠졌습니다. 그 순간 선생님께 혼날까 봐 두려웠습니다. 하지만 선생님께서는 저를 일으키시면서 이렇게 말씀하셨습니다.

"모두 찬진이에게 박수를 쳐 주어라."

선생님의 말에 아이들은 어리둥절하였습니다. 어리둥절하기란 저도 마찬가지였습니다. 그리고 이렇게 말씀을 이어 가셨습니다.

"원래 스타트할 때 폭발적인 힘으로 순간 스피드를 내야 하는데 찬진이는 그렇게 출발하다 앞으로 넘어진 것이다. 이렇게 넘어질 정도로 힘차게 출발해야 한다. 알았나?"

반 친구들은 그제야 알았다는 듯이 박수를 쳐 주었습니다. 크게 야단 들을 줄만 알았는데 오히려 칭찬받으니 두 배로 기분이 좋았습니다. 그래서 선생님에게 잘 보이기 위해 더 열심히 하였습니다.

이와 비슷하게 체육수업 시간에 아이 한 명을 칭찬해 준 적이 있습니다. 학습 문제는 '바르게 뜀틀을 넘는 방법을 알고 다리 벌려 뜀틀을 넘어 봅시다'였습니다. 첫 번째 활동은 뜀틀을 바르게 넘는 방법을 알아보고 두 번째 활동에서 단계별로 열심히 연습하고 마지막 활동에는 도전해 보는 수업이었습니다. 마지막 활동에서 5단 뜀틀에 도전하고 싶은 아이들이 줄을 섭니다. 대부분의 아이들이 도전하기 위해 줄을 섰는데 그 아이들은 자신감이 넘쳤고 연습 때 5단을 뛰어넘은 아이들이었습니다. 그런데 맨 마지막에 반에서 가장 덩치가 큰 아이가 줄을 선 것을 보았습니다. 연습 때 거의 넘지 못한 아이였습니다.

'아~ 저 아이는 넘지 못할 것인데~ 친구들 앞에서 못 넘으면 괜찮을까?'

줄을 선 아이들이 거의 바르게 넘었고 마지막 그 아이만 남았습니다. 드디어 도움닫기를 하고 뜀틀에 손을 짚으며 넘었습니다. 하지만 걱정한 대로 뜀틀에 걸터앉았습니다. 그 아이는 조금 당황한 눈치였습니다. 하지만 저는 그 아이의 도전하려는 태도를 칭찬해 주었습니다.

"여러분, ○○는 비록 넘지는 못했지만 도전하려는 태도는 우리 반 누구보다 뛰어났습니다. ○○의 도전 정신은 최고였습니다. 모두들 ○○에게 응원의 박수 쳐 주세요."

"와~ 짝짝짝~~"

아이들은 일제히 환호성을 지르며 그 아이가 마치 금메달을 딴 것처럼 축하해 주었습니다. 그 아이는 칭찬과 박수가 의외라는 듯이 어색한 모습이었지만 얼굴은 미소가 가득했습니다. 모든 수업을 마치고 들어갈 때 발걸음도 가벼워 보였습니다. 어쩌면 그 아이에겐 저처럼 잊지 못할 칭찬으로 남을 수도 있지 않을까요?

　교육 전문 서적을 읽다 보면 어떤 교육 전문가, 상담 전문가는 칭찬에도 기술이 필요하다며 여러 가지 조건을 갖추고 지혜롭게 칭찬하라고 합니다. 결과보다는 과정을 칭찬하라고 합니다. 물론 맞는 말입니다. 한 가정에서 아이가 한두 명인 경우는 그렇게 할 수도 있지만 한 반에 20명~30명 정도의 학생이 있는 경우 하루에 한 번 이상 모든 아이를 칭찬하기란 정말 쉽지 않습니다. 제가 과학 전담 수업할 때는 하루에 2개 반 아이들이 오더라도 한 시간 동안 모든 아이를 한 번 이상 칭찬하려고 노력하였습니다. 칭찬의 기술보다 본 대로, 느낀 대로 그때그때 바로 칭찬하였으며 모둠 활동을 할 때는 돌아다니며 모둠 친구들 한 명 한 명 잘하는 점을 찾아 한마디라도 칭찬하려고 애를 썼습니다.

　1학년 보결 수업을 들어갔는데 국어 시간이었습니다. 모음자 중 'ㅢ'와 'ㅟ'를 읽고 쓰는 시간인데 'ㅢ'와 'ㅟ'가 들어가는 낱말을 알아보고 쓰는 순서를 익힌 후 국어책과 국어활동 책에 모음자를 쓰게 하고 계속 돌아다니며 한 아이마다 바르게 쓴다고, 잘 쓴다고 칭찬하였습니다. 아이들은 제가 옆에 가서 칭찬해 주면 신나서 더 열심히 쓰려고 하였습니다. 수업 마칠 때까지 계속 칭찬하며 돌아다녔습니다. 1학년이라 그런지 모르겠지만 아이들은 제가 근처에 가면 더 잘 쓰려고 애를 쓰는 것이 참 귀여웠습니다.

　칭찬을 싫어하는 아이는 없습니다. 칭찬은 기술이 아니라 선생님이 아이를 사랑하는 마음입니다. 그래서 조금이라도 잘하는 점을 찾으려고 할 때 진정한 칭찬이 되며 그것이 바로 기술입니다. 꾸미지도 않고 재지도 않고 조건을 따지지 않고 수업 시간에는 보이는 대로 한 아이 한 아이에게 최대한 칭찬을 자주 하는 것이 좋습니다.

　"글씨를 또박또박 잘 썼구나.", "오늘 발표를 잘했구나.", "느낀 점을 자세히 잘 적었구나.", "지난번보다 태도가 좋아졌구나.", "발표를 듣는 태도가 좋구나.", "아이디어가 좋구나.", "큰 소리로 발표를 잘했어."

　칭찬은 고래도 춤추게 한다는 말처럼 수업 시간에 하는 칭찬은 반 아이들의 마음을 움직이게 합니다. 아이들은 더 잘하려고 하고, 더 열심히 하려고 하며, 학습 동기를 높여 주어 수업에 더 집중하게 만듭니다. 이 정도의 효과라면 칭찬을 자주 해야 하지 않을까요? '뭐 이것 가지고 칭찬까지'라고 생각하지 말고 이것이라도 칭찬해 주려고 해 보시면 좋겠습니다. 분명 칭찬은 수업 시간에 아이를 춤추게 만듭니다.

가르치는 기술의 네 번째 원칙

기초학습 습관을
길러 준다

모든 아이들이 기초학습 습관을 잘 갖추어 공부하면 좋겠지만, 아직 기초학습 습관이 갖추지 않은 아이들이 있기 때문에 기초학습 습관을 길러 주는 것이 중요합니다. 말하기, 읽기, 쓰기, 독서하기 등의 기초학습 습관은 하루아침에 이루어지는 것이 아니며 지속적으로 훈련해야만 기를 수 있는 것입니다. 기초학습 습관을 잘 갖추면 학습 자존감이 높아져서 학습 활동에 적극적으로 참여하게 됩니다.

1분 말하기로
바르게 발표하는 습관 기르기

　수업 시간에 자기가 알고 있는 것이나 떠오르는 생각과 느낌 등을 자신의 말로 표현하는 것은 매우 중요합니다. 발표하고 싶어 하는 아이는 많지만, 완전한 문장으로 말하는 아이는 많지 않습니다. 그리고 몇몇 아이들은 수업 시간에 스스로 발표하려고 하지 않습니다. 발표를 잘 하지 않는 이유는 여러 가지겠지만 대체로 발표에 대한 자신감이 없거나 자기가 말한 것이 틀려서 창피를 당하면 어쩌나 하는 걱정 때문입니다.
　그래서 어떤 발표에 대해서도 누구든지 틀렸다고 웃거나 비난하지 않도록 반 분위기를 조성하는 것이 중요합니다. 대체로 발표에 대한 교사의 긍정적 반응이 중요하지만 반 아이들 들의 반응도 중요하기 때문에 선생님은 분명하게 지도해야 합니다.
　"친구의 생각은 소중합니다. 틀리고 맞고를 떠나 스스로 문제에 대해 생각하거나 느낀 것을 다른 사람에게 발표하는 것은 더 소중합니다. 그렇기 때문에 누구라도 친구의 발표를 듣고 비웃거나 비난해서는 안 됩니다. 답이 맞고 틀리고보다는 스스로 생각하고 말할 수 있다는 것이 중요하니까요. 만약 친구의 발표가 이상하거나 틀렸다고 생각하면 그 발표에 대한 자기 생각을 발표하면 됩니다."
　아이들은 어떻게 발표하는 것이 바른 것인지 잘 모릅니다. 선생님이 "오늘은 무슨 요일인가요?"라고 물으면 대부분 "수요일요." 정도 대답을 하는 경우가 많으며 "오늘은 수요일입니다." 이렇게 완전한 문장으로 대답하는 아이는 드뭅니다.

"오늘 아침에 무엇을 먹었나요?"

"밥과 반찬요."

아이들이 왜 이렇게 완전한 문장으로 말하지 못하는 것일까요? 아마 완전한 문장으로 말하는 것을 가정에서 학교에서 제대로 배울 기회가 없었기 때문이 아닐까요? 완전한 문장으로 말하는 것은 자기 생각이나 느낌을 정확하게 전달하는 느낌이 들지만, 그렇지 않으면 말하다가 만 듯한 느낌이 듭니다. 그래서 어릴 때부터 완전한 문장으로 말하는 훈련이 필요합니다.

그래서 저는 1분 말하기를 통해 바르게 발표하는 습관을 기르도록 하였습니다. 또박또박 자신의 생각을 잘 발표하고 발표에 자신감이 없거나 두려운 아이들도 자신감을 갖게 해 주기 위해서입니다. 1분 말하기는 어떤 주제에 대해 1분 동안 말하는 활동이 아니라 자기 생각이나 느낌을 1분 안에 자신 있게 말하는 훈련입니다. 그래서 1분을 넘지 않게 짧게 하더라도 분명하게 또박또박 말하는 것이 중요합니다.

1분 말하기에는 4가지 규칙이 있습니다.

첫째, 주어와 서술어가 있는 문장으로 말해야 합니다.

"오늘 무슨 요일인가요?"라고 하면,

"수요일요."

아이들은 대체로 이렇게 말합니다. 선생님이 질문을 하고 아이들이 대답할 경우 보통의 아이들은 문장으로 말하지 않습니다.

"오늘은 수요일입니다."

"오늘 날씨는 어떠한가요?"

"오늘 날씨는 맑습니다."

이렇게 주어와 서술어가 들어가는 문장을 말하는 것이 중요합니다.

초등학교는 기초와 기본을 가르치는 보통교육을 목표로 하고 있습니다. 그래서 초등학교에서부터 문장으로 말하는 법을 가르쳐야 합니다. 이런 훈련은 교과서에 나오지도 않습니다. 하지만 1분 말하기 훈련만 잘 시켜 놓으면 어느 교과 수업 시간이든지 아이들은 자신의 생각을 또박또박하게 말할 수 있게 됩니다.

둘째, 짧게 말하더라고 크고 또박또박하게 말해야 합니다. 앉아서는 시끄럽게 떠들다가도 발표하려고 일어서면 소리가 작아지기 때문에 반드시 큰 소리로 또박또박하게 말하라고 해야 합니다. 처음엔 부끄러워 개미만 한 소리로 말하다가도 몇 번만 고함을 지르고 나면 '이거 별거 아닌데?' 하고 생각하게 되어 그다음부터는 크게 말할 수 있게 됩니다.

발음이 또박또박하지 않는 아이들은 보통 입 모양을 많이 벌리지 않고 오물거리며 말하는 습관을 가지고 있습니다. 그래서 '아, 에, 이, 오, 우' 발음 연습을 여러분 한 후에 1분 말하기를 시작합니다. 입 모양을 일부러 크게 만들어 발음 연습을 하게 하면 발음이 조금 더 좋아집니다. 어떤 아이는 1분 말하기 하기 전이나 수업 시간에 발표하기 전에 연기자가 몰두할 때 집중하는 제스쳐를 하는 것처럼 '아, 에, 이, 오, 우'를 외치고 발표하기도 합니다. 나름 의도적으로 잘 발표하고 싶어서 하는 행동이라 보기가 좋았습니다.

셋째, 반드시 문장 끝은 '~다'로 끝나게 하며 맨 마지막 '~다'는 크고 분명하게 말해야 합니다. 처음에 1분 말하기가 익숙하지 않을 때는 끝을 분명하게 말하지 못하는 아이가 간혹 있기 마련인데 이런 경우 한 번 더 말할 기회를 줍니다. 발표 내용을 떠나 완전한 문장으로 또박또박 큰 소리로 발표하면 선생님은 폭풍 칭찬을 해 주어 정말 잘했다고 느끼게 해 주어야 합니다. 그래야 자신감이 생겨 그다음 발표에도 잘할 수 있습니다.

넷째, 문장을 2번~3번 정도 끊어서 발표해야 합니다. 긴 문장을 한 번도 쉬지 않고 빠르게 말하면 다른 아이들은 잘 알아듣지 못합니다. 그래서 긴 문장을 머리, 몸통, 꼬리처럼 3단계로 끊어서 말하는 것을 지도하고 연습하게 합니다. 끊어서 말하는 것은 절단의 의미가 아니라 악보에 있는 쉼표처럼 한 번 쉬어 주며 말하라는 뜻입니다.

1분 말하기는 한 명 말할 때 약 20~30초 정도면 되기 때문에 10분 정도만 하여도 20여 명의 아이들을 발표시킬 수 있습니다. 아침 자습 시간이나 국어 시간에 5~10분 정도 시간을 내서 1분 말하기를 할 수 있으며 일주일 동안 2~3번 정도 1분 말하기를 하면 몇몇 아이만 빼고는 어느 정도 발표력이 생기게 됩니다. 아침 자습 시간이 어려우면 국어 시간에 5분 정도 시간을 내면 됩니다.
  처음 1분 말하기를 한다고 하면 아이들이 낯설어하기 때문에 쉬운 주제를 던져 줍니다.
  '오늘 아침에 무엇을 먹고 왔나요?'
  이 주제는 간단하면서도 아이들이 아침을 먹고 오는지, 무엇을 먹고 오는지를 살펴볼 수도 있어 좋습니다.
  "저는 오늘 아침에 된장국과 김치를 먹었습니다."
  "저는 오늘 아침에 밥을 먹지 못했습니다."
  2주일 정도 이렇게 한 문장으로 발표를 한 후 어느 정도 발표력이 생기면 2단계로 레벨업 합니다.
  "여러분이 열심히 1분 말하기를 해서 이제 2단계로 레벨이 올라가게 되었습니다. 모두에게 박수~~"
  2단계에서는 똑같은 주제로 말하되 아침을 먹고 난 후 자신의 생각과 느낌을 2~3문장으로 말하게 합니다.
  "저는 오늘 아침에 계란말이를 먹었습니다. 저는 계란말이를 아주 좋아하기 때문에 참 맛있게 먹었습니다. 아침부터 계란말이를 해 주신 엄마가 고마웠습니다."
  "저는 오늘 아침에 밥을 먹지 못했습니다. 그 이유는 엄마가 일찍 회사에 나갔기 때문입니다. 그래서 지금 배가 고픕니다."
  "저는 오늘 아침에 김치찌개를 먹었습니다. 하지만 조금 짜서 맛이 없었습니다."

할 수만 있다면 1분 안에 자신의 생각과 느낌을 자유롭게 말할 수 있도록 허용하여도 됩니다.

4월부터는 일주일에 2~3회 정도만 해도 됩니다. 대신 주별로 다른 주제를 내어 주어서 다양하게 생각하고 발표하도록 하며, 다음과 같은 주제에 대해 말하게 하면 친구들의 생각과 경험을 엿볼 수 있어서 더 좋습니다.

- ➡ 내가 좋아하는 연예인, 스포츠 선수, 색깔, 음식, 과목, 운동, 위인, 노래 등
- ➡ 내가 가장 아끼는 것
- ➡ 오늘 아침 학교에 오면서 본 것, 생각한 것 등
- ➡ 가장 재미있게 본 영화, 책 등

단순한 주제에서 조금씩 수준을 높여서 1분 말하기를 하면 아이들의 발표력뿐만 아니라 사고력과 공감 능력, 관찰력 등도 달라지는 것을 볼 수 있습니다. 실제로 우리 반 아이들은 발표력이 좋아졌습니다. 학부모 공개수업 참관록에 쓴 학부모의 글이 생각납니다.

"평소에 1분 말하기를 연습한다고 아이에게 들었는데 실제로 발표하는 모습을 보니 자신감 있게 또박또박 말해서 흐뭇했습니다."

1분 말하기 훈련으로 발표력이 향상된다면 수업 시간에 자신의 생각이나 느낌을 자신감 있게 또박또박 말할 수 있고 학습 자존감도 높아져서 좀 더 적극적으로 활동에 참여하는 긍정적인 효과가 나타날 것입니다.

1분 읽기로
바르게 읽는 습관 기르기

　과학 수업할 때 칠판에 다음과 같은 문장을 적어 놓고 아이들에게 다 같이 읽어 보라고 하였습니다.
　"기체에서 / 열은 / 어떻게 / 이동하는지 / 알아 / 봅시다."
　모든 아이들이 문장 안에 있는 낱말 사이를 모두 끊어서 읽는 것이었습니다. 국어과 교육과정에 주어, 목적어, 서술어로 되어 있는 문장에 대해 공부할 때 문장을 이루고 있는 구조에 맞게 끊어 읽어 본 적은 있지만, 구체적으로 문장이나 글을 바르게 읽도록 지도하는 학습 내용은 없었던 것 같습니다. 왜 이렇게 읽을까요? 이렇게 읽는 것이 바르게 읽는 것일까요? 아마도 바르게 읽는 연습을 따로 해 본 적이 없어서 그런 것 같습니다. 말하기, 듣기, 쓰기도 중요하지만 읽기도 매우 중요합니다. 물론 자기 혼자 읽을 때도 문맥에 맞게, 문장의 구조에 맞게 읽는 것이 중요하지만, 자기가 작성한 글을 다른 친구들에게 읽어 줄 때나 모둠 활동에서 나온 결과를 발표할 때, 프로젝트 보고서를 발표할 때는 그 내용이 정확하게 전달되도록 바르게 읽을 수 있어야 합니다.
　저도 수업연구교사대회에 참가하여 연구 결과를 심사위원 앞에서 발표하기 위해 시나리오를 써서 빗금(/) 표시하며 어디를 어떻게 끊어 읽어야 할지 미리 준비하고 연습한 적이 있었습니다. 뉴스 진행자도 뉴스 내용을 정확하게 전달하기 위해서는 대본에 어디를 어떻게 끊어 읽어야 잘 전달될지 표시하며 연습합니다. 물론 연기자들도 대본에 있는 대사를 정확하게 잘 전달하기 위해 발음 연습도 많이 하지만. 빗금 표시하며 연습하기도 합니다.

학교에서 수업 시간에 조사한 내용을 발표할 때 정확하게 전달하는 읽기 능력은 매우 중요합니다. 그래서 저는 학기 초부터 국어 시간을 활용해서 1분 읽기 연습을 시킵니다. 1분 읽기란 1분 동안 읽는 것이 아니라 1분 동안 읽기 연습을 한다는 뜻입니다. 한 문장 또는 두 문장 정도 되는 분량을 연습하여서 한 사람씩 읽기 테스트를 하고 통과하면 칭찬 점수를 부여합니다. 보통은 국어 시간에 학습할 차시의 학습 문제로 연습합니다. 처음엔 간단하면서도 끊어 읽기 쉬운 문장을 제시하며 점점 긴 문장으로 연습합니다. 문장을 2번 정도 나누어 읽으면 좋습니다.

"이야기를 읽고 / 인물의 성격을 / 찾아봅시다."

아이들은 저마다 2번 끊어 읽는 연습을 하고 짝과 함께 연습해 보기도 합니다. 1번부터 읽기 테스트를 하여 끊어야 할 부분을 정확하게 끊어 또박또박 읽는 아이는 통과되지만 그렇지 않은 아이는 나중에 재도전해야 합니다. 끝까지 통과되지 않으면 쉬는 시간에 연습해서 다시 테스트받아야 합니다. 일단 3월 한 달은 무조건 바르게 읽을 수 있도록 연습, 또 연습시킵니다. 읽기는 조금만 연습해도 바로 수업 시간에 적용할 수 있는 기본적인 학습 습관입니다.

"작품에서 / 사건이 전개됨에 따라 / 인물이 겪는 변화를 이해하며 / 작품을 감상할 수 있다."

이 문장은 길기 때문에 아이들 나름대로 연습해서 문장을 끊어 보라고 하면 처음엔 어려워해도 문장의 내용에 따라 필요한 부분을 끊어서 연습하곤 합니다. 아이들은 생각보다 열심히 연습하며 잘 읽습니다. 이렇게 1분 읽기 연습을 하고 나면 국어 시간뿐만 아니라 사회 시간이나 프로젝트 학습에도 준비한 내용을 적어서 분명하게 잘 읽을 수 있습니다.

글씨를
바르게 쓰는 습관 기르기

　요즈음 초등학교는 옛날보다 글 쓰는 시간이 많이 줄어든 것 같습니다. 옛날 우리가 학교 다닐 때는 칠판에 빽빽하게 쓴 내용을 공책에다가 정신없이 베껴 쓰느라 엄청 힘들었던 기억이 납니다. 물론 그래서인지 옛날 어른들은 지금도 글 쓰는 것이 크게 부담스럽지는 않은 것 같습니다. 어떤 선생님은 명필처럼 글씨도 멋지게 잘 쓰는 경우도 보았습니다. 제가 아는 분 중에 다른 것은 참 잘하는데, 글씨를 너무 못 써서 다른 사람들 앞에 글씨 쓰는 것을 몹시 부담스러워하시는 분도 있었습니다. 말을 바르게 하고 글을 바르게 읽는 것은 듣는 사람을 위해서 중요하듯이 글을 바르게 쓰는 것은 보는 사람을 위한 배려입니다. 물론 글씨를 바르게 쓰면 스스로 마음이 반듯해지고 만족하기도 합니다.
　저는 해마다 담임을 맡으면 바르게 말하기, 바르게 읽기와 함께 바른 글씨 쓰기를 반드시 지도합니다. 남에게 보여지는 글씨는 반듯하고 읽기 편해야 하며 마음먹으면 언제든지 바르게 또박또박 쓸 수 있어야 하기 때문입니다.
　3월 초에 바른 글씨 쓰기를 하기 위해 아이들에게 10칸짜리 공책을 준비하게 합니다. 바른 글씨 쓰기는 시간이 조금 걸리기 때문에 일주일에 2~3번 정도 아침 자습 시간을 활용합니다. 국어책이나 자기가 읽고 있는 책 중에서 하나를 골라 하루에 10칸짜리 5줄 정도를 또박또박하게 쓰도록 합니다. 그냥 바르게 쓰라고 하면 잘 모르기 때문에 처음에는 교과서 글씨를 따라서 쓰라고 합니다. 교과서에 나오는 글씨체를 따라서 꺾어서 쓰라고 하면 처음에는 아이들이 많이 힘들어합니다. 그래도 연필에 힘을 주어 반듯하게 또박또박 천천히 쓰라고 합니다. 교과서 글씨가 바탕체로 되어 있어서 모음 부분을 약간 꺾어 쓰라고 하면 생각보다 예쁜 글씨가 되기 때문입니다. 바탕체를 따라 못 쓰는 아이도 있기 때문에 그 아이는 그냥 반듯하게 써 보라고 합니다. 대부분의 아이들은 천천히 쓰면 잘 따라 씁니다.

다 쓴 아이는 선생님께 검사를 맡깁니다. 선생님은 바르게 쓴 아이는 통과시켜 칭찬 점수를 주고, 바르게 쓰지 못한 아이는 다시 5줄 더 써 오라고 합니다. 그리고 그다음 날은 국어책을 보고 이어서 쓰라고 합니다. 필사하는 것처럼 계속 이어서 쓰게 합니다. 한 달 정도는 일주일에 2~3번씩 꾸준히 쓰도록 해야 조금씩 글씨를 바르게 쓸 수 있게 됩니다.

한 달 뒤에 바른 글씨 쓰기 대회를 열어서 10칸 10줄 A4용지를 주고 20분 동안 주어진 글을 바른 글씨로 쓰는 것입니다. 20분 동안 다 쓴 아이들 작품을 모아서 바른 글씨 쓰기를 잘한 친구에게 인증서를 수여합니다. 바른 글씨 쓰기 대회에서 인증서를 받은 아이는 그다음부터는 바른 글씨 쓰기를 연습하지 않아도 되기 때문에 아이들에게는 아주 중요한 대회입니다. 4월에 인증서를 받지 못하는 아이들을 위해 그 이후로는 매월 한 번씩 바른 글씨 쓰기 대회를 열어서 기회를 줍니다. 이때부터는 통과 여부도 있지만 가장 잘 쓴 아이 작품 3개를 골라 최우수 글씨상을 수여하고 칭찬 점수도 제공하여 꾸준히 바른 글씨를 쓰도록 합니다.

그리고 4월부터는 일기장에 쓰는 글씨도 바른 글씨로 써 오게 합니다. 물론 일기장에 바른 글씨를 쓰는 것이 쉽지 않지만, 어차피 실생활에서 바르게 쓰려면 집에서 일기 쓸 때 천천히 연습하도록 하였습니다. 그리고 일기장에 쓰는 글씨는 꼭 바탕체가 아니어도 자신의 글씨체를 또박또박 쓰기만 해도 된다고 말해 줍니다. 왜냐하면 우리 한글은 어느 나라 글자보다 예쁜 글자가 많고 캘리그라피와 같이 창의적이고 개성 있는 글꼴도 많기 때문에 자신만의 글씨체를 가진다는 것도 좋을 것 같다는 생각이 들었습니다.

아이들은 1분 말하기, 1분 읽기보다 바른 글씨 쓰기를 가장 힘들어하고 제일 싫어합니다. 하지만 글쓰기 작품이나 보고서, 모둠 활동 발표 결과물, 책 만들기 등을 할 때 마음먹으면 얼마든지 바르고 예쁜 글씨를 쓸 수 있어서 작품의 수준이 더 높아지는 것을 볼 수 있으며 아이들도 멋진 작품을 보면서 스스로 흐뭇해합니다. '나는 글씨를 바르게 잘 쓴다'라는 자부심도 가지고 잘할 수 있다는 자신감도 생기게 됩니다. 그리고 무엇보다 글씨를 바르게 쓸 줄 알게 되면 어른이 되어서도 남들 앞에서도 당당하게 글씨를 쓸 수 있게 될 것입니다.

주제 일기로
글 쓰는 힘 기르기

　제가 초등학교에 다닐 때부터 초등학교 교사로 아이들을 가르칠 때까지 변하지 않는 것이 하나 있는데, 그것은 바로 '일기 쓰기'입니다. 매일 하루에 있었던 일을 쓰는 것이 어찌나 힘들고 쓰기 싫었던지 그때만 해도 저에게는 최악의 숙제였습니다. 어떻게 보면 매일 해야 하는 것이기 때문에 매일 무엇을 써야 할지 고민하는 것이 제일 힘들었던 것 같습니다. 요즈음 아이들도 일기를 쓰기 싫은 것은 마찬가지입니다. 대부분의 아이들은 아침에 일어나서 저녁에 자기 전까지 있었던 일을 순서대로 쓰고는 마지막에 '참 재미있었다'로 마무리합니다.

　최근에 선생님이 아이들의 사생활을 엿보는 것이라 해서 일기 쓰는 것에 대한 반대 여론도 있었습니다. 그래서인지 아예 일기 숙제를 안 내 주는 선생님도 있습니다. 일기 숙제를 내 주더라도 일주일에 2번 정도 횟수를 줄이는 선생님들도 많은 것 같습니다. 하지만 일기를 매일 쓰든 일주일에 2번 쓰든 무엇을 써야 할지 고민하는 것은 매한가지입니다.

　저는 예전부터 하루 일과를 쓰는 일기가 아닌, 주제에 대한 자기 생각과 느낌을 써 오는 '주제 일기'를 내 주었습니다. 말이 주제 일기이지 사실은 주제 글쓰기 숙제였습니다. 우리나라 초등학교 국어과 교육과정에 보면 말하기, 듣기, 읽기, 쓰기로 되어 있지만, 미국처럼 작문이나 논술 공부를 집중적으로 가르치게 되어 있지는 않습니다. 그러다 보니 아무래도 아이들은 글을 쓰는 법을 제대로 익히지도 못한 채 교과서에 제시된 '~에 대해 쓰시오.'에 대한 답을 쓰기에 급급하기 마련입니다. 그리고 선생님들은 교육과정에 있는 내용을 지도하다 보니 글을 얼마나 조리 있게 썼는지에 대한 지도가 부족한 실정입니다.

주제 일기를 내 주면 아이들은 처음에 힘들어하지만, 나중에는 오히려 좋아합니다. 그 이유는 써야 할 주제를 알려 주니까 무엇을 써야 할지 고민하지 않아도 되기 때문입니다. 학부모님들도 좋아합니다. 아이들이 '엄마, 오늘은 뭘 써야 해?'라고 물어보지 않아서입니다.

처음엔 주제를 알려 주지만, 어느 정도 익숙해지면 자기 생활 주변에 일어나는 일이나 체험한 후 생각하고 느낀 점, 자신의 주장 등을 자유롭게 쓸 수 있는 자유 주제 일기를 쓰도록 합니다. 그러면 하루 동안 있었던 일을 순서대로 쓰는 것이 아니라 나름 주제를 정하여 쓰기 때문에 나열식 일기가 아니라 주제가 있는 의미 있는 일기가 됩니다. 그래서 주제 일기는 자신만의 비밀 일기가 아니라 자신의 생각을 표현하는 글쓰기입니다.

주제 일기는 매주 2번 정도 주제를 내어 주어 일기로 써 오게 합니다. 이때 주제에 대한 자신의 경험과 생각, 느낌 등을 쓰도록 하는데, 아이마다 글을 쓰는 능력이 조금씩 다르기 때문에 처음에는 자기가 쓸 수 있는 만큼 써 오라고 합니다. 대신에 자신의 생각과 느낌을 자세히 써 오라고 합니다. 2줄~3줄 정도 대강 써 오는 아이도 있고 정성껏 한 바닥 이상 써 오는 아이도 있습니다. 일단 주제 일기도 글쓰기이기 때문에 글을 쓰는 훈련을 하기 위해 2주일 정도 지나면 일기장 한 바닥 이상 써 오라고 합니다.

한번은 '4학년이 되어 달라진 점'이라는 주제로 일기를 써 오라고 하였습니다. 처음 내 주는 주제 일기였는데, 아이들이 써 온 일기를 보고 조금 당황했습니다. 일기장에 4줄 정도로 짧게 써 온 것이었습니다. 물론 내용도 간단하고 성의 있게 써 온 것 같지 않았습니다. 그때 제가 실수했다는 생각이 들었습니다. 3학년 때까지 주제 일기를 써 보지 않았을 건데 주제에 대해 일기를 써 오라고 하니 아이들이 어떻게 써야 하는지 잘 모를 것이라는 것을 미처 생각하지 못했던 것이었습니다. 그냥 생활 일기를 써 오라고 하면 더 잘 써올 것인데 갑자기 주제를 주고 거기에 대해 생각해서 써 오라고 하니 아이들도 당황했을 것 같았습니다.

그래서 국어 시간에 '나의 하루'라는 주제를 내 주고 일기 쓰는 방법을 자세히 알려 주었습니다.

"아침에 몇 시에 일어났나요? 일어날 때 기분이 어떠했나요?"

"아침 식사 때 무엇을 먹었나요? 먹을 때 기분이 어떠했나요?"

"하교 후에 무엇을 했나요? 그때 기분이 어떠했나요?"

"집에 와서 저녁 식사 후 무엇을 했나요? 그때 기분이 어떠했나요?"

이런 질문을 해 주고 하나씩 하나씩 하루 일과를 적어 보게 하였습니다. 주제 일기는 주제에 대한 자신의 생각과 느낌을 많이 표현하게 하는 글쓰기 활동입니다. 그런데 대부분의 아이들은 줄거리 쓰듯이 한 일만 나열하는 경우가 많아 생각과 느낌을 언제 어떻게 써야 하는지 가르쳐 주어야 합니다. 그리고 다음 주제 일기를 내 주었더니 아이들이 나름 자신의 생각을 잘 적어 왔습니다.

아이들이 주제 일기를 써 오면 선생님의 피드백을 달아 주는 것이 좋습니다. 선생님이 주제 일기를 읽어 보고 답글을 달아 주기도 하고 재미있고 참신한 표현에는 밑줄을 긋고 '멋진 표현인데~', '재미있는 표현이다'라고 첨삭해 주기도 합니다. 아이들이 어느 정도 주제 일기 쓰는 것에 익숙해지면 문장을 조금 더 재미있게 표현해 보라고 합니다. '100점을 받아 기분이 좋았다'를 '100점을 받으니 하늘을 날아갈 듯이 기분이 좋았다'로 표현하면 훨씬 더 느낌이 잘 살아난다고 설명해 줍니다. 그러면 아이들은 다양하고 창의적인 표현을 쓰려고 노력하여 문장 표현력이 향상되는 것을 볼 수 있습니다.

학기 초에는 주로 아이들의 생각을 엿볼 수 있는 주제를 정하여 제시합니다. 아이가 어떤 친구를 좋아하고 싫어하는지도 알 수 있고 아이가 부모님과 어떻게 지내고 있는지도 알 수 있습니다. 그리고 선생님이 자신에게 어떻게 해 주기를 바라는지도 알 수 있어서, 학기 초에 이런 주제 일기를 내 주면 아이들의 마음을 좀 더 자세히 엿볼 수 있어서 좋습니다.

어느 정도 주제 일기를 쓸 줄 알게 되면 체험 주제 일기를 써 오게 합니다. '이웃 어른에게 인사하기', '부모님께 존댓말 쓰기', '집안일 돕기' 등 체험 주제 일기는 어떻게 실천했는지, 다른 사람들의 반응(말과 행동, 표정), 실천하면서 느낀 점이나 알게 된 점 등을 쓰도록 합니다. 그리고 반드시 자신이나 다른 사람들이 한 말은 큰따옴표 안에 넣게 하고 표정이나 몸짓 등을 자세히 관찰하여 적어 오도록 합니다. 아이들의 일기를 보면 대화문은 거의 볼 수 없는데, 이것은 대화문 쓰는 법을 잘 모르기 때문입니다. 체험 주제 일기는 반드시 대화문으로 써 와야 해서, 주제 일기를 쓰다 보면 대화문도 자연스러워지게 됩니다.

주제 일기를 잘 써 온 아이에게 주는 보상은 아이들이 더 열심히 쓰고 싶은 동기를 부여하기도 합니다. 아이들이 써 온 주제 일기 중에서 잘 쓴 글을 다섯 편 정도 뽑아서 Best 주제 일기상을 줍니다. 그러면 칭찬 스티커를 받게 되고, 다섯 개를 받으면 숙제 면제권을 받을 수 있습니다. 이 숙제 면제권은 주제 일기를 내 주었을 때 일기를 쓰지 않아도 되기 때문에 아이들이 매우 좋아합니다. 이 보상을 시작하고부터 Best 주제 일기에 뽑히기 위해 마음을 먹고 열심히 써 오는 아이들이 많아졌습니다. 물론 이 아이들은 글쓰기 능력이 좋아졌으며, 자기의 생각과 느낌을 자세히 표현하려고 하였습니다. 한 마디로 글쓰기 힘이 길러진 거죠.

글을 쓰는 것은 쉽지만, 자신의 생각과 느낌, 있었던 일을 조리 있게 쓰는 것은 어렵습니다. 그리고 자신의 글에는 자신만의 생각과 느낌과 의도 등이 담겨 있어야 하며 나름 주제도 있어야 합니다. 글을 쓰는 습관은 저절로 익혀지는 것이 아니며 수없이 연습하고 또 연습해야만 다듬어지는 것입니다.

셰익스피어도 처음부터 《로미오와 줄리엣》, 《햄릿》, 《베니스의 상인》 같은 명작을 쓸 수 있었던 것은 아닙니다. 셰익스피어는 학교 교육을 통해 재능을 키워 나갔습니다. 셰익스피어는 스트레트포드 어펀 아본 문법학교에서 받은 교육을 통해 언어 및 고전 작가에 대한 기초를 철저히 다졌습니다. 그는 학교에서 배운 것을 그의 작품에서 다양한 방식으로 적용했고 학교에서 배운 언어 규칙에 대한 지식을 응용하기도 했습니다. 초기 작품들에서 사용된 패턴은 매우 분명했고, 리듬은 정확하고 규칙적이었습니다. 그의 끊임없는 훈련과 반복적인 학습이 유창한 언어로 바뀌었고 그것이 다양하고 훌륭한 작품으로 탄생한 것입니다.

국어과 교육과정에서 익힐 수 있는 글쓰기는 매우 제한적입니다. 그래서 주제 일기를 통하여 글을 쓰는 법을 익히고 다양하게 표현하면서 글 쓰는 능력을 다듬어 나가는 것이 필요합니다. 주제 일기를 열심히 쓴 아이는 처음엔 10줄 정도만 쓰다가 나중에는 20줄 이상도 거뜬히 자신의 생각을 채워 나갈 수 있습니다. 글쓰기 근육이 생긴 것이죠.

주제 일기 모음	
우리 선생님	20년 후 나의 자서전 써 보기
내가 만약 선생님이라면?	우리 아빠, 우리 엄마
내가 살아오면서 가장 기뻤던 일	내가 살아오면서 가장 힘들었거나 슬펐던 일
나에게 칭찬 편지 쓰기	요술램프가 있다면 3가지 소원 말하기
나는 이런 친구가 좋아요	나는 이런 친구는 싫어요
부모님 도와드리기	뉴스 보고 자기 생각 적어 오기
선생님에게 편지쓰기	내가 행복하다고 느낄 때
내가 잘하는 것	엄마, 아빠 어깨 주물러 드리기
엄마, 아빠 칭찬해 드리기	이웃 사람들에게 바르게 인사하기
독서 일기	학습 일기
지구의 날 소등 실천하기	부모님께 존댓말 쓰기

〈주제 일기 예시〉

지구를 지키는 지구의 날

오늘 학교에서 지구의 날에 대해 배웠다. 지구의 날은 1990년 4월 22일에 처음 시작되었다. 그리고 지구의 날을 만든 사람은 게이 러드넬슨과 데니스 헤이즈라는 사람이었다. 지구의 날은 환경보호의 중요성을 알리는 날이다. 선생님께서 오늘 오후 8시부터 10분 동안 소등하기 실천 숙제를 내 주셨다.
오후 8시가 되자 집에 있는 모든 전등을 껐다. 이 행사에 참여하였다고 생각하니 뿌듯하고 행복했다. 그런데 우리 아파트에서 소등을 한 집보다 안 한 집이 더 많은 것을 보내 마음이 약간 아팠다. 그래서 소등을 한 집이 있어서 기뻤다. 내가 소등을 한 이유는 우리 다음 세대, 다다음 세대도 살아갈 지구인데 우리가 지구를 망치면 다른 세대가 살아갈 수 없을 것 같기 때문이었다. 아무튼 오늘 지구의 날 소등하기 실천하고 나서 이런 생각이 들었다. 소등하면 탄소를 줄이고, 지구를 지키고 우리 모두를 지킬 수 있다는 것이다.

웃긴 선생님

우리 선생님은 똑똑하시고 본받을 점과 바른 생활도 잘 지키시는 선생님이시다. 선생님을 처음 만났을 때 선생님 몸에서 강력한 느낌이 났다. 선생님이랑 수업하는 게 이해도 잘되고 재미있다. 그리고 10조법, 오천조를 선생님께서 만들어 다른 반에 없는 게 있으니 자랑스럽다. 선생님께서 수업 시간에 '집중!', '공부 스위치 켜!' 이런 말을 해 주셔서 3학년 때보다 집중력이 좋아져 더 뿌듯하고 좋다.
처음에는 선생님이 조금 어색했는데 막상 한 달 정도 되니 몸이 스스로 적응이 된 거 같다. 과학 시간에 '공수차응'을 공부할 때 조금 독특했는데 '공수차응'이 공기 중의 수증기가 차가운 표면에 닿아 응결되는 현상이라는 것을 알았을 때 응결에 대해 좀 더 이해를 잘할 수 있게 되었다. 수학 시간에 박사 게임을 해 보았는데 친구와 만나서 문제를 풀 때 "이 답은 이거야. 왜냐하면 ~" 이렇게 하니 이게 왜 이 답인지 이해와 판단을 더 빨리 쉽게 할 수 있었다.
그리고 선생님은 화내실 때는 화내시고 또 파티할 때는 신나게 계속 표정과 마음이 달라지시는 선생님 같다. 우리가 이해 잘하게 말해 주시고 칭찬통장을 만들어 선생님이 만드신 게임, 퀴즈 이런 것을 더 적극적으로 참여할 수 있어서 많은 도움이 되었다.
지금까지 만난 선생님 중 1등으로 제일 좋고 행복하게 해 주신 선생님이었다. 만약에 5학년 때 선생님이 또 저랑 같은 반이 되었으면 한다. 그리고 남은 1년 동안 우리 반 아이들이랑 좋은 추억 많이 쌓아 가면 좋겠다.

4학년 1학기가 끝이 난다

나는 정말 열심히 4학년 1학기를 보냈기에 후회가 없다. 4학년에 올라와서 가장 좋았던 점은 지금 우리 선생님을 만난 것이다. 나는 우리 선생님을 만나서 많은 것이 바뀌었다. 바뀐 것들이 모두 좋은 변화인 것 같아 기분이 좋다. 일단 나의 안 좋은 습관들을 고치고 절제를 할 수 있게 되었다. 이것은 10조법 덕분이다. 때리지 않기, 경청하기, 놀리지 않기 등이 있었다. 처음에는 법이 너무 많아 싫었는데 이 법 덕분에 내가 올바른 습관을 가지게 되었다. 우리 선생님은 마법사도 아닌데 재밌고 우리가 올바르게 생활하도록 도움을 주시는 것 같다.
우리 선생님은 3만 점을 모으면 좋은 곳도 가 주시고, 공부를 더 해야 하는 친구도 도와주시고, 커서 우리의 어휘력을 기를 수 있게 해 주셔서 난 우리 선생님이 너무 좋다. 선생님 덕에 좋은 습관도! 어휘력도! 공부도! 더욱더 잘하게 되었다. 선생님 감사합니다. 1학기가 조금 더 있으면 좋겠다.

독서 근육을 키우는
독서 습관 기르기

　독서만큼 아이들에게 좋은 공부는 없습니다. 모든 선생님과 학부모님의 바람은 아이들이 스스로 책을 들고 집중해서 읽는 모습을 보는 것입니다. 하지만 현실은 그렇지 않습니다. 아이들은 왜 책을 잘 읽으려고 하지 않을까요? 유튜브, 게임, 웹툰, 애니메이션 등 책보다 훨씬 재미있는 것이 많기 때문입니다. 그리고 또 다른 이유 하나는 줄글을 읽을 수 있는 '독서 근육'이 없기 때문입니다.

　반 아이들에게 아침 자습 시간에 책을 골라 오라고 하면, 십중팔구는 학습 만화책을 들고 옵니다. 어떤 교육 전문가는 만화책도 책이기 때문에 책 읽기를 싫어하는 아이에게 만화책이라도 읽게 하면 좋다고 합니다. 그래서인지 학부모님들은 너도나도 과학 학습 만화책, 명작동화 만화책을 전집으로 사서 읽히기도 합니다.

　저도 어릴 때 줄글인 책보다 만화책을 더 좋아했습니다. 그 덕분에 지금도 줄글로 된 책을 잘 읽지 못합니다. 줄글로 200쪽이 넘어가는 책은 소설 책이라도 읽는 데 부담이 되어 잘 읽히지 않습니다. 만화책은 글자를 모르는 아이도 읽을 수 있습니다. 아니, 만화책은 '읽는다'는 말보다는 그냥 '본다'는 말이 맞을 것 같습니다. 그림과 말 주머니에 있는 글을 동시에 보니까요. 아이들은 뒷이야기가 궁금해서 글자보다는 만화를 보며 빨리 넘기려는 경향이 있어 정독을 잘 하지 않습니다. 그래서인지 만화를 많이 보는 아이는 줄글 책을 잘 읽으려 하지 않는 것 같습니다.

　만화책을 많이 보면 어떤 부작용이 오는지 너무나 잘 알고 있기에, 제가 맡은 1년만이라도 우리 반 아이들이 만화책보다는 줄글 책을 읽도록 지도하였습니다. 우리 반 아이들도 독서 시간에는 만화책을 읽으려고 하지 줄글 책을 잘 읽으려고 하지 않아서 처음부터 강하게 독서 교육을 시작하였습니다. 우리 반 아이들의 최종 목표는 50권 읽기입니다.

"앞으로 우리 반에서는 절대 만화로 된 책을 읽을 수 없습니다. 단, 50권 읽기를 달성하는 사람은 만화책을 읽을 수 있습니다."

줄글 책에 익숙하지 않은 아이들은 바로 100쪽, 200쪽 되는 책을 읽어 내기가 어렵습니다. 줄글에 대한 부담이 엄청나기 때문입니다. 아이들에게 독서는 책을 읽는 재미를 느끼기보다는 해결해야 할 숙제 같은 느낌이 듭니다. 그래서 아이들에게 무엇보다 줄글을 읽을 수 있는 독서 근육을 길러 주어야 합니다. 독서 교육을 통해 사고력, 상상력, 창의성, 논리력 등을 기르는 것은 독서 근육을 기르고 난 다음에 생각할 수 있는 문제입니다.

독서 근육을 기르는 독서 교육을 할 때 제일 먼저, 아이들의 독서 근육 정도를 측정합니다. 아이들마다 책을 읽을 수 있는 능력이 다르기 때문에 보통 학기 초에 학교 도서실에 데려가서 자기가 읽을 수 있을 만한 책을 1권 골라 오라고 합니다. 그러면 아이들은 한참을 고민하다 저마다 수준에 맞는 책을 골라 옵니다. 그리고 선생님이 골라 온 책을 보여 주며 독서 단계를 설명해 줍니다.

1단계의 책은 유치원 아이들이 읽기에 적합하며 글보다는 그림이 더 많은 책인데 거의 그림책입니다. 2단계의 책은 한쪽은 그림, 한쪽은 글로 된 책입니다. 주로 1학년 아이들이 읽기에 적합한 책입니다. 50쪽 내외로 되어 있어서 누구라도 글자만 읽을 수 있으면 부담 없이 읽을 수 있습니다. 3단계의 책은 100쪽 내외로 되어 있으며 그림보다는 글자가 더 많고 글자의 크기는 조금 작아지며 그림이 없는 쪽도 있습니다.《가방 들어주는 아이》정도의 책입니다. 이 단계의 책은 2~3학년 아이들이 읽기에 적합한 책입니다. 4단계의 책은 130쪽~200쪽 정도의 책인데 글자의 크기가 아주 작아지고 내용도 많아서 아이들이 부담을 느끼게 되는 책입니다. 주로 4~5학년 정도의 아이들이 읽기에 적합한 책입니다. 5단계의 책은 200쪽이 넘는 소설 종류의 책인데, 《해리포터》 시리즈 정도의 책이라고 보면 됩니다. 보통 5~6학년 정도 되어 어느 정도 독서 근육이 생긴 아이는 거뜬히 읽을 수 있습니다. 물론 재미도 있어서 한 번 잡으면 끝까지 읽게 되는 책들입니다.

독서 시간에 아이들이 고른 책을 보고 선생님이 현재 독서 근육 수준을 알려 줍니다. 1단계~5단계까지 수준을 알려 주고, 앞으로 아침 자습 시간 및 독서 시간에는 자기의 수준에 맞는 책을 골라서 읽으면 된다고 합니다. 물론 그 이상 수준의 책을 고르는 아이도 간혹 있는데 대부분 끝까지 읽어 내지 못하고 중간에 바꾸는 경우가 많습니다. 그래서 욕심을 부리지 않고 자신의 수준에 맞는 책을 고르는 것이 좋다고 알려 줍니다.

우리 학교는 아침 자습 시간에 독서 활동을 하기 때문에 아이들은 20분 동안 책 읽기를 합니다. 그런데 어떤 아이는 매일 읽는 책이 바뀌고 또 어떤 아이는 도서관에서 책을 빌려오지 않아 책을 꾸준히 읽지 못해, 학기 초에 위인전기 전집과 명작동화 전집을 사서 학급 문고에 비치해 두고 읽을 수 있는 환경을 만들어 주었습니다. 위인전기는 100쪽 내외의 3단계 책으로 아이들이 크게 부담 없이 읽을 수 있으며, 명작동화는 4단계 책으로 독서 근육을 기르기에는 도움이 되기 때문입니다.

그리고 아이들에게 독서기록장을 만들도록 합니다. 독서기록장은 알림장을 이용해서 만듭니다. 알림장은 한바닥에 2칸으로 되어 있고 날짜를 쓸 수 있으며 책을 읽은 소감을 7줄 이내로 쓸 수 있어 아이들이 부담 없이 적을 수 있습니다. 책을 다 읽을 때마다 소감문(책을 읽고 알게 된 점이나 느낀 점 등)을 독서기록장에 작성하여 선생님에게 확인받습니다. 우리 반은 책 1권 읽을 때마다 책 단계에 따라 100점~500점 칭찬 점수를 주어 보상을 합니다. 소감문을 쓸 때 줄거리만 쓰는 아이가 있는데 줄거리보다는 자신의 느낌과 생각을 많이 적도록 지도하는 것도 중요합니다.

칭찬 점수 말고도 50권 달성할 때 반 아이가 직접 고른 책을 선물하였는데, 50권 독서가 쉽지 않기에 독서를 잘했다는 생각이 들도록 칭찬해 주고 싶었습니다. 물론 선생님의 주머니는 줄어들지만, 이 정도의 투자로 아이들이 책을 많이 읽을 수만 있다면 참 괜찮은 투자라고 생각합니다.

책을 읽기 싫어하는 아이는 읽기 쉬운 책만 읽으려고 하기 때문에 그 수준의 책을 10권 정도 읽으면 다음 단계로 수준의 책을 읽도록 합니다. 그러면 그다음 단계의 책을 골라서 읽어야 합니다. 자신의 독서 단계가 올라갈수록 독서 수준이 높아지는 것을 알 수 있어서 아이들은 스스로 잘하고 있다고 생각하여 자부심도 느끼게 됩니다. 이 독서 레벨업은 아이의 독서 근육을 기르는 데 아주 좋은 자극이 되기도 합니다.

이렇게 독서 근육이 길러지면 독서에 대한 부담이 없어서 정해진 시간에 어떤 책도 골라서 읽을 수 있게 됩니다. 그리고 자신이 흥미 있어 하는 분야 책도 골라서 읽게 되고, 더 많은 책을 고를 수 있기 때문에 책을 읽을 수 있는 폭이 그만큼 넓어집니다. 물론 모든 아이가 스스로 책을 골라서 원하는 만큼 읽지는 않겠지만 그래도 원하는 책을 읽을 수 있다는 것이 첫 번째 목표이기에 독서 근육을 기르는 습관은 정말 중요하다고 생각합니다.

자기 주변 정리하는
습관 기르기

　우연히 책을 읽다가 공부를 잘할 수 있는 환경에 대한 내용을 본 적이 있었는데 그중 하나가 '책상 주변을 잘 정리하라'였습니다. 그래야 주변이 산만하지 않고 집중을 좀 더 잘할 수 있다고 하였습니다. 교실에서 수업할 때도 마찬가지라고 생각합니다. 교실에 있는 책상은 집에 있는 책상보다 훨씬 작습니다. 그래서 더욱 책상 위를 정리하여 공부에 집중할 수 있는 환경을 만들어 주어야 합니다.

　교실에서 수업에 집중할 수 있는 환경의 가장 기본은 책상 정리정돈입니다. 책상 위에 수업에 필요한 교과서와 학용품 외에 필통이나 우유 등이 있을 경우 굉장히 어지럽고 산만해 보입니다. 물론 학습하는 아이들에게도 학습 공간이 그만큼 비좁다는 뜻이기도 합니다. 그리고 어떤 아이들은 책상 위의 물건을 가지고 장난치며 놀기도 합니다. 그래서 학기 초에 반드시 자기 주변 정리정돈하는 방법을 지도해야 합니다.

　'그 정도는 아이들이 알아서 하겠지. 그냥 뭐 어때?' 선생님의 이런 생각은 다소 무책임하게 보일 수도 있습니다. 초등학교는 기초와 기본 교육이기 때문에 아이들이 스스로 정리정돈을 잘하도록 지도해야 합니다.

　정리정돈은 크게 책상 위, 책상 서랍, 사물함 등으로 나누어서 지도하는 것이 좋습니다. 먼저 책상 위에는 교과서와 연필, 지우개 정도만 있으면 됩니다. 수학익힘책, 실험관찰 등 보조 교과서는 책상 서랍에 두고 필요하면 꺼내도록 하면 됩니다. 대개 필통이나 우유 등을 올려놓는 경우가 있는데, 상당히 산만한 환경이므로 과감하게 책상 위에서 내려서 서랍 안이나 가방에 넣어 두도록 해야 합니다. 필통은 책상 서랍에, 우유는 다 먹고 반드시 우유 통에 놓아두도록 합니다. 책상 위는 학습 작업을 하는 공간입니다. 책상을 늘릴 수 없다면 공간 활용이 쉽도록 책상 위 정리정돈 습관을 익힐 수 있도록 지도해야 합니다.

저는 학기 초에는 정리정돈 게임을 하여 정리정돈 습관을 길러 주려고 하였습니다. 정리정돈을 지도할 때는 먼저 정리정돈을 왜 해야 하는지를 설명하고 실천해 보게 하는 것이 중요합니다. 정리하기 전과 정리하고 난 후 정돈된 사물함을 사진으로 찍어서 아이들에게 보여 주니 정리정돈의 필요성을 잘 이해하는 것 같았습니다. 그리고 그다음 날부터 매시간 책상 정리 게임을 합니다. 수업 시작하기 전 책상 위에 필통 등 불필요한 물건이 없는 아이에게 칭찬 점수 100점을 줍니다. 하루에 5교시 든 날은 한 아이가 최대 500점까지 획득하게 됩니다. 정리정돈이 습관화될 때까지 약 일주일 정도 정리 게임을 해 보니 대부분의 아이들은 정리를 잘하게 되었습니다. 물론 잔소리보다 더 좋은 방법이 있다면 그 방법으로 지도하여도 됩니다.

그다음 잘 안되는 것이 책상 서랍 안 정리정돈입니다. 가만히 두면 이것저것 아무렇게나 집어넣어 책상 안은 쓰레기통이 되기 마련입니다. 한번은 한 아이가 수학 시간에 수학책과 수학익힘책을 올려 두어서 수학익힘책을 책상 안에 넣으라고 했더니 넣지 못하고 쩔쩔매고 있는 것이었습니다. 자세히 살펴보니 책상 안이 엉망으로 되어 있어서 도저히 책을 넣을 공간이 없는 것이었습니다.

선생님마다 조금 다르겠지만 저는 책상 서랍 왼쪽에 교과서를, 오른쪽 공책 종류와 필통 등을 넣어 두도록 지도합니다. 대체로 등교하자마자 그날 시간표를 보면서 수업하는 순서대로 교과서와 공책을 정리정돈하는 것이 좋습니다. 이 또한 학기 초 일주일 정도 게임을 통해서 실천한 아이에게는 적절한 보상을 주고 그렇지 않은 아이는 쉬는 시간에 정리하도록 하여 습관화되도록 신경을 써야 합니다.

　마지막으로 사물함 정리정돈인데, 제일 잘 정리 안 되는 곳이 바로 사물함입니다. 그냥 쑤셔 넣는 아이들이 대부분이기 때문에 어쩌다 한 번 정리할 때 외에는 정말 쓰레기통처럼 됩니다. 사물함은 꺼내고 넣기 쉽도록 정리하여야 하는데, 보통은 교과서나 공책 종류는 세워서 교과서대로 공책대로 꽂아 놓습니다. 그 외 학용품은 나머지 공간에 비치하면 됩니다.

　책상 서랍과 사물함 정리정돈은 일주일마다 정기적으로 관리하고 지도하는 것이 중요합니다. 우리 반은 학습 부장이 사물함 정리정돈을, 생활부장이 사물함 정리정돈을 검사하고 관리하고 있습니다. 매주 금요일에 정리 상태를 확인하고 관리하는 역할을 주어서 점심시간에 점검하여 잘 안된 친구는 다시 정리하도록 하였습니다.

　어느 정도 정리정돈 습관이 길러졌다고 생각이 들 때 자기 방 주변 정리정돈하기 숙제를 내 주었습니다. 학교에서 정리정돈해 보아서 그런지 나름 정리를 잘하였습니다. 이 숙제를 가장 좋아하는 분은 바로 부모님이었습니다. 평소에 아이 방 상태를 누구보다 잘 알기 때문입니다.

　정리정돈은 머리로 하는 것이 아니라 손으로 직접 실천해야 하므로 학기 초부터 꾸준히 지도해야 합니다. 정리정돈도 교육이며 학습을 위한 기초 습관입니다.

가르치는 기술의 다섯 번째 원칙

바른 생활 습관을 길러 준다

사람됨 교육은 왜 사람답게 행동해야 하는지를 알려 주고 어떻게 사람답게 행동해야 하는지를 가르치는 것입니다. 사람답게 행동하기 위해서는 먼저 바르게 판단할 수 있는 힘을 길러 주어야 합니다. 그러기 위해서는 옳고 그름을 판단할 수 있도록 지도하고 판단력을 기른 다음에는 실천 의지를 기르도록 해야 합니다. 그리고 매일매일 실천하면서 이기는 습관을 길러 주어야 합니다. 이것을 가르치는 사람은 우리 선생님입니다.

사람답게 행동하기 위한 사람됨 교육

우리 학교 6학년 한 학생이 학교 안팎에서 우리 반 아이에게 욕을 하고 놀려서 점심시간에 불러 상담하였습니다. 먼저 우리 학교에서 제일 무서운 선생님이 누구냐고 물어보았습니다. 당연하다는 듯이 앞에 앉아 있는 저를 제일 무서운 선생님이라고 하였습니다. 왜 제일 무섭냐고 했더니 선생님은 보통 때는 같이 놀아 주고 잘 대해 주시지만 저희가 잘못했을 때는 엄하게 야단을 치기 때문이라고 하였습니다.

"너는 왜 ○○이를 놀렸니?"

"그냥, 아무 생각 없어요. 재미있어서요."

"그랬구나. 하지만 놀림당한 아이의 마음은 어떻겠니? 내가 재미있다고 다른 사람에게 피해를 주는 것은 바른 행동이 아니란다. 그건 부끄러운 일이란다."

저는 거기에 한 가지를 더 이야기해 주었습니다.

"네가 후배들을 놀리는 행동이 바로 부끄러운 행동이지. 네가 욕을 자주 하는 것을 보면 다른 동생들은 너를 어떻게 생각할까?"

"잘못한다고 생각할 거 같아요."

"동생들이 그렇게 생각한다면 너는 기분이 어떨 것 같니?"

"부끄러울 것 같아요."

"맞아. 부끄러운 행동이야. 부끄러운 걸 모르면 안 된단다."

이 학생이 6학년이 될 때까지 욕을 하거나 놀리는 것이 부끄러운 행동인 줄 몰랐다는 자체가 참 놀라웠습니다. 학교에서 인성교육을 그렇게 강조해 왔고 선생님은 매일 지도했을 텐데 왜 모르고 있었을까요? 학교의 인성교육이 '어떻게'에 치중한 나머지 '왜'에 대한 지도가 부족하다는 생각이 들었습니다.

인성교육은 '사람됨' 교육입니다. 사람됨 교육은 사람이 사람으로 태어나 사람답게 행동하는 것을 배우는 교육입니다. 사람은 개인적인 인격체로 태어나 사회적인 사람으로 성장합니다. 그래서 가정에서부터 사람답게 행동하는 법을 알려 주고 학교에서는 실천하며 다듬어 나가서 사회에 나가 함께 어울려 살아갈 수 있도록 의도적으로 가르쳐야 하는 것입니다.

사람됨 교육은 왜 사람답게 행동해야 하는지를 알려 주고 어떻게 사람답게 행동해야 하는지를 가르치는 것입니다. 사람답게 행동하기 위해서는 먼저 바르게 판단할 수 있는 힘을 길러 주어야 합니다. 그러기 위해서는 옳고 그름을 판단할 수 있도록 지도하고 판단력을 기른 다음에는 실천 의지를 기르도록 해야 합니다. 그리고 매일매일 실천하면서 이기는 습관을 길러 주어야 합니다. 이것을 가르치는 사람은 우리 선생님입니다.

사람됨 교육이 제대로 되려면 어떻게 해야 할까요? 사람됨 교육에 필요한 수많은 프로그램이 나와 있지만, 왜 사람답게 행동해야 하는지를 먼저 가르쳐야 합니다.

"다른 사람을 놀리지 말아라, 놀리면 일단 참아야 한다. 다른 사람을 때리지 말아라. 거짓말하지 마라."

이것은 행위에 대해서만 아이들을 지도하는 것입니다. 그런데 아이들은 왜 이렇게 하면 안 되는지 모를 수도 있습니다. 그래서 왜 놀리면 안 되는지, 왜 참아야 하는지, 왜 다른 사람을 때리면 안 되는지, 왜 거짓말을 하면 안 되는지에 대해 아이들이 고민해 보도록 해야 합니다.

저는 담임을 맡으면 제일 먼저 사람됨에 대해 가르칩니다.

"왜 사람답게 행동해야 하는가?"

아이들이 다 아는 것 같지만 아까 그 6학년처럼 사람됨의 기본을 모르는 경우가 많습니다. 먼저 사람이 동물과 다른 점을 아이들과 이야기합니다.

"사람과 동물의 다른 점은 무엇일까요?"

아이들은 저마다의 생각을 쏟아냅니다. 아주 쉬운 것부터 대단히 어려운 것도 발표합니다. 그리고 선생님이 아이들의 생각을 정리합니다.

"사람과 동물의 다른 점은 두 가지입니다. 첫 번째, 사람은 상황에 따라 생각하고 옳고 그름을 판단하여 행동한다는 점입니다. 동물은 지나가다가 자고 싶으면 그냥 누워 자고, 싸고 싶으면 똥이든 오줌이든 그냥 아무 데나 쌉니다. 그리고 배가 고프면 자기 것이든 남의 것이든 그냥 먹습니다. '저 고기는 내 것이 아니니까 먹으면 안 돼' 이렇게 생각하지 않습니다.

하지만 사람은 내 것과 남의 것을 구별할 줄 알고 내 것이 아니면 훔쳐 먹지 않을 수 있습니다. 그러기 위해서는 옳고 그름을 생각하고 그 고기를 먹었을 때의 결과를 예상할 수 있어야 합니다. 그리고 아무리 급해도 화장실을 찾아 볼일을 볼 수 있으며 아무리 잠이 와도 잠잘 곳을 찾아볼 수 있습니다. 사람이 사람답게 행동하려면 상황에 따라 옳고 그름을 판단할 수 있어야 합니다.

두 번째, 사람은 부끄러움을 안다는 것입니다. 동물은 벌거벗고 다녀도 부끄러워하지 않습니다. 그리고 어떤 짓을 해도 부끄러워하지 않습니다. 하지만 사람은 자기가 하는 잘못된 말과 행동이 부끄러운 줄 압니다. 그래서 부끄러운 행동을 하지 않으려고 노력해야 합니다. 사람은 잘못도 할 수 있고 실수도 할 수 있습니다. 그 행동이 부끄러운 것을 알기에 다른 사람에게 사과하고 용서를 구하며 다음엔 그런 실수를 하지 않아야겠다는 다짐도 합니다. 우리 주변에는 잘못을 저질러 놓고도 부끄러워하지 않고 잘못을 인정하지도 않는 사람이 있습니다.

우리가 텔레비전 뉴스를 볼 때 다른 집에 들어가 돈을 훔친 도둑이 경찰에 잡혀서 경찰서에 들어갈 때 고개를 숙이거나 모자를 뒤집어쓴 것을 본 적이 있을 겁니다. 왜 그럴까요? 부끄럽기 때문입니다. 그래서 사람은 부끄러운 행동을 하지 않으려고 노력해야 합니다."

이렇게 사람과 동물의 다른 점을 설명해 준 다음 칠판에 사람 인(人)자를 다섯 개 적고 아이들에게 무슨 뜻인지 물어봅니다.

'人 人 人 人 人'

아이들은 무슨 말인지 잘 몰라 연신 고개를 갸웃거립니다.

"사람이 사람으로 태어난다고 다 사람인가, 사람답게 행동해야 사람이라는 뜻입니다. 그래서 우리는 사람으로 태어나서 사람답게 행동하려고 노력해야 합니다. 학교에 와서 공부하는 이유도 사람답게 행동하는 법을 배우기 위해서입니다."

그리고 똑같은 한자를 4개만 남겨두고 다른 이야기를 하나 더 들려줍니다.

"사람 밑에 사람 없고, 사람 위에 사람 없다는 뜻입니다. 누구든지 사람은 평등합니다. 생김새가 다르다고, 잘하지 못한다고, 실수하였다고, 가진 것이 없다고 놀리는 것은 차별하는 것입니다. 어느 누구도 사람을 차별할 권리는 없습니다. 왜냐하면 사람은 누구나 소중하니까요. 그래서 사람은 있는 그대로 인정해 주고 서로 도와주는 존재입니다."

직접 이야기하는 것이랑은 체감적으로 다르지만, 선생님에 따라 이러한 차이점을 좀 더 재미있게 각색하여 아이들에게 들려준다면 아이들은 사람다운 행동이 얼마나 중요한지를 잘 알 수 있을 겁니다.

무엇이든지 이유를 알고 행동하면 쉽습니다. 왜 바르게 행동해야 하는지 그 이유를 분명하게 알도록 먼저 지도해야 합니다. 이것이 사람됨 교육의 시작입니다.

3초 마인드로
판단력 기르기

학교에는 질서를 잘 지키며 바르게 행동하는 아이들이 많지만 그렇지 않은 아이도 많습니다. 바르지 못한 행동을 하는 아이들을 잘 살펴보면 공통점이 있는데, 그다음에 일어날 일을 생각하지 않고 행동하는 것입니다. 일이 벌어지고 난 후에야 비로소 자기가 잘못했다는 것을 깨닫고 후회하기도 합니다. 그래서 이러한 행동 오류를 줄이기 위해 '3초 마인드로 판단력 기르기' 프로그램을 만들어서 적용해 보았습니다.

'3초 마인드'란 실제로 1초, 2초, 3초를 재는 시간 단위가 아니라 생각하고 판단하는 과정인 1단계, 2단계, 3단계를 의미합니다. 3초 마인드는 어떤 생각이 들거나 갈등 상황일 때 3단계로 나누어 앞으로 일어날 일을 예상하여 어떻게 행동할지 최종적으로 결정하는 판단력 훈련입니다.

- **1초**(1단계): 옳고 그름 판단하기
- **2초**(2단계): 결과 예상하기
- **3초**(3단계): 행동 결정하기

갈등 상황에 따른 3초 마인드 예시를 제시해 보겠습니다.

창민이는 오늘 일기 쓰기 숙제가 있었는데 학원 다녀오고 친구들과 늦게까지 노느라 일기를 쓰지 못하였습니다. 일기를 써야 하는데 시간이 너무 늦어 어떻게 해야 할지 고민이 되었습니다.

"아~ 일기 써야 하는데, 어떻게 하지?"

이럴 때는 보통 두 가지 마음이 생깁니다.

'늦었는데 일기가 쓰기 싫다.', '늦었지만 일기를 써야 해.'

이러한 갈등 상황에서 3초 마인드를 작동해야 합니다. 1초 단계에서 옳고 그름을 생각합니다.

'일기는 반드시 써야 하는 것이기 때문에 일기 쓰는 게 옳아.'

2초 단계에서는 결과를 예상합니다. 결과 예상은 일기를 썼을 때와 일기를 쓰지 않았을 때 두 가지 상황의 결과를 모두 예상해 봅니다.

일기를 썼을 때	일기를 쓰지 않았을 때
1. 일기를 쓰면 힘들다.	1. 일기를 안 쓰면 편하다.
2. 일기를 다 쓰면 개운할 것이다.	2. 내일 학교 갈 때 기분이 찝찝할 것이다.
3. 내일 기분 좋게 학교에 갈 수 있다.	3. 일기를 안 써 와서 부끄러울 것이다.
4. 부끄럽지 않고 당당하다.	4. 선생님께 혼날 수 있다.
5. 선생님께 칭찬받을 수 있다.	5. 남아서 일기를 써야 한다.

아이들은 대부분 결과를 예상하지 않고 일을 저지르는 경우가 많기 때문에 결과를 예상하는 단계는 아주 중요하며 이렇게 결과를 예상하고 행동하는 사람을 지혜로운 사람이라고 알려 줍니다. 그리고 이렇게 결과 예상을 할 수만 있다면 바르게 행동할 가능성이 아주 크다는 것도 알려 줍니다.

마지막 3초 단계에서는 2단계의 결과 예상을 바탕으로 어떻게 행동할지를 결정합니다.

'그래, 결심했어. 일기 쓰기는 힘들지만, 내일 기분 좋게 학교에 가고 친구들에게 부끄럽지 않기 위해 일기를 지금 쓸 거야.'

'내가 이렇게 행동하면 옳은 것일까? 나중에 어떻게 될까?' 이런 생각을 한 번만이라도 한다면 바른 행동을 실천할 수 있게 됩니다. 그래서 바르게 행동하기 위해서는 바르게 판단할 수 있는 습관을 길러 주어야 합니다.

이렇게 3초 마인드 방법을 알고 있어도 실천하지 못하면 소용이 없습니다.

그래서 3초 마인드를 실천할 수 있는 숙제를 내 주었습니다.

'3초 마인드로 자기 자신과의 싸움에서 이겨 보기'

양치질하기 싫을 때, 숙제하기 싫을 때, 학원 가기 싫을 때, 약속을 지키기 싫을 때, 무단 횡단하고 싶을 때, 거짓말하고 싶을 때 3초 마인드를 적용해서 자기 자신과의 싸움에서 이겨 보고 주제 일기를 써 오라고 합니다. 자기 자신과의 싸움에서 이긴 아이는 뿌듯함을 느끼고 자신감을 갖게 되어 실천력이 조금씩 생기게 됩니다. 이 숙제는 3초 마인드가 익숙해질 때까지 일주일에 한 번 정도 내 주면 좋습니다. 그리고 주제 일기를 잘 쓴 친구의 글을 읽어 주면 서로 공감하게 되어 바른 행동을 실천하고자 하는 분위기를 만들어 줍니다.

만약 어떤 상황에서 옳지 못한 행동을 한 아이가 있다면 언제든지 3초 마인드의 관점에서 다시 결과를 예상해 보고 바르게 판단하고 행동할 수 있도록 지도하면 됩니다. 실제로 제가 가르친 아이 중에 이 3초 마인드로 바르게 행동할 수 있게 되었다고 자랑하는 아이도 많이 있었습니다. 얼마 전에 고등학교 2학년인 제자가 오랜만에 안부 전화를 하면서 아직도 3초 마인드를 잘 쓰고 있다고 저에게 자랑하였습니다. '세 살 버릇 여든까지 간다'라는 말처럼 선생님이 바른 판단력을 길러 준다면 아이들이 인생을 살아가는 데 있어 분명 큰 도움이 될 것입니다.

바른생활실천기록장과 실천 다짐 카드로 바른 생활 습관 기르기

　사람의 뇌는 크게 3단계로 나누어져 있다고 합니다. 1단계 뇌는 동물의 본능처럼 행동하며 보통 7살 이전 단계입니다. 2단계 뇌는 감정적으로 행동하며 보통 13세 이전 단계입니다. 3단계 뇌는 대뇌피질이 활발하게 움직이므로 이성적 판단을 하게 된다고 합니다. 그래서 보통 1학년 신입생들은 학교에 들어오면 본능적으로 행동하면서 적응 기간을 거쳐 학교 질서에 서서히 적응하게 됩니다. 2학년부터는 감정적으로 행동하기 때문에 다른 친구의 행동에 잘 참지 못하고 감정적으로 대하여 다툼이 자주 일어나기도 합니다.
　아이들이 서로 짜증을 내거나 의견이 맞지 않을 때 감정적으로 행동하는 것이 어찌 보면 당연한 것 같습니다. 하지만 학교라는 울타리에서는 그 감정을 조절하는 방법을 지도해서 사회성을 길러 주어야 하기 때문에 바른 생활 습관을 기를 수 있는 프로그램이 필요합니다.
　"참으로 아는 것은 아는 것을 실천하는 것이다."
　이 말처럼 아무리 쉬운 것도 생각만 하고 실천하지 못한다면 아무 소용이 없습니다. 바르게 판단하고 바르게 행동하려면 아이들이 매일매일 실천하여 습관이 되도록 해야 합니다. 그래서 선생님은 매일 실천할 수 있는 프로그램을 적용하여 바른 습관을 길러 주어야 합니다. 아이들이 아무리 어리더라도 사회적 동물이기 때문에 선생님의 지속적인 지도가 있다면 규칙을 지켜야 한다는 것을 인지하면서 잘 실천할 수 있습니다.
　바른 생활 습관을 기르는 프로그램은 바른생활실천기록장과 실천 다짐 카드입니다. 바른생활실천기록장은 매일매일 바른 생활을 실천한 것을 기록하는 방법이고 실천 다짐 카드는 실천이 잘 안되는 습관을 집중적으로 고치고자 할 때 사용하는 특별프로그램입니다.

바른생활실천기록장으로 바른 생활 습관 기르기

바른생활실천기록장은 우리 반 아이들 모두가 학기 초에 만들어 사용하는 것입니다. 알림장을 아이들에게 1권씩 준비해 오라고 합니다. 알림장을 기록장으로 하는 이유는 한 바닥에 2칸으로 나누어져 있으며 날짜를 쓰는 칸도 있기 때문입니다. 1칸은 보통 7줄로 되어 있는데, 학급 규칙을 어기거나 바르지 못한 행동을 할 경우 7줄 이내로 스스로 성찰한 내용을 적도록 하여 부담을 줄일 수 있어서 좋습니다.

그리고 바른생활실천기록장 맨 앞에는 바른생활실천기록표를 붙이는데 바른생활실천기록표는 우리 반에서 꼭 지켜야 할 습관을 10가지 정해서 매일매일 실천하고 기록하는 표입니다. 9개는 우리 반 공통으로 지켜야 할 내용을 미리 써서 복사해 줍니다. 10번째 칸은 자기가 고치고 싶은 습관을 적도록 합니다. 과제 챙겨 오기, 복도 바르게 통행하기, 바른 말 고운 말 쓰기 등 중요하게 생각하는 바른 습관 9가지를 정하여 실천하도록 하였습니다. 마지막 10번째는 '핸드폰 게임 1시간 하기', '손톱 물어뜯지 않기', '책 30쪽 이상 읽기'처럼 아이들은 스스로 고치고 싶은 습관을 적어서 실천하려고 하며 그달에 잘 실천이 되면 다음 달에는 다른 습관을 적도록 합니다.

바른생활실천표는 매일 마지막 시간 알림장 쓰기 전에 표시하도록 하는데, 처음엔 다 같이 내용을 읽으면서 표시하고 실천한 사람 손을 들도록 하여 혹 잘못 표시하거나 거짓으로 하지 않도록 합니다. 약 1주일 정도 그렇게 하고 나면 아이들 스스로 표시하고 점수를 적어 선생님께 제출합니다.

선생님은 반드시 아이 한 명 한 명 실천 기록한 것을 보고 확인해 주어야 하며 이때 잘한 것과 잘못한 것 중 피드백해 주는 것이 중요합니다.

"○○는 어제 바른 말 고운 말을 잘 실천했구나."

"△△는 오늘 복도 바르게 다니기를 성공하도록 노력해 보자."

그리고 바른생활실천기록표 실천 항목 중 3번 연속 X나 △로 표시될 경우 바른생활실천기록장에 성찰 일기를 써서 실천 의지를 가지도록 지도해야 합니다. 매월 마지막 날에는 항목별로 합산해서 잘 실천한 것과 그렇지 못한 것을 확인한 후 바른생활실천기록장에 한 달 동안 실천하고 느낀 점을 쓰도록 합니다. 자신의 성찰 일기를 친구들에게 발표하며 서로 공유하고 공감하는 시간을 가지는 것도 실천 의지를 다지는 데 좋습니다.

그리고 학급에서 규칙을 어겼을 경우에도 바른생활실천기록장에 그때 있었던 일과 기분을 사실대로 쓰고 피해를 준 친구의 마음도 헤아려서 적어 보는 성찰 일기를 쓰도록 합니다. 사건이 발생했을 때 바로 규칙을 어긴 아이와 상담할 경우 아이도 선생님도 감정적으로 안정이 되지 않는 상태가 많기 때문에 상황을 종료시킨 후 바른생활실천기록장에 기록한 것을 보면서 상담하는 것이 효과적이기 때문입니다.

바른생활실천기록장으로 반 아이들의 80% 정도가 변화되는 것을 볼 수 있었으며 많은 아이들이 이 훈련으로 자신의 습관이 좋아졌다고 느꼈습니다. 물론 학부모의 반응도 좋은 편이었습니다.

"선생님, 3학년 때는 우리 반에 싸움이 안 일어난 적이 없었는데 지금은 너무 평화로워요."

"선생님, 우리 아이가 4학년 올라와서 많이 의젓해진 것 같아요. 학교 가는 것이 즐겁다고 합니다."

바른 생활 실천 기록표

( )월　　　　　　　　　　　　　( )학년 ( )반 ( )번 이름 ( )

번호	실천 내용	1	2	3	4	5	6	7	8	9	...
1	오늘 수업할 과목을 책상 안에 정리해 놓았나요?										
2	바른 말 고운 말을 썼나요?(욕을 하지 않았나요?)										
3	친구를 도와준 적이 있나요?										
4	친구를 칭찬해 준 적이 있나요?										
5	수업 시간에 스스로 발표했나요?										
6	역할 활동을 잘 실천했나요?										
7	자기 주변(책상 위 등)의 정리정돈을 잘했나요?										
8	학급 규칙을 잘 지켰나요?										
9	골마루나 계단을 바르게 다녔나요?(오천조)										
10											
	바른 생활 실천 점수										

"참으로 아는 것은 아는 것을 실천하는 것이다."

실천 다짐 카드로 실천 의지 기르기

　반 아이가 습관적으로 규칙을 어기거나 어기는 정도가 심할 경우에는 특별프로그램을 적용해야 합니다. 그것은 바로 '실천 다짐 카드'이며 개인에게 적용하는 맞춤형 실천 프로그램입니다.

　어떤 아이가 다른 친구에게 피해를 주는 경우가 많아 실천 의지 다짐 카드를 실행해 보았습니다. 먼저 그 아이의 행동에 대해 상담하여서 그 행동의 문제점과 그 행동을 고치지 않았을 때, 고쳤을 때 어떤 사람이 될지 등에 대해 이야기를 나누었습니다. 이때 잘못한 행동을 지적하고 야단치기보다는 왜 그렇게 했는지, 그렇게 했을 때 결과가 어떤지를 생각해 보게 하는 것이 중요합니다. 그리고 자신의 행동이 잘못된 것임을 깨달을 수 있도록 도와주었습니다. 그리고 고치고 싶은 행동에 대해 이야기하고 실천 계획을 적도록 하였습니다.

1. 다른 사람 놀리지 않기
2. 짜증 내지 않기

그리고 일주일 동안 매일 수업을 마치고 선생님과 실천한 내용에 대해 이야기를 나누었습니다. 상담이라기보다는 무엇을 실천했고 무엇은 실천하지 못했는지를 모니터링하는 정도로 부담 없이 진행하여야 거짓말하지 않고 실천하려고 합니다.

"오늘은 어땠니?"
"오늘은 다른 것은 잘 참았는데. 놀리는 것을 잘 참지 못했어요."
"그랬구나. 어떤 일이 있었니?"
"오늘 수업 시간에 옆에 있는 친구를 쓰레기통이라고 말했는데, 그 친구의 표정을 보니 기분이 좋지 않아 보였어요."
"아~ 그 말을 안 했으면 하고 생각하고 있구나."
"네, 그래요. 그런데 기분 좋은 일도 있었어요."
"오~ 뭔데?"
"제가 짜증 나는 일에 참고 그렇게 안 했으면 좋겠다고 말했는데, 그 친구도 좋은 말로 그렇게 하겠다고 하면서 서로 기분 좋게 해결했어요."
"오~ 정말 잘 참고 실천을 잘했구나."

야단을 치는 것보다는 시간이 더 걸리겠지만 왜 그렇게 행동해야 하는지 알고 그렇게 실천해 보면서 스스로 자신이 멋진 아이가 되어 가고 있으며 존중받고 있다는 것을 알게 될 때 잘못된 습관을 고칠 수 있는 실천 의지가 생기게 됩니다. 아이들은 성공이라는 성취감을 느낄 때 내적 동기가 강해지기 때문에 실천해 보도록 적극적으로 도와줄 수 있는 멘토 같은 선생님이 필요합니다.

"이 실천 다짐 카드는 병원에서 주는 처방전과 같은 거란다. 너의 행동은 약으로 고칠 수 없기 때문에 반드시 네 스스로 고치려고 노력해야 한단다."

한 아이의 잘못된 습관을 고친다는 것은 정말 쉽지 않습니다. 병원에서 처방한 약처럼 낫는다는 보장도 없습니다. 하지만 한 아이도 포기하지 않고 지속적으로 지도한다면 그 아이에게 바른 습관이라는 열매를 맺게 해 줄 수 있을 것입니다.

우리 반 한 아이가 매일 아침 책상 서랍 정리하는 것이 잘 안되어서 실천 다짐 카드를 일주일 실천해 보고 느낀 점을 이렇게 적었습니다.

"실천 다짐 카드를 쓰고 나서부터는 아침에 학교에 오면서 오늘 수업 시간에 쓸 교과서를 서랍에 정리하는 습관이 들어서 선생님께 혼나지도 않고, 잘 실천했을 때는 칭찬 점수도 받고 편리해졌다. 그리고 아침 자습 시간을 더 효과적으로 사용할 수 있었다. 원래는 책상 서랍이 너무 지저분하고 복잡해서 부끄러웠는데 이제 괜찮아지고 아주 좋아졌다."

실천 다짐 카드

( )학년 1반 ( )번 이름( )

실천 주제 (고치고 싶은 행동)							
이유							
실천 계획	실천할 행동 (잘함:○, 보통:△, 못함:X)	/	/	/	/	/	/
	1.						
	2.						
실천 후 느낀 점							

아이들도 바른 행동이 어떤 것인지 다 압니다. 아는 것은 쉽지만, 실천하는 것은 매우 어렵습니다. 그래서 좋은 습관을 만드는 것이 더더욱 어려운 일입니다. 하지만 티끌 모아 태산이라는 말처럼 바른 행동을 반복하여 실천하다 보면 좋은 습관이 됩니다.

바른생활실천표에 기록하면서 매일매일 자신의 바른 습관을 되돌아보며 스스로 성찰해 보는 바른생활실천기록장과 실천 다짐 카드로 실천력을 기를 수 있는 바른 습관 기르기 프로그램은 가장 기본적인 실천적 인성지도입니다.

웃어른께
바르게 인사하기

아침에 일찍 출근해서 교실에 앉아 있으면 우리 반 아이들이 한 명씩 들어옵니다. 보통 그냥 가볍게 인사하고 자기 자리에 앉는데 지난주 전통 예절 교육을 받고부터는 저에게 가까이 와서 공수(拱手 왼손을 오른손 위에 놓고 두 손을 맞잡아 공경의 뜻을 나타냄) 인사를 하고 가는 아이들이 많아졌습니다. 우리 반 아이들이 공수 인사하는 모습은 참 예뻤습니다. 전통 예절 교육을 통해 우리 아이들이 이렇게 달라지는 것을 보면 교육의 힘은 대단한 것 같습니다.

초등학교는 기초와 기본을 익히는 곳입니다. 학습의 기초를 배우고 익히며, 바른 생활 습관을 배우고 익히는 곳입니다. 바른 생활 습관은 곧 인성의 기본이 됩니다. 옛날부터 인성교육은 가정에서 이루어졌습니다. 할아버지, 할머니, 아버지, 어머니, 그리고 친척, 이웃 어른들에게 매일매일 바르게 행동하는 법을 배웠습니다. 그중에서 가장 많이 들었던 것이 바로 '인사하기'입니다. 저도 어릴 때 어머니로부터 만나는 사람마다 인사를 잘하라는 말을 귀에 못이 박히도록 들었습니다. 그때는 그냥 '그런가 보다.' 하고 무조건 인사를 하였습니다. 그러면 이웃 어른들도 인사를 잘한다고 가끔 칭찬해 주시기도 하였습니다.

요즈음 아이들은 엘리베이터나 아파트 등에서 어른을 만나면 인사를 잘 하지 않는데 제가 사는 아파트 같은 라인에 사는 아이 중 유독 엘리베이터에서 만나면 정말 인사를 잘하는 아이가 있었습니다. 제가 교사라서 그런지 모르지만, 어찌나 예뻐 보이고 좋아 보이는지 모릅니다. 물론 그 아이의 부모님도 항상 먼저 인사를 합니다. 아마 부모님에게서 배운 모양입니다. 그래서인지 그 아이가 더 친근감이 느껴지는 것 같습니다.

하지만 모든 사람이 다 인사를 잘하는 것은 아닙니다. 같은 아파트 라인에 사는 사람 중 절대로 먼저 인사를 하지 않는 어른도 있습니다. 심지어는 제가 먼저 인사를 해도 인사를 받아 주지도 않습니다. 물론 그 어른의 자녀도 엘리베이터에서 만나면 인사를 하지 않습니다.

점점 이웃끼리 인사하는 것이 사라져 가고 있는 삭막한 시대에 살면서 우리 반 아이들은 서로 반갑게 인사하는 습관을 기르도록 지도해 보았습니다. 인사의 중요성과 필요성을 아무리 강조해도 직접 해보지 않으면 잘 모릅니다. 그리고 습관이 되지 않으면 흐지부지 다시 인사를 안 하게 됩니다. 그래서 '바르게 인사하기'를 실천하기 위해 우리 반만의 원칙을 하나 정해서 실천해 보았습니다.

'선생님에게 공수 인사하기' 규칙입니다. 전통 예절 교육 시간에 배운 공수 인사법을 몸에 익히기 위해 아이들과 게임을 하기 위해서 규칙을 정하였습니다. 아침에 등교하여 교실에 들어오면 선생님에게 허리를 굽혀 공수 인사를 하면 성공한 것이며 선생님은 그 아이에게 칭찬 점수를 주는 것입니다. 별거 아닌 것 같지만 아이들은 적절한 보상을 주면 학습이 강화되기에 습관이 될 때까지 인사하기 게임을 계속하였습니다. 처음엔 어색하게 생각하던 아이들도 지금은 게임처럼 재미있게 실천하고 있습니다. 한 달 정도 매일 실천한 덕분에 우리 반 아이들은 정말 인사를 잘하게 되었습니다. 세상에 공짜는 없습니다. 특히 가장 필요한 좋은 습관을 기르기 위해서는 매일매일 실천하는 수밖에 없습니다.

그리고 두 번째 원칙은 '다른 선생님들에게 공수 인사하기'입니다. 등하교 시간, 쉬는 시간, 점심시간에 다른 선생님을 만나면 허리를 굽혀 공손하게 공수 인사를 하면 칭찬 점수를 받을 수 있습니다. 하지만, 한 번이 아니라 3번 이상 공수 인사를 성공해야 칭찬 점수를 받을 수 있기에 아이들은 여러 번 인사해야만 합니다. 이렇게 공수 인사를 실천하고 나니 아이들은 주변 선생님들로부터 '인사를 참 잘한다'라는 칭찬을 듣기도 하고 아이들은 덩달아 신이 나 인사를 더 잘하게 되었다고 합니다.

그리고 바르게 인사하기가 습관이 될 즈음에 '이웃 어른들에게 바르기 인사하기' 실천 숙제를 내 주었습니다. 학교에서 배운 것을 사회에서 적용해 보는 것은 매우 중요합니다. 학교에서는 잘하지만, 막상 이웃 어른들에게는 서먹해서 잘 못하는 경우도 있기 때문에 바르게 인사하기 실천 숙제를 내 주었습니다. 어떤 아이들은 원래 잘하기에 별 부담 없이 숙제하였지만, 어떤 아이들은 숙제이기에 용기를 내어 도전해 보기도 하였습니다. 아이들이 바르게 인사하면 대부분의 어른들은 인사를 잘한다고 칭찬해 줍니다. 아이들은 그 칭찬을 받고 더 인사를 잘해야겠다고 생각하게 됩니다. 이것은 인사하기 습관을 더 강화시켜주는 효과가 있습니다. 다음의 일기는 이웃 어른에게 인사하기를 실천하고 난 후 쓴 주제 일기입니다.

상대방에게 신뢰를 듣게 하는 공수 인사

오늘은 '이웃 어른들에게 바르게 인사하기'를 실천하기 위해 친구들과 같이 아파트를 돌아다니면서 이웃 어른들에게 공수 인사를 했다. 아파트에 사시는 이웃 어른들은 물론이고 편의점 사장님과 지나가시는 아주머니에게도 하고 친구 집에 들를 때 친구 부모님께도 공수 인사를 하였다. 어디를 갈 때든 항상 어른들에게 공수 인사를 했다.

예전에는 선생님께서 '인사 하나로 사람들에게 정말 많은 신뢰감을 준다'고 말씀하셨을 때는 겨우 인사로 사람들을 기분 좋게 하고 많은 사랑을 줄 수 있다는 게 신기해서 정말 이 말씀이 사실인지 확신이 가지 않았다. 하지만 계속 인사를 할 때마다 이웃들의 웃음소리와 이웃들도 전하는 '안녕하세요' 한 마디가 나와 친구들, 그리고 모두를 행복하게 하고 믿음이 갈 수 있게 할 수

> 있다는 생각이 들고 이 인사 한마디가 모두에게 정말 뿌듯함을 준다는 것을 깨달았다.
> 나는 평소에 인사를 별로 하지 않는 버릇이 있었다. 그렇지만 오늘은 친구들과 아파트 단지를 돌아다니면서 공수 인사를 계속하니까 웃기기도 했고 내가 마치 정말 착하고 바른 어린이가 된 기분이었다. 그래서 나는 이제 성실한 어린이가 되기 위해 어른들을 존중하고 넓은 마음으로 모두를 사랑하는 사람이 되어야겠다.

옛날부터 바르게 인사하기는 우리나라의 전통 예절이어서 가정에서 부모님들이 자녀에게 가르쳐 주는 중요한 덕목이었습니다. 하지만 오늘날 가정에서 부모가 가르쳐 주지 않으니 바르게 인사하는 아이가 점점 줄어들고 있습니다. 인사는 사람을 대할 때 인상을 좋게 해 주며, 친밀감을 높여 주고 사회성을 길러 주는 아주 중요한 예절입니다.

나라마다 인사법이 다르지만 우리나라는 서로 존중의 의미를 담아 허리를 숙여 인사를 합니다. 어릴 때부터 인사하는 법을 가르치고 바르게 인사할 수 있는 습관을 길러 주어야 합니다. 가정에서 하지 못하면 학교에서라도 가르쳐야 하지 않을까요? 가정에서의 예절 교육이 약해져 가는 오늘날 인사하기도 학교에서 지도해야 하는 현실이 안타깝지만, 우리 아이들이 바르게 인사할 줄 아는 어른으로 성장하기를 바라는 마음으로 선생님이 도와주어야 합니다.

부모님께
존댓말 쓰기

얼마 전에 아파트 엘리베이터를 타고 내려가는데 엄마와 초등학생으로 보이는 아이가 탔습니다. 그 아이는 저를 보고 웃으며 "안녕하세요~"라고 인사하였습니다. 속으로 '참 인사를 잘하네'라고 생각했습니다. 그 잠깐 동안 아이와 엄마가 서로 마주 보고 이야기하는데 아이가 엄마에게 존댓말로 이야기하는 것을 들었습니다. 아이가 참 이쁘게 말을 하여 듣기 좋았습니다.

또 TV 방송 프로그램 미스트롯에 나온 어린 트로트 가수와 아빠가 산을 오르면서 서로 대화를 하는데 어릴 때부터 아빠 훈장님에게서 예절을 배워서인지 처음부터 끝까지 존댓말을 하였습니다.

"아버지, 우리 산 정상까지 올라가나요?"

"물론이지, 산은 정상에 올라가야 성취감을 맛볼 수 있단다."

"그럼, 저와 가위바위보해서 이긴 사람 원하는 것을 하기로 정해요~"

결국 딸이 이겨서 산을 다시 내려가게 되었습니다. 말투도 이쁘지만, 아빠와 대화할 때 존댓말을 쓰니 더 좋아 보였습니다.

요즘 부모님들은 아이에게 존댓말 쓰기 지도를 잘 하지 않는 것 같습니다. 주변에 보면 부모님에게 반말을 쓰는 아이를 자주 보기 때문입니다. 물론 TV 예능 프로그램에 나오는 아이도 부모님에게 예사말을 쓰는 것을 많이 봅니다. 거의 십중팔구는 예사말로 대화하는 것 같았습니다. 물론 부모님의 교육 철학에 따라 아이가 부모에게 존댓말을 쓸 수도 있고 예사말로 쓸 수도 있습니다. 그리고 그에 따른 장단점도 있겠지요. 어떤 부모님은 아이가 존댓말을 쓰면 너무 어색하고 거리감이 느껴진다고 하며, 서로 친구처럼 예사말로 하는 것이 좋다고 합니다.

  우리 반 아이들에게 부모님께 존댓말을 쓰는지 물어본 적이 있습니다. 4명 정도의 아이만 존댓말을 쓴다고 하였습니다. 결국 나머지 아이들은 부모님께 반말을 쓴다는 것입니다. 존댓말을 그 사람을 존대하는 말입니다. 존경과 존중의 의미입니다. 우리나라는 어릴 때부터 어른들에게 존댓말을 쓰라고 가르쳐 왔습니다. 그리고 부모님을 제외한 어른들, 선생님이나 친척, 이웃 어른들에게 거의 존댓말을 사용합니다. 사실 부모님도 어른이며 아이에게 가장 소중한 존재입니다. 그리고 존중받고 존경받을 어른입니다. 그런 의미에서 저는 우리 반 아이들에게 '부모님에게 존댓말 쓰기'를 지도하였습니다. 어릴 때부터 사용하는 존댓말은 훗날 성장하면서 어른에 대한 존중과 공경심으로 자리를 잡을 수 있으며 특히 자녀가 어른이 되었을 때 부모님을 공경하게 된다고 합니다.

  요즈음 아이들은 존댓말을 바르게 사용할 줄 모릅니다. 부모님께 존댓말을 사용하지 않기에 이웃 어른이나 선생님에게도 존댓말을 어떻게 써야 하는지 잘 모르는 경우가 많습니다. 선생님에게는 '드렸어요'라고 해야 하는데 잘 모르니까 '주었어요' 하기도 하고 음식을 먹을 때도 선생님께는 '드세요'라고 해야 하는데 '먹으세요'라고 하기도 합니다. 사실은 부모님께 존댓말을 쓰면서 어른들에게도 존댓말을 바르게 쓸 수 있게 되는데 가정에서 제대로 배우지 못하니까 바르게 못 쓰는 것이 어떻게 보면 당연한지도 모르겠습니다.

  아이들에게 존댓말을 가르칠 때 처음엔 왜 부모님께 존댓말을 써야 하는지 설명해 주었습니다.

  "여러분, 존댓말은 다른 사람을 존중하고 존경하는 뜻으로 하는 말입니다. 이웃 어른들, 선생님에게 말할 때 존댓말을 사용합니다. 그런데 왜 부모님에게는 존댓말을 사용하지 않나요? 사실, 여러분을 낳고 지금까지 정성껏 길러 주신 분은 부모님이며 여러분들이 가장 존경해야 하는 어른입니다. 그래서 부모님에게 존댓말을 사용하며 존중하며 존경하는 태도를 보이는 것은 당연합니다."

그리고 존댓말을 어떻게 써야 하는지도 설명해 주었습니다.

"보통 부모님을 부를 때 아버지, 어머니 하기도 하지만 여러분은 아직 어리기 때문에 엄마, 아빠라고 불러도 됩니다. 그리고 말할 때 맨 마지막에는 존대의 의미를 담은 말로 마무리하면 됩니다. 대부분 '~다, ~요'로 끝나는 말을 해 주면 존댓말을 사용하는 것입니다. '엄마 밥 줘~'가 아니라 '엄마, 밥 주세요.' 이렇게 말입니다. 존댓말은 결코 어려운 것이 아닙니다. 부모님을 정말 좋아하고 존경한다면 오늘부터 존댓말을 써 보세요. 처음엔 어색하지만, 나중에는 자연스럽게 존댓말을 쓸 수 있을 것입니다."

그다음 일주일 동안 존댓말 쓰기 숙제를 내 주고 실천 일기를 써 오라고 하였습니다. 대부분의 아이들은 어색해서 반은 존댓말을 쓰다가 반은 예사말을 하곤 했습니다. 요즘 젊은 학부모님들은 아이들이 존댓말을 쓰면 어색하고 거리감이 느껴져서 싫어하시는 분도 있습니다. 그래서 아이들이 숙제할 때 어떤 부모님은 존댓말을 쓰니까 아이가 의젓해 보이고 예의 바른 행동이 좋아 보인다고 하시지만 어떤 부모님은 존댓말을 쓰지 말라고 하시기도 합니다. 그래도 부모님은 이 세상에서 가장 존중받아야 할 분이기에 아이들에게 이렇게 말했습니다.

"부모님은 여러분들을 길러 주신 소중한 분이기에 가장 존중해야 합니다. 부모님이 존댓말 쓰는 것을 부담스러워하시고 어색해하신다면 평소에 대화할 때는 예사말을 하지만, 부탁할 때는 존댓말을 쓰도록 하면 좋겠어요."

한 달 정도 존댓말 쓰기 경험을 해 보게 하고 어느 정도 익숙해지면 바른 생활실천기록표에 부모님께 존댓말 쓰기 실천한 내용을 표시하면서 존댓말 쓰기 습관을 형성하도록 합니다. 아이들은 습관이 되어 있지 않아서 존댓말을 잘 못 씁니다. 하지만 이렇게 3개월 정도 실천하면 반 아이들 중 거의 80% 이상 존댓말을 사용하게 됩니다. 그중 일부는 존댓말 쓰는 것이 더 이상 어색하지 않다고 합니다. 존댓말 쓰기가 습관이 된 것입니다.

  존댓말은 우리나라의 언어 유산이자 우리 민족의 귀중한 문화유산입니다. 예로부터 우리나라는 동방예의지국이라 하여 부모님에 대한 효도를 중요하게 생각하는 훌륭한 전통이 있습니다. 지금은 공경과 효도에 대한 전통이 조금씩 사라져 가기 때문에 어릴 때부터 부모님을 공경하는 태도를 가지도록 부모님께 존댓말 쓰기를 지도하면 좋을 것 같습니다.

바른 말 고운 말 쓰기

한번은 교무실에서 이웃 주민의 민원 전화를 받은 적이 있었습니다. 버스 정류소에 우리 학교에 다니는 아이들이 휴대폰을 보며 대화하는데 처음부터 끝까지 욕을 사용하더랍니다. 학교에서 바른말 사용 지도를 왜 안 하느냐고 따지시는데 할 말이 없었습니다. 선생님들이 지도하지 않아서 그럴까요? 바른 말을 사용하라고 지도하지만 이미 아이들은 욕이 일상이 되어서 아무 생각 없이 사용하는 것 같습니다. 이미 욕이 물들어 버린 아이들이 점점 많아지고 있습니다. 바른 말 고운 말은 가정에서부터 가르쳐야 하는데 걱정입니다.

김윤나 작가가 쓴 말그릇이란 책에 보면 "당신의 말은 당신을 닮았다."라는 말이 나옵니다. 자기의 입으로 내뱉은 말은 어디에서 나올까요? 자신의 마음과 생각에서 나옵니다. 의도적으로 한 말이든 의도적이지 않든 평소 자신의 마음속에 담겨 있는 생각들이 입을 통해서 전해지는 것입니다.

학급에서 일어나는 크고 작은 사건 사고는 대부분 말 때문에 일어납니다. 하루에도 수많은 아이들이 선생님에게 신고 또는 고자질하러 옵니다. 대부분은 누가 누가 놀렸다거나 기분 나쁜 말을 하였다는 것입니다. 그래서 바른 말 고운 말을 학기 초에 지도하면 이런 현상이 매우 줄어드는 것을 볼 수 있습니다. 아이가 학교에 와서 행복하게 지내려면 다른 친구에게 기분 나쁜 말을 듣지 않아야 합니다. 우리 반 헌법 2조에 보면 '바른 말 고운 말을 쓰기'가 있습니다. 학기 초에 아이들이 헌법 제정할 때 정한 것인데 헌법에 들어갈 정도면 아이들도 바른 말 고운 말을 쓰는 것이 얼마나 중요한지를 알고 있다는 것 같습니다. 그리고 나쁜 말을 들을 때 기분이 나쁘고 다툼이 일어난다는 것을 알고 있다는 것입니다.

저는 학기 초에 우리 반 아이들에게 말의 중요성을 강조합니다. 말은 사람을 살릴 수도 있지만, 말은 사람에게 상처를 주고 힘들게 할 수도 있는 아주 중요한 것이라며 이솝의 이야기를 들려주었습니다.

어느 날 주인이 이솝에게 "귀한 손님이 올 것이니 시장에 가서 가장 귀한 음식 재료를 사 오너라."라고 하였습니다. 이솝은 시장에서 사 온 것을 주인에게 보여 주었습니다. 그것은 바로 소의 혀였습니다. 주인이 놀라서 이솝에게 물었습니다. "왜 소의 혀를 사 왔느냐?" 그러자 이솝이 말했습니다. "혀끝에서 나오는 말은 사람들을 살릴 수도 있기에 가장 귀한 요리 재료라고 생각합니다."

다음날 주인이 이솝에게 "천한 손님이 올 것이니 하찮은 요리 재료를 사 오너라."라고 하였습니다. 그러자 이솝은 또 소의 혀를 사 왔습니다. 주인이 또 물었습니다. "이 세상에서 가장 귀한 것이라고 하더니, 왜 또 소의 혀를 사 왔느냐?" 그러자 이솝이 침착하게 대답하였습니다. "혀의 끝에서 나오는 말로 사람을 상처 주기도 하고 죽일 수도 있기 때문입니다."

이 이야기를 듣고 아이들은 무엇을 느꼈을까요? 우리 아이들이 평소 하는 말 중에는 친구의 기분을 좋게 하고 위로하고 격려하는 귀한 말도 있지만, 친구의 마음에 상처를 주고, 수치심을 주며, 죽을 만큼 힘들게 하는 말들도 있습니다. 사람의 혀끝에서 나오는 말이 그만큼 중요하다는 것입니다.

중요한 것은 말은 혀끝에서 나오지만, 혀끝까지 전달되는 말의 내용은 바로 자신의 마음과 생각에서 나온다는 것입니다. 마음속에 더러운 것이 가득하면 더러운 말들이 입 밖으로 나올 것이고, 마음속에 바르고 고운 것이 가득하면 바른 말 고운 말이 나옵니다. 말이라는 것은 바로 자기 자신의 마음에 무엇이 가득 들어 있는지를 알려 주는 신호이기 때문에 나쁜 말을 한다는 것은 나는 정말 나쁜 생각을 많이 하고 더러운 마음을 가지고 있다고 다른 사람에게 광고하는 것입니다.

말은 자신의 수준과 품격의 정도를 알 수 있게 해 주는 것이며 말을 잘못하면 스스로 수준이 낮은 부끄러운 행동을 한다는 것을 알게 해 주어야 합니다. 사람은 누구나 자신이 나쁜 사람이고 부끄러운 사람이라는 것을 광고하고 싶지 않습니다. 하지만 말을 통해 자신의 품격이 드러난다는 것을 분명하게 설명해 주어야 합니다.

아이들에게 바른 말 고운 말을 사용해야 한다고 백 번 강조해도 실천하지 않으면 아무 소용이 없습니다. 체육 전담 교사를 할 때 5학년 어떤 반은 아이들끼리 존댓말을 사용하는 것을 보았습니다. 아이들에게 물어보니 선생님께서 존댓말 쓰기 원칙을 정해서 그렇게 한다고 하였습니다. 그래서인지 아이들은 서로 감정이 상해 다툴 때도 존댓말을 사용하니 다툼이 더 크게 번지지는 않는 것 같았습니다. 다른 반에 비해 다툼이 적고 잘 지내는 것 같았습니다. 서로 존댓말을 하다 보니 바른 말 고운 말을 사용하게 되는 것 같았습니다. 이런 방법도 괜찮다는 생각이 들었습니다.

하지만 이 아이들이 내년에 6학년이 되면 친구에게 존댓말을 쓸까요? 그러면 다시 원래대로 돌아갈 가능성이 큽니다. 그래서 아이들이 바른 말 고운 말을 쓰도록 습관을 만들어 주는 것이 중요합니다. 쉽진 않지만 그대로 1년 동안 노력한다면 아이들 중 50% 이상은 바른말 습관이 길러지지 않을까요? 중요한 것은 아이들은 주변 환경에 너무 잘 휩쓸리기에 주변 아이들이 욕이나 나쁜 말을 사용하면 바른말 습관이 금방 무너진다는 것입니다. 그래서 학교의 모든 담임 선생님들이 다 같이 지도하면 더 효과적일 거라 생각합니다.

어떤 아이들은 어떤 말이 바르지 못한 말인지를 잘 모르는 경우도 있습니다. 그래서 구체적으로 바른 말 고운 말이 무엇인지 그렇지 않은 말은 무엇인지를 분명하게 구별해 주는 활동이 필요합니다. 일단 말의 중요성을 설명해 주고 듣기 좋은 말과 듣기 싫은 말을 써 보게 합니다. 색깔이 다른 포스트잇을 주고 파란색 포스트잇에는 듣기 좋은 말을, 빨간색 포스트잇에는 듣기 싫은 말을 쓰게 합니다. 1개부터 생각나는 대로 써 보게 합니다. 그리고 칠판에 파란색은 왼쪽에 빨간색은 오른쪽에 붙이게 합니다. 대신 비슷한 말은 아래로 붙여 유목화해 봅니다.

우리 반 아이들이 조사한 듣기 좋은 말은 다음과 같습니다.

'잘했어. 넌 할 수 있어. 고마워. 사랑해. 축하해. 넌 참 예쁜 아이야. 대단해. 넌 잘해. 넌 정말 좋은 친구야. 넌 정말 착해. 대박. 미안 괜찮아? 포기하지 마.'

그리고 우리 반 아이들이 조사한 듣기 싫은 말은 다음과 같습니다.

'꺼져. 너 존X 못생겼어. 미X 놈. 몸 비율이 왜 이래? 너 바보야? 야이 X발 놈아. 뒤X려고. 개XX야. 지X하지마. 닥X. 씨X새X. 병신XX. 싸가지 없는 XX….'

아이들에게 듣기 좋은 말과 듣기 싫은 말을 한 번 더 알려 주고 앞으로 듣기 싫은 말을 할 경우에는 성찰 일기를 쓰고 그 친구에게 사과 편지 쓰는 것을 학급 규칙으로 정하였습니다. 그리고 듣기 좋은 말과 듣기 싫은 말을 크게 출력해서 교실에 잘 보이는 곳에 붙여 상시 기억할 수 있도록 하였습니다.

그리고 우리 반은 '고미안나' 운동을 하고 있습니다. 학급에서 일어나는 대부분의 다툼은 말 때문에 생기는데 그것의 일부는 잘못했을 때 '미안해'라는 사과의 말을 하지 않아서 싸우는 경우가 많습니다. '고미안나'는 도움을 받았을 때 '고마워', 실수하거나 잘못했을 때는 '미안해' 서로 만나면 '안녕', 그리고 내가 서운하거나 속상할 때 '나는~ 마음이 좋지 않아'라고 나 메시지를 전달하는 실천 방법입니다. 사실 나 전달법은 아이들이 잘 몰라서 사용하지 못하는 경우가 많습니다. 그래서 일부러 자신의 기분이나 감정을 정확하게 전달하는 습관을 기를 수 있도록 지도하였습니다.

나 전달법은 처음엔 상대방의 행동과 그때 나의 기분이나 마음을 이야기하고 그다음엔 그 아이에게 바라는 것을 말하는 것입니다.

"네가 나를 놀릴 때 내 마음이 속상했어. 그래서 다음부터는 놀리지 않았으면 좋겠어(나에게 사과를 하면 좋겠어)."

말은 습관입니다. 바른 말 고운 말을 많이 쓰면 바른 말 고운 말이 습관이 되고, 나쁜 말을 많이 쓰면 나쁜 말을 사용하는 것이 습관이 될 것입니다. 말은 그 사람의 그릇이라고 합니다. 인격이며 품격입니다. 이것이 어릴 때부터 바른 말 고운 말을 지도해야 하는 이유입니다.

젓가락 바르게 사용하기

20년 전에 담임할 때 반 아이들 중 4명 정도 빼고는 대부분은 젓가락질을 잘하였습니다. 하지만 올해 3월에 우리 반 아이들이 급식하는 모습을 보니까 5명 정도 빼고는 모두 젓가락을 잘 사용하지 못하는 것이었습니다. 대부분 젓가락으로 X자 형태로 음식을 집어 들곤 하였으며, 그래도 나름 급식하는 데는 크게 무리가 없어 보였습니다. 하지만 몇몇 아이들은 기본적인 젓가락질도 하지 못해서 숟가락으로 그냥 먹는 경우도 있었습니다.

젓가락을 이용하면 손기술이 발달하는 것은 물론이고 젓가락질이 치매 예방에도 좋다고 합니다. 손은 인체 부위 중 가장 많은 27개의 뼈가 몰려 있어 젓가락으로 식사를 하면 뼈는 물론이고 연결된 64개의 근육과 관절이 함께 움직이기 때문입니다. 반면 포크는 그 절반만 사용하기에 한 연구에서는 뇌파를 재 보니 포크보다 젓가락을 쓸 때 뇌가 20% 이상 활성화되었다고 합니다.

젓가락의 장점이 많지만 강제로 쓰게 하는 것은 바람직하지 않다고 합니다. 우리 조상들도 의외로 젓가락 사용에 엄격하지 않았던 것 같습니다. 조선 후기 실학자 이덕무는 그의 저서 《사소절》에서 '숟가락과 젓가락을 한 손에 들지 말라'고만 하였습니다. 김홍도 풍속화엔 한 남자가 젓가락을 X자로 서툴게 쥐고도 반찬을 집어 들며 행복해하는 장면이 나옵니다.

하지만, 젓가락을 사용하는 것은 우리나라 전통문화이며 우리의 주식이 밥과 반찬이므로 평생 젓가락을 사용해야 합니다. 아이들이나 어른들이 가장 좋아하는 라면이나 국수 같은 음식도 젓가락 사용이 필수입니다. 그렇다면 어릴 때 젓가락을 바르게 사용하는 법을 익혀두면 평생 써먹지 않을까요? 반대로 그렇지 못하면 평생 조금 불편한 젓가락 사용법으로 살아가야 합니다. 젓가락을 잘 사용하는 사람이 그렇지 않은 사람보다 식사할 때 더 능숙하게 음식을 집어 들 수 있는 것은 자명한 사실입니다. 그래서 제가 담임할 때는 아이들에게 최소한의 젓가락 사용법을 익힐 수 있도록 지도하였습니다.

아이들이 젓가락을 바르게 사용할 수 있게 하기 위해 3월부터 한 달에 한 번 젓가락 대회를 열었습니다. 아이들이 좋아하는 것은 게임이기 때문에 대회를 개최하여 보상받는다는 느낌이 들도록 하였습니다. 아이들이 젓가락을 어떻게 쥐는지를 모르기 때문에 제가 시범을 보여 주며 젓가락을 바로 잡아 보라고 합니다. 젓가락을 바르게 쥘 줄 아는 아이만 대회에 참가할 수 있는 자격이 주어진다고 하였습니다. 그래야 아이들이 조금이라도 신경 써서 연습하기 때문입니다. 보통 젓가락을 바르게 잡을 줄 아느냐 모르느냐는 젓가락으로 물건을 잡을 때 모양을 보면 판단할 수 있습니다. 기다란 예각삼각형 모양이면 합격, 집었을 때 X자 모양이면 불합격으로 처리하였습니다. 5분 정도 연습할 시간을 주고 돌아다니면서 검사를 하고 합격을 한 아이들만 게임에 참여하게 하였습니다. 게임에 참여하지 못하는 아이는 계속 젓가락 잡는 연습을 해야 합니다.

게임을 하기 위해 다회용 젓가락 1개와 종이컵 1개, 공깃돌 10개를 한 명씩 나누어 주었습니다. 첫 번째 게임은 30초 안에 10개의 공깃돌을 개인 종이컵에 담는 게임입니다. 성공하면 300점의 칭찬 점수를 획득하게 됩니다. 1차 게임에 성공한 아이들은 2차 게임에 도전하게 됩니다. 다음 게임은 25초 안에 10개를 넣는 것입니다. 그리고 3차 게임은 20초 안에 10개를 넣어야 합니다. 그리고 4차 게임은 15초 안에 넣는 것입니다. 대체로 3차 게임까지는 통과되지만 4차 게임은 통과되는 아이가 2~3명 정도밖에 안 됩니다. 개인 게임이 끝나면 단체 게임을 합니다. 단체 게임은 모둠에

40개의 공깃돌을 주고 30초 안에 넣는 게임입니다. 모둠에서 잘하는 아이는 더 많이, 그렇지 않은 아이는 조금이라도 넣기 위해 협동하는 모습이 귀엽기도 하였습니다. 이렇게 협동해서 성공한 모둠에게 모둠 점수 1,000점을 줍니다. 성공한 모둠 아이들은 좋아서 환호성을 지르기도 합니다. 이렇게 서툴지만 도전하고 또 도전하면서 아이들은 젓가락 사용에 대해 흥미를 느끼고 어떤 아이는 더 잘해야겠다는 동기가 강화되었습니다. 그리고 어느 정도 젓가락질을 잘하게 되었을 때는 작은 물건이 아니라 고래밥처럼 작은 크기의 과자를 가지고 대회를 하니 아이들이 더 좋아하였습니다.

다음은 한 아이가 젓가락 대회를 하고 난 후 주제 일기에 쓴 내용입니다.

"오늘 학교에서 젓가락 대회를 했다. 이 대회를 한 이유는 친구들이 젓가락질을 잘하기 위해서였다. 나는 어려울 것 같았다. 대회는 공깃돌을 종이컵 안에 넣었다가 빼기였다. 연습을 많이 하고 대망의 대회가 시작됐다. 하는 방법은 주어진 시간 안에 공깃돌을 넣는 것이었다. 처음은 30초였다. 성공했다. 다음은 또 성공했다. 기뻤다. 그다음은 20초였는데 실수를 많이 해서 실패했다. 마지막은 15초였다. 아주 간당간당 있는데 실수를 다행히 안 해서 성공했다. 아주 쫄깃하고 기뻤다. 그다음은 모둠 종이컵에 40개 넣기였다. 간당간당하게 성공했다. 기뻤다. 즐겁기도 하고 재미있게 대회를 하니 젓가락질을 잘하게 된 것 같다. 기쁘고 포인트도 많이 받아 행복했다. 그리고 젓가락질을 어떻게 하는지 잘 알게 됐다."

"학교에서 젓가락 대회를 했다. 우리 모둠에 있는 공깃돌을 컵에 올바른 젓가락 사용으로 종이컵에 넣고 꺼내는 것을 제한 시간 안에 성공하면 모둠 점수 1,000점을 받을 수가 있었다. 1,000점을 받기 위해서 난 열심히 노력하고 노력해서 겨우 젓가락을 쥐는 법을 습득했다. 마스터는 아니지만 물건을 쥘 정도는 된다. 젓가락질을 할머니한테 배운 적이 있었는데 아무리 배우고 노

> 력해서 배워도 꼭 점심만 먹으면 젓가락 활용이 안 된다. ㅠㅠ 그래서 이번엔 좀 더 노력해 보긴 하였다. 젓가락 바르게 쥐는 법을 제대로 배워 봤고 엄청 힘들었지만, 어느 정도 할 수 있는 내가 자랑스럽고 고마웠다. 이젠 젓가락을 바르게 쥘 수 있어서 기쁘다. 조금만 더 노력하면 완벽해지지 않을까?"

젓가락 대회는 일회성 행사가 아닙니다. 한 달에 한 번씩 최소 1년에 10번 정도 시행해야만 효과가 있습니다. 억지로 젓가락질을 잘하도록 만들기보다는 게임을 통해 젓가락 사용에 흥미를 갖고 나름 조금씩 연습하면서 젓가락을 잘하게 될 때 아이들은 식사가 더 자유롭다는 것을 알게 하는 것이 목적이기 때문입니다. 그리고 일주일 동안 젓가락을 바르게 잡고 급식을 하는 아이는 젓가락 자격증을 주고 자격증을 획득한 아이에게 숙제 면제권을 주는 보상 제도를 만들어 아이들이 더 열심히 연습하도록 하였습니다.

젓가락 대회를 할 때는 젓가락을 바르게 잡지만, 막상 급식할 때는 원래대로 잡고 먹는 아이들이 있습니다. 습관이 참 무섭다는 생각이 들었습니다. 그래서 2학기에는 '젓가락 데이'를 만들어서 2주일에 한 번은 급식할 때 젓가락을 바르게 잡고 먹도록 하였습니다.

젓가락 대회를 하고부터는 아이들이 젓가락 잡는 법에 관심이 커지고 또 잘 잡기 위해 애쓰는 모습도 보입니다. 급식 시간에 아이들 급식하는 것을 보기 위해 다니다 보면 어떤 아이는 젓가락을 잘 잡고 있다는 자랑을 하듯이 보여 주기도 하고 작은 음식을 잡아서 보여 주기도 합니다. 젓가락을 바르게 하라고 강요하지는 못하지만, 이렇게라도 아이들이 바르게 잡으려고 하여 습관이 된다면 훗날 어른이 되어 젓가락 사용 때문에 스트레스를 받거나 눈치를 보는 일은 없지 않을까요? 그러다가 젓가락을 보면서 언젠가 제가 생각날 수도 있지 않을까요?

학기 초에는 우리 반 아이들 중 4명만 젓가락질을 바르게 하였는데, 11월에는 모든 아이들이 젓가락을 바르게 사용하여 급식할 수 있게 되었습니다. 처음엔 젓가락질이 매우 서툴었던 아이가 젓가락질을 잘하게 된 후 저에게 이렇게 말했습니다.

"선생님, 1학기 때는 제가 어떻게 젓가락을 잡았는지 기억이 안 나요. 지금은 젓가락질이 너무 편해요."

옛날에는 가정에서 부모님이나 할머니, 할아버지로부터 젓가락질을 배웠는데 지금은 가정에서도 젓가락 바르게 쥐는 법을 가르치지 않고 중요하게 생각하지도 않기에 학교에서 가르쳐야 하는 상황이 안타깝기는 하지만, 그래도 우리 아이들이 성인이 되었을 때 국수나 나물, 잡채 정도는 젓가락으로 바르게 집어 먹었으면 하는 바람으로 아이들에게 바른 젓가락 사용법을 꾸준히 지도하고 있습니다.

가르치는 기술의 여섯 번째 원칙

규칙과 질서를 잘 지키게 한다

선생님은 학급에서 적극적으로 이끌어 주는 것과 스스로 자랄 수 있도록 기다려 주는 것 사이에서 균형을 잡아야 합니다. 원칙과 관용 사이에서, 훈련과 사랑 사이에서, 일관성과 배려 사이에서, 통제와 신뢰 사이에서 균형을 잡아야 합니다. 질서 있는 학급을 유지하기 위해서는 아이들이 스스로 규칙을 잘 지킬 줄 알아야 하며 선생님은 일관성 있게 그 원칙들을 잘 지켜 주어야 합니다. 학급 경영에도 중용(中庸)이 필요합니다. 너무 친절하지도 너무 엄격하지도 않으며 평소에 친절하게 대하면서 원칙에 따라 치우침이 없이 공정하고 공평하게 원칙을 적용하는 것이 질서 있는 학급의 열쇠가 될 것입니다.

왜 엄하게
가르치지 않는가?

새내기 교사들에게는 수업 외에 공통적인 고민이 하나 있습니다. 바로 생활지도입니다.

"아이들은 학기 초부터 엄격하게 잡아야 한다는데 맞나요?"

"아이들은 어떻게 해야 잘 잡을 수 있나요?"

"아이들과 친하게 지내고 싶은데 그렇게 하다 아이들이 제 말을 듣지 않을까 걱정이 됩니다."

어떤 선배 교사는 "학기 초부터 아이들은 엄격하게 다루어서 꽉 잡아야 1년이 편하다."라고 조언합니다. 저도 초임 교사 때 그런 말을 많이 들었습니다. 하지만 저는 교육대학교를 다닐 때부터 늘 다짐한 것이 있었습니다.

'선생님이 되면 아이들에게 아주 잘해 줄 거야. 그리고 정말 아이들에게 좋은 선생님이 될 거야. 그러면 아이들도 선생님을 좋아하겠지.'

발령받고 몇 년 동안은 제가 다짐한 대로 아이들에게 참 잘해 주었습니다. 처음에는 아이들도 제 말을 잘 따라 주는 것 같았습니다. 하지만 조금씩 조금씩 아이들의 말과 행동이 제가 생각한 것과는 달라지는 것을 느꼈습니다. 선생님이 숙제를 내 주거나, 심부름을 시키려고 하면 짜증을 내고 뭔가를 요구하기도 하였습니다. 수업 시간에 선생님의 말을 잘 따르지 않게 되고 혼을 내어도 통제가 잘되지 않았습니다. 저의 교육관과 가치관이 통째로 흔들려 매우 혼란스러워 어떻게 해야 할지 몰랐습니다.

'어떻게 하면 아이들을 통제하면서 제대로 된 수업을 할 수 있을까?' 고민에 고민을 거듭하다 제 나름대로 방법을 찾을 수 있었습니다.

'착하고 친절한 선생님이 되는 것보다 단호한 원칙이 있는 선생님이 되어야겠다.'

원칙이란 어떤 행동이나 이론 따위에서 일관되게 지켜야 하는 기본적인 규칙이나 법칙을 말합니다. 학급에서의 원칙이란 아이들의 행동과 선생님의 행동이 일관되게 지켜져야 하는 규칙이나 약속을 말한다고 볼 수 있습니다. 다시 말하면 원칙이 있는 학급은 일정한 규칙과 약속에 의해 질서 있게 운영된다는 뜻이기도 합니다. 학급에 질서가 있어야 학급이 1년 동안 평화롭게 유지가 될 수 있으며 서로가 신뢰할 수 있게 됩니다. 이런 학급 분위기에서 선생님은 수업을 제대로 할 수 있으며 아이들을 바르게 지도할 수 있습니다.

'친절하며 단호한 교사의 비법'이란 부제를 단 《학급긍정훈육법(PDC, POSITIVE DISCIPLINE IN THE CLASSROOM)》이란 책은 질서가 있는 학급을 운영하는 데 많은 도움을 줍니다. 대부분의 선생님은 아이들을 친절하게 대하다가 상처받고, 단호하게 대하다가 거리감을 느끼는 경험을 했을 것입니다. 아이들에게 친절하면서도 단호할 수는 없을까요? 《학급긍정훈육법》은 그 비법으로 보상과 처벌이 아닌 상호 존중과 배려와 격려로 행복하고 민주적인 교실을 만드는 교육 방법을 제시합니다.

여기서 'Discipline'은 훈육이라는 뜻인데, 국어사전에 훈육이란 '품성이나 도덕 따위를 가르쳐 기름'으로 표기되어 있습니다. 흔히 훈육이라는 표현은 체벌 등으로 엄격하게 다루는 것으로 생각하기 쉬운데 사실은 사람 됨됨이를 바르게 하기 위한 민주적인 교육 방법이라는 뜻이 담겨 있습니다.

그동안 제가 해 왔던 여러 가지 학급 경영의 원칙들이 이 훈육의 의미와 상통하는 부분이 많다는 것을 알게 되어 다행이라는 생각이 들었습니다. 사실 주변 선생님들은 제가 우리 반 아이들에게 엄격하게 규칙을 강조한다고 생각하여 아이들이 정말 힘들겠다, 불쌍하다는 걱정을 하시는 분들도 많았기 때문입니다.

하지만 우리 반 아이들이 결코 불행하지 않다는 것을 아는 데는 그리 오래 걸리지 않습니다. 오히려 규칙과 질서 속에서 더 평화롭고 행복하게 학교생활을 하고 있기 때문입니다. 이러한 원칙이 수업에도 적용되어서 질서 있게 수업하고 더 많은 배움이 일어나기도 합니다.

《왜 엄하게 가르치지 않는가》라는 책에는 엄한 훈육에 대한 내용이 나옵니다. 요즈음 아이들은 육체적으로는 많이 성장한 듯하지만, 정신적으로는 나약한 아이들이 많습니다. 그 이유는 가정에서, 마을에서 아이들을 엄하게 훈육하는 어른이 많지 않기 때문입니다. 심지어는 학교도 엄격하게 아이들을 훈육하는 선생님이 점점 줄어들고 있습니다.

칸트는 '규칙에 복종하는 것'과 '자유를 누릴 능력'을 조화롭게 가르치는 것을 교육의 큰 과제로 보았습니다. 수많은 선생님들이 아이들을 존중하며 인격적으로 대하려고 노력하지만, 아이들은 선생님의 이런 호의를 악용해, 학교 현장은 교육의 선한 효과를 기대할 수 없는 수준에 이르렀습니다. 교실에서 선생님의 지시에 불응하고 교실을 돌아다니며 옆 친구와 떠드는 아이, 선생님의 훈육에 빈정거리듯 반박하는 아이, 선생님께 대드는 아이, 욕설하는 아이, 이런 아이들이 교실에서 수업을 방해하고 선생님의 교권을 흔들고 있습니다.

그래서 《왜 엄하게 가르치지 않는가》의 저자 베른하르트 부엡은 단호하게 말합니다. "아이들을 엄격하게 가르쳐라!"라고 말입니다. 이때의 엄격함은 무서운 표정을 짓고, 소리를 지르고, 강압적으로 접근하는 것이 아닙니다. 부엡은 엄격함을 이치에 대한 순종, 질서에 대한 존중으로 해석합니다. 물론 이 엄격함은 아이에 대한 사랑을 바탕에 두어야만 제대로 열매를 맺을 수 있습니다.

다시 말하면, 이 세상에 있는 선한 가치를 지키기 위해서는 엄격하고 일관성 있는 태도로 아이들을 가르치고 아이들에게 진리 앞에서 겸손할 것을 요구해야 한다는 것입니다. 그런 과정을 거칠 때, 아이들은 삶의 질서를 배우고 책임감 있게 행동하며 타인을 배려할 수 있는 어른이 된다고 합니다. 아이들은 아직 완전한 인격체가 아닙니다. 사랑과 친절만으로 아이들의 마음을 맞춰 주려고만 한다면 어느 한쪽으로 인격이 형성되어 불균형을 이룰 것입니다.

교육의 본질은 '이끌어 주는 것'입니다. 무엇이 옳고 그른지를 판단할 수 있도록 하기 위해서 선생님은 아이들을 엄하게 가르칠 수 있는 용기가 필요합니다. 엄하게 가르친다는 것은 '정해진 규칙에 따라 일관성 있으며 단호하게 가르치는 것'입니다. 엄하게 교육하다가 아이들의 마음이 닫힐까 두려워하고, 규칙을 지키는 훈련이 아이들의 마음에 부담이 될까 봐 염려하여 타협하는 것은 진정으로 아이들을 위하는 것이 아니라는 것을 분명하게 알아야 합니다. 우리 아이들은 사랑만으로는 충분치 않습니다. 때로는 엄한 태도가 아이들을 강하게 만들고, 지나치게 배려해 주고 과잉보호하는 것이 오히려 아이들을 약하게 만들 수도 있습니다.

선생님은 학급에서 적극적으로 이끌어 주는 것과 스스로 자랄 수 있도록 기다려 주는 것 사이에서 균형을 잡아야 합니다. 원칙과 관용 사이에서, 훈련과 사랑 사이에서, 일관성과 배려 사이에서, 통제와 신뢰 사이에서 균형을 잡아야 합니다. 질서 있는 학급을 유지하기 위해서는 아이들이 스스로 규칙을 잘 지킬 줄 알아야 하며 선생님은 일관성 있게 그 원칙들을 잘 지켜 주어야 합니다. 학급 경영에도 중용(中庸)이 필요합니다. 너무 친절하지도 너무 엄격하지도 않으며 평소에 친절하게 대하면서 원칙에 따라 치우침이 없이 공정하고 공평하게 원칙을 적용하는 것이 질서 있는 학급의 열쇠가 될 것입니다.

질서 있는 학급 만들기

'어떻게 해야 질서 있는 학급을 만들 수 있을까?'

선생님이라면 누구나 한 번쯤 이런 고민을 하였을 것입니다. 선생님들은 누구나 아이들에게 좋은 선생님, 존경받는 선생님, 멋진 선생님이 되고 싶어 합니다. 그래서 아이들과 친구처럼 스스럼없이 친하게 지내기도 합니다. 하지만 너무 친해지다 보면 아이들은 버릇없이 행동하는 경우가 많아지고, 야단을 쳐야 할지 그냥 두어야 할지 하다가 아이들과의 관계가 나빠질까 봐 통제를 제대로 못 하는 경우가 생기게 됩니다. 그 이후로는 점점 더 통제가 어렵게 되고, 심할 경우 수업 시간마저 통제가 되지 않아 힘들어하는 선생님들도 있습니다. 저도 저경력 교사 시절에는 아이들에게 다정다감한 선생님 되기 위해 노력하였으며 잘못해도 야단치면 아이들이 저를 싫어하고 가까이하지 않을까 봐 단호하게 대처하지 못한 적도 많았습니다. 그랬더니 오히려 지도하기가 더 어려워진 경험도 있었습니다.

선생님은 아이들이 바르게 성장하도록 돕는 사람입니다. 그래서 바른 소리도 하고, 싫은 소리도 해야 합니다. 학급을 경영하거나 수업할 때 선생님의 의도대로 할 수 있어야 제대로 된 교육을 할 수 있습니다. 제대로 된 교육을 할 수 있으려면 학급에 질서가 있어야 합니다.

질서 있는 학급을 만들기 위해서는 자율이 필요합니다. 아이들 스스로 규칙을 알고 지키려고 하는 것이 자율입니다. 자율적인 학급을 만들기 위해서는 선생님과 아이들이 서로 학급에 필요한 규칙을 정해야 하는데 일방적으로 선생님이 원하는 규칙을 만들어 공포하는 것이 아니라 학급에 필요한 규칙을 아이들과 협의하여 만들어 나가는 것이 중요합니다. 때로는 타협하거나 절충을 하여야 할 경우도 있고 한 달 뒤에 규칙을 수정할 수도 있습니다. 하지만 제일 중요한 것은 이 학급 규칙에 대해 아이들이 동의하고 지켜 나갈 것을 약속하는 것입니다. 이 규칙을 명문화해서 아이들에게 서약서에 사인을 받아 두고 칠판 옆 게시판같이 모두가 잘 보이는 곳에 붙여 두어야 합니다.

규칙을 정하고 자율적으로 지켜야 하는 것이 중요하지만, 규칙을 지키지 않을 경우의 약속도 정해 놓아야 합니다. 흔히 규칙을 어길 경우의 규칙은 벌칙이라고도 하는데, 저는 이러한 약속을 '책임 행동'이라고 이야기해 줍니다. 자기가 잘못했으면 마땅히 책임을 져야 하는 행동이 있다고 하며 규칙을 어길 경우에 해야 할 일들을 강조합니다. 이러한 책임 행동도 학기 초에 아이들과 합의하여 결정해 두는 것이 좋으며 학기 중에 새로운 규칙이 생기면 그때 아이들과 합의하여서 실행하면 됩니다.

책임 행동은 아이가 규칙을 어긴 경우에는 그에 대한 책임을 지도록 하는 것입니다. 단순히 규칙을 어겼으니 벌을 받는다는 개념보다는 모든 행동에는 반드시 그에 대한 책임을 져야 한다는 것을 알게 하는 것입니다. 실수하거나, 잘못해서 남에게 피해를 주거나, 규칙을 어기면 그에 맞는 책임을 져야 한다는 생각을 갖도록 해야 합니다.

우리 반은 규칙을 어긴 정도에 따라 책임 행동(벌칙)이 정해져 있습니다. 단지 다른 점은 잘못한 정도에 따라 적용하는 기간이 다르다는 것입니다. 물론 이러한 규칙은 아이들과 합의하여 정한 것입니다. 기본적인 책임 행동은 '성찰 일기'와 '쉬는 시간 없기 마법'입니다. 성찰 일기는 왜 그런 행동을 했는지, 자기 행동이 다른 친구에게 어떤 피해를 주었는지, 그 친구의 기분은 어떠한지, 지금은 자신의 행동에 대해 어떻게 생각하는지, 앞으로 이런 경우 어떻게 행동하고 싶은지 등등을 바른생활실천기록장에 일기 형식으로 씁니다. 잘못했을 때 벌칙을 바로 내리는 것보다는 자신의 행동을 스스로 되돌아보고 앞으로 어떻게 행동하는 것이 바른 것인지에 대해 고민하는 시간을 갖도록 하는 것이 중요합니다. 만약 친구에게 피해를 주는 행동을 했다면 그 친구에게 진심으로 사과하거나 사과 편지를 쓰도록 하는 것도 책임 행동입니다. 쉬는 시간 없기 마법은 쉬는 시간이 없다기보다는 쉬는 시간에 자기 자리에 앉아서 쉬는 규칙입니다. 이때는 조용히 책을 읽거나 그림을 그리거나 숙제를 할 수 있습니다.

그리고 잘못의 정도에 따라 쉬는 시간 없기 마법의 기간이 달라집니다. 보통 가벼운 경우는 1일~2일 정도이며 중간 정도는 3~4일, 심한 경우는 1주일 정도 주어지는데, 쉬는 시간 없기 마법의 경우 벌칙을 잘 지키면 기간을 반으로 줄여 주는 규칙도 있습니다. 벌을 받게 하는 기간보다는 책임 있는 행동이 중요하다는 것을 알게 하면서 벌칙도 하나의 규칙이므로 벌칙 또한 잘 지켜야 함을 알게 하는 것입니다.

만약 첫 번째 책임 행동도 어길 경우는 두 번째 책임 행동으로 넘어가 선생님이 이 아이의 행동에 대해 학부모 상담을 신청하게 됩니다. 신청서를 받은 학부모님은 학교에 오셔서 선생님과 상담을 하게 됩니다. 그러면 아이는 자신의 행동에 책임을 다하지 못할 때는 학부모의 책임이 따른다는 것을 알게 됩니다.

대부분 첫 번째 책임 행동에서 조금씩 행동이 변화되지만, 이 모든 규칙 지키기의 절차가 잘 이루어진다 해도 모든 아이의 행동이 금방 변한다고는 생각하지 않습니다. 단지 자기의 행동에는 어떠한 책임이 따른다는 사회의 규범을 깨닫게 하여 스스로 규칙을 잘 지키고 책임 있는 행동하기를 바랄 뿐입니다.

학교는 작은 사회입니다. 학교에서의 규칙은 사회에서의 규범과 법이기 때문에 학교, 학급의 규칙을 잘 지키는 아이는 사회에 나가서 질서와 규율을 잘 지키는 어른이 될 것이라 믿습니다. 어른이 되어서 담배꽁초를 아무 데나 버리고, 음주운전을 하는 어른들은 왜 그렇게 행동할까요? 초등학교에서 규칙에 대한 책임 행동 교육이 얼마나 중요한지 알 수 있습니다.

규칙과 책임 행동을 미리 정해 놓으면 아이가 잘못하거나 규칙을 어겼을 때 불필요한 에너지를 낭비하지 않을 수 있습니다. 만약 '숙제나 일기 안 써 오면 성찰 일기 쓰고 쉬는 시간 없기'라는 규칙을 정했으면, 어떤 아이가 숙제 안 해 왔을 때 다른 잔소리 하지 않고 왜 숙제를 안 했는지 그리고 지금 마음이 어떠한지 성찰 일기를 써 오라고 합니다. 성찰 일기를 읽어 보면 아이의 상황을 이해하게 됩니다. "숙제를 안 해 왔을 때 규칙이 무엇인가요?"라고 물어보고 규칙대로 하라고 하면 됩니다. 이를 과정을 지속적으로 적용한다면 아이들도 규칙과 원칙대로 적응하려고 합니다. 이렇게 적응하는 과정이 자율이며 자율적으로 아이들이 움직일 때 학급에 질서가 생기게 됩니다. 어떤 아이는 일기장을 가져가지 않아 규칙을 어긴 것에 대해 일기장에 성찰 일기도 함께 써 오기도 하였습니다.

물론 몇몇 학생은 같은 규칙을 반복적으로 어기는 일도 있습니다. 이런 경우는 그 아이에게 맞는 맞춤형 '실천 다짐 카드'를 이용하면 좋습니다. 자기가 지키지 못한 규칙을 카드에 쓰고 일주일 동안 실천해 보는 카드입니다. 그리고 매일매일 그 규칙을 잘 지켰는지 체크리스트에 표시하고 실천한 내용을 성찰 일기를 쓰면서 자기의 행동을 교정해 나가는 방법입니다.

규칙을 한 번 어겼을 경우와 두 번 어겼을 경우, 세 번 어겼을 경우의 원칙도 필요합니다. 보통의 경우 숙제를 한 번 해 오지 않으면 성찰 일기와 쉬는 시간 없기, 두 번 어기면 방과 후에 상담하기, 세 번 어기면 학부모와 상담하기 등 그 절차와 과정을 아이들에게 미리 알려 두고 스스로 규칙을 잘 지켜야겠다는 생각을 갖도록 하여야 합니다.

이러한 규칙과 원칙들은 아이들이 자율적으로 질서 있게 행동하는 데 효과적입니다. 하지만 이렇게 원칙대로 한다면 학급 분위기가 경직되기 쉽습니다. 그래서 저는 수업 시간이나 쉬는 시간에 선생님은 아이들을 최대한 웃겨 주고 아이들과 같이 게임도 하고 놀이도 하면서 친밀감을 형성하기 위해 노력하였습니다. 그러면 아이들은 '우리 선생님은 공정하면서도 우리와 같이 놀아 주려고 노력하신다'라는 생각을 갖게 됩니다. 적절하게 통제하면서 아이들과 친하게 지내는 것은 어렵지만, 스스로 원칙을 정해서 노력한다면 적어도 아이들은 선생님의 노력을 인정해 줍니다. 그러면 아이들과 선생님이 신뢰감이 생기게 되고 학급에 필요한 규칙을 자율적으로 지키려고 노력하며, 규칙을 지키지 못할 때가 있더라도 그 행동에 대한 책임 행동을 통해 적응해 나가려고 합니다. 이러한 과정들 모두 아이들이 사회화되는 과정이며 민주시민으로서의 소양을 다져 나가는 소중한 공부입니다.

우리 반 규칙은
우리가 만든다

발령받고 약 25년 동안은 학급 경영을 하면서 거의 모든 학급 규칙과 학급 목표는 제가 만들었습니다. 그리고 아이들에게 그 필요성을 이야기하고 아이들과의 합의를 거쳐서 규칙으로 정하고 실천하게 하였습니다. 물론 이러한 방법으로도 아이들은 학급 규칙을 잘 지키려고 노력했으며 1년 동안 학급에 질서가 있는 편이었습니다.

하지만 《허쌤의 학급경영 코칭》을 읽고 나서는 생각이 조금 바뀌었습니다. 젊은 선생님들 중심으로 이미 많이들 실천하는 것 같은데, 저는 처음으로 우리 반 이름과 학급 공동 목표를 아이들이 만들도록 해 보았습니다. 선생님이 주도하면 좀 더 쉽고 빠르게 할 수 있겠지만 서툴더라도 최대한 아이들이 직접 해 보게 하고 아이들 나름대로 배움을 느끼도록 변화를 주고 싶었습니다.

먼저 '우리 반 이름 짓기' 공모전을 했습니다. 포스트잇을 나누어 주고 우리 반의 이름을 고민해서 적어 보게 하였습니다. 뭔가 의미가 담겨 있으면 무엇이든 된다고 하면서 마음껏 지어내 보라고 하였습니다. 예상대로 대부분의 아이들이 '어떻게 하지?'라는 표정으로 고민하는 것이 역력해 보였습니다. 드디어 칠판에 포스트잇이 다 붙여졌습니다. 지은 이름을 불러 주고 한 명씩 그 이유를 설명해 보게 하였습니다.

'행복한 우리 반, 사이다 반, 재미민국, 사이 좋아 반, 색연필 반, 매일 재미있는 반······.'

아이들 나름의 이유를 들어 보니 그 안에 우리 반이 어떤 반이 되면 좋겠다는 희망의 메시지도 담겨 있었습니다. 다수결로 손들어 정하자고 하니, 한 친구가 창피하다고 눈을 감자는 의견이 있어 그 마음도 참 예뻤습니다. 결국 '재미민국'이 우리 반 이름으로 결정되었습니다. '재미민국'이란 '재미 자유민주주의 공화국'을 줄인 말로 우리 반 아이들이 재미있게 생활하고 자유롭게 민주적인 방법으로 질서를 지키는 반이 되자는 뜻입니다.

이렇게 우리 반 이름이 정해지고 학급 목표도 만들어 보라고 하였습니다. 한 명씩 돌아가며 말하고 그 이유에 대해 친구들의 의견도 들어가며 나름 토의 형식으로 이야기를 나누었습니다.

'차별하지 않았으면 좋겠다. 싸우지 않고 평화로운 반이 되었으면 좋겠다. 행복한 우리 반이 되었으면 좋겠다. 따돌리지 않았으면 좋겠다. 친구를 잘 배려하는 반이 되었으면 좋겠다…….'

토의 끝에 결국 학급 목표는 이러한 내용을 모두 담은 '행복한 우리 반'으로 정하고 행복한 우리 반이 되기 위해 학급 규칙을 정해서 실천하자는 의견에 모두 동의하였습니다. 이 규칙은 우리나라의 법처럼 우리 반의 법과 같은 것이기 때문에 여러분들이 모두 국회의원이 되어 이 법안을 통과시켜야 한다고 하였습니다.

아이들이 법안을 만들어 제출하고 그 법안을 하나씩 읽고 그 타당성을 대해 토의하여 찬성하는 사람은 일어서서 표결하라고 하였습니다. 이렇게 나온 10가지 규칙, 재미민국 10조법은 바로 다음과 같습니다.

욕하지 않기	친구와 싸우지 않기
친구 때리지 않기	새치기하지 않기
복도에서 뛰어다니지 않기	친구 따돌리지 않기
교실에서 소리 지르지 않기	뒷담화 하지 않기
놀리지 않기	선생님과 친구 발표할 때 경청하기

일방적으로 제가 규칙을 말하는 것보다는 시간이 더 걸렸지만, 아이들은 자기들이 만든 재미민국 10조법에 대해 자부심을 가지게 되었고 실천하고자 하는 의지도 더 높은 것 같았습니다. 무엇보다 행복한 우리 반을 만들기 위해 아이들이 스스로 법을 만들었다는 것을 강조하면서 이것이 바로 우리 친구들이 우리 반의 주인이라는 민주시민 의식을 심어 줄 수 있었습니다.

아이들은 하루빨리 10가지 법을 적어서 게시판에 붙이자고 난리였습니다. 저도 빨리 붙이고 싶었습니다. 저 자신도 이런 방식으로 변화를 시도했다는 것에 참 뿌듯하였기 때문입니다. 아무리 학급 규칙을 아이들과 합의하여 정했다 하더라도, 문제가 생길 경우 학부모가 민원을 제기할 수도 있기 때문에 학급 규칙 제정 절차와 날짜를 기록해 두고 규칙을 명문화하여 아이들의 동의나 서명을 받아 두는 것이 좋습니다.

학급의 질서를 잘 유지하려면 재미민국 10조법처럼 큰 규칙에 따라오는 작은 규칙들도 필요합니다. 그리고 학급에 필요한 가장 기본적인 약속도 필요합니다. 그래서 3월 초에 학교에 등교하면서부터 하교하기까지 자율적으로 움직일 수 있도록 '우리들의 약속'을 정합니다. 아침에 학교에 와서 교과서 챙기기, 수업 중 해야 할 일, 쉬는 시간에 해야 할 일 등을 적은 규칙을 나누어 주고 서로 읽어 보면서 규칙을 정합니다. 학교에 등교한 후부터 하교할 때까지 우리 반 아이들이 지켜야 할 내용을 다 같이 읽어 보면서 그 규칙에 대해 아이들과 토의한 후 고칠 것은 고쳐서 적용하기로 하고 더 추가하고 싶은 규칙은 토의해서 결정합니다.

〈우리들의 약속〉

장소 및 시간	지켜야 할 일
아침 자습 시간	• 학교 올 때 휴대폰 보지 않기 • 8시 35분까지 교실에 도착하기 • 교실에 오면 그날 시간표대로 책상 서랍에 교과서 및 준비물 정리하기 • 그날 필요한 연필을 미리 깎아 놓기(3자루 이상) • 자기 가방은 정한 장소에 넣어 두기(가방 문 잠그기) • 8시 40분부터 아침 자습 활동하기
수업 시간	• 수업 시간에 필요한 준비물과 교과서만 책상 위에 올려놓기 • 수업 시간 선생님이나 친구가 말할 땐 반드시 말하는 사람을 보면서 듣기 • 친구나 선생님이 말할 때 중간에 끼어들지 않기 • 하고 싶은 말이 있을 때는 손을 들고 말하기 • 좋은 발표를 했을 때는 박수 쳐 주기 • 자기의 생각과 비슷한 발표를 할 경우는 고개를 끄덕이거나 박수 치기 • 수업 중 화장실에 가고 싶은 사람은 선생님께 신호하고 조용히 다녀오기(뒷문으로)
쉬는 시간	• 다음 시간 과목 교과서 책상 위에 올려놓기 • 1교시 후 우유 급식하기(우유 이름 쓰기) • 수업 시작종 치고 10초까지 자리에 앉아 수업 준비하기 • 남에게 피해 주지 않기(큰소리, 공놀이, 뛰어다니지 않기 등) • 쉬는 시간 복도에서 놀지 않기(다른 반에 들어가지 않기) • 친구 약점 놀리지 않기, 욕하지 않기, 때리지 않기
점심시간	• 급식소 가기 전 책상 위를 깨끗이 정리하기 • 급식소 가기 전 손 씻고 줄 맞추어 조용히 이동하기 • 급식소 줄 설 때 뒤돌아보고 말하지 않기(맨 뒤로 가기) • 밥 먹을 땐 조용히, 할 말이 있을 땐 소곤소곤하기 • 급식 후 잔반은 한곳에 모아 버리기(최대한 음식 남기지 않기)
골마루, 계단 다닐 때	• 오천조 실천하기(오른쪽으로 천천히 조용히 다니기) • 뛰어다니지 않기(안전사고 예방) • 골마루, 계단에서 장난치거나 공놀이 등 피해 주는 행동하지 않기

화장실에서	• 사용 후 반드시 물을 내리기 • 남자 소변기에 바짝 붙어서 소변 누기 • 용변 후 반드시 손 씻기 • 화장실에서 친구와 놀거나 장난치지 않기 • 화장지 휴지통에 바르게 버리기(화장지 가지고 장난치지 않기)
집에 갈 때	• 교통 규칙 잘 지키기(서다-보다-건너다 규칙, 안전사고 주의) • 하교할 때 휴대폰 보지 않기 • 친구 집에 가거나 집에 늦게 갈 땐 부모님께 반드시 연락하기

 여기서 중요한 것은 약속이 아니라 서로 토의하여 합의한 후 약속을 정하는 과정입니다. 이 과정을 거치면 아이들도 참여하여 만든 것이어서 내가 만든 규칙이라는 생각이 들게 되어 좀 더 잘 지키려고 노력합니다. 그리고 다른 친구들이 규칙을 잘 지키는지도 관심을 가지게 되어 전체적으로 잘 지키려는 학급 분위기가 형성됩니다.
 학급 규칙은 아이들과 선생님이 서로 합의하여 최종 결정되는 것이 원칙이며 이 규칙은 차후에 누군가(학생 또는 교사) 문제를 제기하게 되면 회의를 열어 언제든지 수정할 수 있음을 밝혀 둡니다. 그리고 여기에 없는 규칙을 만들고 싶은 경우는 누구나 의견을 낼 수 있으며 반 아이들이 토의한 후 합의하면 새로운 규칙으로 제정될 수도 있습니다.
 한번은 우리 반 여학생들이 남학생들의 장난을 참다못해 쉬는 시간에 싫어하는 장난을 치지 않았으면 좋겠다는 의견을 내고 서로 토의한 적이 있습니다. 결론적으로 장난을 치지 않아야 한다는 규칙이 정해졌고 그것을 어길 경우 성찰 일기와 쉬는 시간 자기 자리에 앉아 있기로 정하였습니다. 그리고 우리 반 생활부장이 학급 규칙집에 그 내용을 기록하기로 하였습니다.
 이렇게 다 같이 규칙을 정하면 여러 가지 장점이 있습니다. 일단 모두가 합의했기 때문에 규칙을 어긴 아이는 딴소리를 못 합니다. 그리고 선생님은 화를 내거나 야단칠 필요도 없습니다. 규칙을 알려 주고 그에 대한 벌칙을 상기시킨 다음 그것을 실행하도록 하면 되기 때문입니다.

"쉬는 시간에 장난치지 않기 규칙을 지키지 않았구나?"

"네~"

"쉬는 시간에 장난치지 않기 규칙을 어기면 어떻게 하기로 했니?"

"왜 규칙을 어겼는지 친구의 마음이 어떤지, 앞으로 어떻게 해야 할지에 대한 성찰 일기를 쓴 후에 오늘 하루 동안 쉬는 시간과 점심시간에 자기 자리에 앉아 있어야 해요."

"그래, 잘 알고 있구나. 성찰 일기를 쓰고 난 후 네 행동에 대해 선생님과 다시 한번 이야기해 보자."

성찰 일기를 적어 오면 그것을 보면서 선생님은 그 아이와 상담합니다. 그리고 이런 행동을 하면 어떤 결과가 오는지를 알려 주어 다음부터는 조심해야 한다는 것을 말해 주면 됩니다. 이런 방법은 선생님이 아이와 불필요한 감정 소모를 하지 않아도 되는 장점이 있습니다.

미국의 최우수 교사로 선정된 론 클라크 선생님이 쓴 《아이를 위대한 사람으로 만드는 55가지 원칙》을 보면 미국의 초등학교도 별반 다르지 않다는 것을 알 수 있었습니다.

이 책에는 '어른들의 말에 공손하게 대답하기', '대화할 때 상대방의 눈 마주 보기', '서로 칭찬하고 축하해 주기', '다른 사람의 의견 존중하기', '승리를 뽐내지 말고 패배에 성내지 않기', '무엇을 받으면 고맙습니다 인사하기', '완전한 문장으로 답하기', '꼬박꼬박 숙제해 오기', '교실에서 기본 행동 지키기', '벌 받는 학생 쳐다보지 않기', '공공장소에서 조용히 하기', '줄 설 때 떠들지 않기' 등 누구나 알고 있지만 실천하기는 어려운 것들로 이루어져 있습니다.

론 클라크 선생님은 이웃을 존중하고 사랑하는 태도, 주어진 기회를 잘 활용하여 매 순간 최선을 다하는 마음가짐을 통해 교실 안에서 뿐만 아니라 학교 밖에서도 바른 삶을 살아갈 수 있도록 준비시켰습니다. 교실 안에서 지키는 몇 가지의 약속과 규칙이 인생을 살아가는 데 꼭 필요한 삶의 지침이 될 수도 있으며, 모든 학부모와 선생님이라면 반드시 기억하고 아이들에게 가르쳐야 할 교육의 지침이 될 것이라고 하였습니다.

우리 반 아이들 모두가 행복하게 지내려면 기본적으로 반 아이들 모두가 규칙을 잘 지켜 학급 질서가 잘 유지되어야 합니다. 질서 있는 학급을 만들려면 선생님의 의지와 노력이 중요합니다.

문제가 생기면
함께 고민하여 해결하기

어느 날, 우리 반 남자아이가 여자아이의 별명을 부르면서 놀렸습니다. 그래서 그 여자아이는 선생님에게 고민을 이야기하였습니다.

"선생님, ○○이 저에게 돼지라고 놀렸어요."

"그래? ○○이 돼지라고 놀려서 기분이 안 좋았겠구나. 그래서 어떻게 하면 좋겠니?"

"선생님이 ○○을 불러서 혼내 주면 좋겠어요."

당장 놀린 아이를 불러서 혼을 내고 벌을 주고 싶은 마음은 강했지만, 이런 문제가 이번 일로 끝나는 것이 아니라 언젠가 누구라도 또 놀릴 수 있어서 학급 회의를 열어 함께 고민하여 해결하는 것이 좋을 것 같았습니다.

"선생님이 불러서 혼낼 수도 있지만 우리 반 아이들과 함께 이 문제를 고민하고 해결해 보면 더 좋을 것 같아. 그렇게 해도 되겠니?"

다행히 그 아이는 그렇게 해도 괜찮다고 하였습니다. 반 아이들에게는 점심시간에 이 문제에 대해 회의한다고 예고를 하였습니다. 점심 식사를 다 하고 모두가 교실에 모여 학급 회의를 하였습니다.

"○○이 □□를 돼지라고 놀렸습니다. 이 문제에 대해 함께 의논하고 해결했으면 좋겠습니다. 그럼, ○○에게 놀린 사건에 대해 잘 파악하기 위해 ○○과 □□에게 궁금한 내용을 질문해 보세요."

그러자 반 아이들 중 몇 명이 질문을 하기 시작했습니다. 이 시간은 마치 변호사, 검사처럼 상황에 대한 바른 판단을 하기 위해 여러 가지 질문을 합니다.

"□□에게 왜 돼지라고 놀렸나요?"

"놀릴 때 기분이 어땠나요?"

"□□는 ○○이 놀릴 때 마음이 어떠했나요?"

"놀릴 때 □□ 마음이 어떠할 건지 한번 생각해 보았나요?"

"놀리고 난 후에 □□에게 사과를 했나요?"

반 아이들의 질문에 놀린 아이는 생각나는 대로 답변을 하였습니다. 답변이 끝나고 다음 단계는 사건의 잘잘못을 판단하는 시간입니다.

"그럼, ○○이 □□를 놀린 것에 대해 잘못이 있는지 없는지에 대해 발표해 주세요."

이 단계는 재판으로 치면 유죄나 무죄냐를 판단하는 것입니다. 상황을 잘 파악하여 분명하게 잘못을 했는지 정당한 것이거나 오해로 인한 것이어서 잘못하지 않았는지를 판단하는 것입니다.

"저는 ○○이 잘못했다고 생각합니다. 어떤 이유로라도 친구를 놀리는 것은 그 친구의 마음에 상처를 주기 때문입니다."

"저도 ○○이 잘못했다고 생각합니다. 돼지라고 놀린 것은 실수라기보다는 고의로 한 것이기 때문입니다."

이번 상황에서는 모든 아이들이 ○○의 행동은 잘못된 것으로 판단하였습니다. 그리고 이러한 잘못에 대해 ○○이 어떻게 책임을 져야 할지를 발표하도록 하였습니다.

"저는 이렇게 ○○이 □□에 진심으로 사과 편지를 적고 □□가 그것을 받아들이면 이 사건을 해결될 수 있다고 생각합니다."

"저도 사과 편지를 하는 것에는 찬성합니다. 하지만 잘못에 대한 벌은 있어야 한다고 생각해서 하루 동안 쉬는 시간 없기를 적용했으면 좋겠습니다."

"놀리는 것은 마음의 상처가 깊을 수 있기에 저는 사과 편지와 3일 쉬는 시간 없기를 주었으면 좋겠습니다."

다양한 의견이 나와서 다수결로 손을 들어 많이 나오는 쪽으로 결정하였습니다. 그리고 이 사건에 대해 우리 반 새로운 규칙으로 정하였습니다. 물론 이런 규칙을 정한다고 해서 남은 기간 동안 놀리는 경우가 한 번도 일어나지 않는 것은 아닙니다. 하지만 적어도 우리가 함께 이 상황에 대해 고민하고 해결하였기 때문에 놀리지 않기 규칙에 대해 좀 더 관심을 가지고 지키려는 내적 동기가 생긴다는 것에 더 큰 의미가 있다고 생각합니다. 책임 행동에 대한 규칙을 정할 때는 아이들의 의견을 존중하는 것도 중요하지만, 잘못의 경중을 재어보고 적절한지를 선생님이 판단하여 조절해 주어야 합니다. 잘못에 비해 과하게 규칙을 정한다든지 아이들이 수치심을 느끼 정도의 책임 행동은 오히려 역효과를 불러일으킬 수도 있기 때문입니다.

이렇게 학급에서 일어나는 문제를 함께 고민하고 함께 해결해 나가는 민주 학급의 회의 문화는 우리 반 질서가 유지되는 데 큰 도움이 되기도 하지만, 훗날 아이들이 자라서 어른이 되어서도 문제를 스스로 해결할 수 있는 민주 시민 역량이 길러지리라 기대합니다.

안전한 복도 통행을 위한 오천조 규칙 지키기

2022년 어느 날, 교육청에서 같이 일했던 TF팀 선생님 중 한 분이 전화를 주셨습니다.

"부장님, 전에 복도 통행 아이디어가 있다고 하셨는데, 그게 무엇인가요?"

"왜 그러시죠?"

"우리 학교 교장 선생님께서 부임하셔서 아이들이 복도에서 너무 뛰어다닌다고 복도 통행을 잘할 수 있도록 대책을 마련하라고 하시는데, 전에 부장님께 들었던 이야기가 생각이 나서 전화를 드렸습니다."

"아~ 오천조를 말씀하시는 거군요. 제가 오천조 자료를 메일로 보내 드리겠습니다."

몇 년 전에 같이 근무했던 선생님 중 한 분이 오천조에 대해 물어보셔서 자료를 보내 드렸던 적도 있었습니다. 그 학교는 오천조 복도 통행 규칙을 바로 실행했는데, 층마다 오천조 배너를 설치하기도 하였습니다.

복도 통행 문제는 거의 모든 학교에서 고민하는 것 같았습니다. 저도 오천조 통행 규칙을 만들기 전까지는 복도 통행에 대해 고민을 많이 했습니다. 제가 근무했던 학교 아이들이 복도에서 천천히 걸어가는 것을 본 적이 별로 없었습니다. 복도를 뛰어다니는 아이들, 장난치는 아이들, 시끄럽게 떠드는 아이들을 보면 '왜 저렇게 복도에서 질서를 지키지 않을까?' 하는 생각이 들었습니다.

저는 복도에서 뛰어다니는 아이가 있으면 세워서 따끔하게 야단을 치고 보냅니다. 하지만 그때뿐, 제 눈에서 벗어나면 또 뛰어다니고 장난을 치게 됩니다. 문제는 한두 명이 아니라는 점이고, 더 문제는 많은 선생님들이 복도에서 아이들이 뛰어다녀도 엄하게 지도하지 않는다는 것입니다.

복도는 모든 사람이 다니는 길이기 때문에 장난치거나 뛰어다니면서 통행에 방해해서는 안 된다고 지도하였지만 잘 실천되지는 않았습니다. 그래서 어떻게 하면 아이들이 복도 통행을 잘할 수 있을까 고민해 보았습니다. 그러다가 한번은 지갑에서 운전면허증을 보고 우리 아이들에게도 '복도 통행 면허 시험'을 쳐서 복도를 바르게 통행하도록 하면 좋겠다는 생각이 들었습니다. 복도를 바르게 통행할 수 있는 시험을 통해 통행 자격증을 주는 것입니다.

복도 통행 면허 제도는 복도 통행 면허 시험에 합격한 학생에게만 면허증을 수여합니다. 만약 복도 통행 규칙을 어기면 하루 동안 면허증을 반납하고 규칙에 따라 일정 구간 통행 연습을 해야 다시 면허증을 받을 수 있습니다.

복도 통행 면허 시험은 1차 구두시험과 2차 실기 시험이 있는데 구두시험은 4가지의 질문을 해서 답을 맞히면 통과하고 구두시험에 통과한 학생은 2차 실기 시험을 볼 수 있습니다.

구두시험 4가지 질문은 누구나 알고 있는 쉬운 내용이며 다음과 같습니다.

〈복도 통행 면허 1차 구두시험 문제〉

1. 복도를 다닐 때 오른쪽으로 다녀야 하나요? 왼쪽으로 다녀야 하나요?
2. 복도를 다닐 때 천천히 걸어가야 하나요? 뛰어다녀야 하나요?
3. 복도를 다닐 때 조용히 다녀야 하나요? 시끄럽게 떠들면서 다녀야 하나요?
4. 복도를 다닐 때 한 줄로 가는 게 좋을까요? 여러 줄로 가는 게 좋을까요?

1차 구두시험에 통과한 아이는 약 20m 정도의 복도를 돌아오는 실기 시험을 쳐야 합니다. 실기 시험을 치기 전에 오른쪽으로 천천히, 조용히, 한 줄로 복도를 다니는 연습을 한 시간 정도 합니다. 대부분의 아이들은 실기 시험에 굉장히 조심하면서 복도 통행을 잘하여 통과됩니다. 평소에도 이렇게 복도를 다니면 얼마나 좋을까 하는 생각이 들 정도입니다.

　2차 실기 시험에 통과한 친구에게는 복도 통행 면허증을 발급해 줍니다. 복도 통행 면허증은 어른들이 가지고 있는 운전면허증과 거의 흡사하게 만들고 앞면에는 아이들 사진과 면허 번호, 발급한 날짜, 발급한 기관이 명시되어 있으며 뒷면에는 복도 통행 시 지켜야 할 규칙들을 제시해 놓았습니다. 면허증을 코팅하여 아이들에게 나누어 주면 아이들은 엄청나게 좋아하면서 뿌듯해합니다. 어떤 선생님은 환경 게시판에 면허증을 모두 부착해 주고 규칙을 어긴 아이는 면허증을 반납해야 하기 때문에 게시판에서 떼어 내어 선생님이 따로 보관하기도 합니다. 물론 일정한 연습을 하면 다음 날에 다시 돌려줍니다. 면허증이 없는 아이는 쉬는 시간, 점심시간에 복도 통행 연습을 10회 정도 하게 한 후 다시 시험을 쳐서 통과하면 면허증을 돌려줍니다. 그리고 우리는 이 규칙을 '오천조' 복도 통행 규칙이라고 불렀습니다.

　'**오**른쪽으로, **천**천히, **조**용히'

　이 복도 통행 면허제도를 실시한 이후에 전교생에게 적용해 보았으며 대부분의 아이들이 스스로 복도 통행을 잘하게 되었고 그 모습을 본 선생님들은 너무 이쁘고 귀여워서 칭찬을 아끼지 않았습니다. 그해 우리 학교에서 가장 유행했던 말은 바로 '오천조'였습니다.

　물론 순간적으로 복도를 뛰어 규칙을 어기는 아이도 있습니다. 그럴 때는 어떤 선생님이라도 오천조 규칙을 알려 주고 그 자리에서 복도 통행 연습 3번 하기를 시킵니다. 구구절절 잔소리하지 않아도 됩니다. 오천조 복도 통행 규칙은 모든 선생님들이 다 같이 관심을 가지고 실천하도록 지도

하여야 효과가 있습니다. 누구라도 오천조를 지키지 않는 아이를 보면 "오천조를 지키지 않았구나. 여기서부터 저기까지 3번 오천조 연습을 하고 오세요."라고 지도해야 합니다. 그러면 그 아이는 오천조 연습하면서 자신의 행동을 반성하게 되고 또 복도 통행도 연습하게 되면서 조금씩 규칙을 지키려고 하게 됩니다.

  복도 통행 면허 시험 제도, 오천조 등이 아이들 복도 통행을 바르게 하게 하는 정답은 아닐지 모르지만, 학교에 어떤 문제가 있을 때 우리 선생님들이 다양한 아이디어를 내어 함께 해결해 나가고자 하는 문화가 중요한 것 같습니다. 중요한 것은 일일이 잔소리하는 것보다는 일정한 규칙이나 프로그램을 통해 아이들이 반복 훈련을 하고 습관화되도록 하여 질서를 잘 지키는 아이들로 성장하게 만드는 것입니다.

질서를 지키는 습관에도
훈련이 필요하다

저는 학급 경영할 때 우리 반 아이들이 질서를 잘 지키도록 지도합니다. 그중에서도 복도 통행 지도와 급식 질서를 강조합니다. 둘 다 이동해야 하는 질서이기에 학기 초에 오천조 훈련을 집중적으로 실시합니다. 오천조는 '오른쪽으로 천천히 조용히'라는 뜻이며 이 훈련은 아이들이 복도에서 바르게 통행하는 습관을 기르는 훈련입니다.

복도에서 질서 있게 다니는 오천조 규칙을 잘 지키게 되면 다른 장소로 이동할 때 질서를 잘 지키는 훈련을 합니다. 우리 학교는 체육관이 운동장 너머에 있어서 우천로를 따라 5분 정도 걸어가야 합니다. 3월에는 제가 직접 바르게 이동하도록 지도합니다. 제가 앞장서고 아이들이 한 줄로 뒤따라오는데 두 가지 규칙을 강조합니다. 앞 친구와 간격 유지하기, 뒤돌아보고 이야기하지 않기입니다. 줄 서서 이동할 때 가장 잘 안되는 것이 바로 뒤돌아보고 이야기하지 않기입니다. 우리 반은 뒤돌아보면 제일 뒤로 가는 규칙이 정해져 있으며 체육관에 다녀와서 성찰 일기를 써야 하기 때문에 아이들이 조심하는 편입니다. 3월 한 달 동안 이 규칙을 엄격하게 지키면 아이들 스스로 이동하는 법을 익히게 됩니다. 그리고 4월부터는 제가 앞장서지 않고 우리 반 체육부장이 맨 앞에서 인솔하며 이동하도록 지도하였습니다. 저는 조회대에서 아이들이 질서 있게 이동하는지 확인하고 잘 지키지 않는 아이는 따로 불러서 지도합니다. 5월부터는 교실에서부터 아이들이 스스로 질서 있게 이동하게 하였습니다. 처음엔 엄격하게 질서를 잡고 그다음 지속적으로 훈련을 시키면 아이들은 생각보다 잘합니다. 그리고 우리 반은 질서를 가장 잘 지킨다며 자랑스럽다고 칭찬해 줍니다.

어떤 선생님께서 우리 반 아이들이 체육관으로 이동할 때 선생님 없이도 너무 질서 있게 잘 다닌다면서 그 비결을 물어보았습니다.

"우리 반 아이들은 자율주행 모드가 있습니다. 자율주행 스위치를 켜면 이동할 때 앞 친구와 간격을 자동으로 유지하며 탈선하지 않게 됩니다. 만약 자율주행 모드가 고장이 나서 이야기하거나 탈선을 하게 되면 A/S를 받기 위해 정비소에 들어가야 하기 때문에 잘 지키려고 노력하는 것 같습니다."

"A/S를 어떻게 받나요?"

"A/S는 왜 질서를 지키지 못했는지 성찰 일기를 쓰고 선생님과 상담하는 것입니다."

이제는 선생님이 따로 말하지 않아도 체육부장이 교실에서 출발하기 전에 이렇게 말합니다.

"모두 자율주행 모드를 켜 주십시오. 5, 4, 3, 2, 1. 이제 출발하겠습니다."

세상에는 공짜가 없습니다. 질서를 지키는 습관도 저절로 되는 것은 없습니다. 선생님이 질서를 지킬 수 있도록 프로그램을 짜고 지속적으로 훈련을 시켜야만 아이들이 자율적으로 질서를 지키는 힘이 생기는 것입니다. 말로만 질서를 지키라고 하는 것은 허공에 대고 소리를 지르는 것과 다를 바가 없습니다.

어느 학교에서 근무하든지 급식소에서 조용히 급식을 해 본 적이 별로 없었던 것 같습니다. 일단 급식소 안으로 들어와 줄을 서서 배식받아야 하기에 줄을 서는 동안 아이들이 떠들고 놀기 때문입니다. 중요한 것은 일부 담임 선생님들만 급식소 안에서 조용히 질서 있게 줄을 서도록 지도한다는 것입니다.

한번은 우리 반 뒤에서 시끄러운 소리가 나서 뒤돌아보니 다른 반 담임 선생님께서 급식소 안에 줄을 서 있는 반 아이들과 순서대로 가위바위보 게임을 하고 선생님을 이기면 앞으로 이동하는 것이었습니다. 아이들은 가위바위보 게임을 좋아해서 자연스럽게 소란스럽게 되었습니다. 아이들과 즐겁게 게임을 하면 아이들은 좋아할지 모르지만, 급식소 안이 소란스럽게 되는 것은 질서 있는 행동이 아닙니다. 공공장소에서는 질서를 지켜야 한다고 가르쳐야 하는데, 오히려 선생님이 그것을 지키지 못하게 한다면 과연 교육적이라고 할 수 있을까요?

우리 반은 급식소 내에서 줄을 설 때 뒤를 돌아보고 이야기하면 맨 뒤로 가는 규칙이 있습니다. 어떨 때는 적용하다가도 어떨 때는 그냥 놔두니까 아이들이 잘 지키지 않게 되어 단호하게 규칙을 적용하였습니다. 그리고 이 규칙은 급식소 가기 전에 미리 안내하고 출발하는 것도 좋습니다.

"급식소 내에서 뒤를 돌아보고 친구와 이야기하면 어떻게 될까요?"
"맨 뒤로 갑니다. 그리고 성찰 일기도 써야 합니다."
"네. 맞습니다. 급식소는 모두가 조용히 급식하는 공공장소이기 때문에 모두 질서를 잘 지켰으면 좋겠습니다."

급식소 질서 지키기 규칙을 꾸준히 실천하여 5월부터는 아이들도 스스로 잘 지키려고 합니다. 그래도 한 번씩 뒤돌아보며 이야기하는 아이가 있으면 뒤로 가라고 합니다. 아이들은 이 규칙을 잘 알고 있기 때문에 인정하고 바로 뒤로 가서 섭니다. 아이들은 아직 어리기에 어쩌다 규칙을 어길 수도 있어 저도 한 번쯤은 봐주고 싶지만, 전제 질서를 위해 단호하게 적용하려고 합니다. 우리 반 아이들이 떠들면 다른 아이들에게 피해를 줄 수 있으니까요.

의도적이든 의도적이지 않든 매일 반복적인 행동으로 습관이 형성됩니다. 그래서 우리 아이들이 바른 습관을 기르게 하기 위해서는 선생님이 의도적으로 매일 훈련을 시켜야 합니다.

가르치는 기술의 일곱 번째 원칙

행복하고 즐거운 학교생활을 만든다

'어떻게 하면 아이들이 조금 더 즐겁게 학교생활을 할 수 있을까?'

'어떻게 하면 아이들이 좀 더 행복해할까?'

'어떻게 하면 아이들과 좋은 추억을 만들 수 있을까?'

담임을 하면서 늘 고민하던 생각이었습니다. 딱히 정답은 없지만, 그해 아이들과 좋은 추억을 만들기 위해 나름 노력해 왔던 것 같습니다. 그리고 그 추억은 저의 마음에 아이들의 마음에 남아 있길 소망합니다.

아이들과
이름 외우기 대결하기

3월 2일, 아이들과의 첫 만남!

항상 맞이하는 새 학년 새 학기이지만 늘 설렘 반 기대 반인 것이 천상 선생인가 봅니다. 이맘때쯤이면 아이들은 담임 선생님이 어떤 선생님인지가 제일 궁금하겠지요? 그리고 아이들과 학부모님들은 좋은 선생님이 담임 선생님이 되길 소망할 겁니다. 물론 선생님도 좋은 아이들과 좋은 학부모들이 있는 반이 걸리기를 바랍니다. 요즘은 선생님의 소망이 더 간절해 보입니다. 아이들과 학부모를 잘 만나야 1년을 잘 지낼 수 있으니까요.

기대 반 걱정 반으로 아이들과 선생님이 서로 만나는 첫날 선생님들은 무엇을 하시나요? 어떤 담임 선생님들은 첫날부터 교과서를 펴고 진도를 나간다고 하는데, 좋은 방법은 아닌 것 같습니다. 1년 동안 지낼 아이들과 첫 만남에서 제일 중요한 것은 친밀감을 형성하는 것입니다. 그래서 학기 초 적응 활동으로 다양한 게임으로 아이들과 친해지고 학급 규칙 등 약속도 정하는 것이 좋습니다. 이것은 1년 동안 학급을 운영하는 데 있어서 기초를 닦는 것입니다.

선생님과 처음 만나는 아이들은 서먹서먹하기 마련입니다. 이러한 어색함을 가장 빨리 무너뜨리는 방법은 아이들의 이름을 정확하게 불러 주는 것입니다. 아이들은 자기 이름을 불러 줄 때 정말 좋아합니다. 특히 25명 정도의 학급이라면 그 많은 아이들 속에서 선생님이 자기 이름을 불러 준다는 것에 존재감을 느낄 수 있으니까요.

저는 사람 이름 외우는 것을 잘 못합니다. 의도적으로 외우지 않으면 반 아이들이라 할지라도 한 달이 지나도록 다 못 외울 만큼 잘 못 외웁니다. 그래서 생각해 낸 방법이 반 아이들과 이름 외우기 대결입니다. 처음 만나 선생님과 아이들이 자기소개를 하고 난 후 반 아이들과 이름 외우기 내기를 하는 거지요.

"오늘부터 3일 동안 선생님은 여러분들의 이름을 다 외우겠습니다. 대신 여러분들도 친구들과 선생님 이름을 다 외워야 합니다. 선생님은 여러분들 중 3명을 지명해서 외우게 할 것입니다. 선생님이 진다면 과자 파티를 하겠습니다. 여러분들이 진다면 선생님에게 ○○을 준비해야 합니다."

"와~~~"

아이들은 저마다 한마디씩 합니다. 대부분의 아이들은 이길 자신이 있다며 선생님과의 첫 대결을 수락합니다. 이때부터 아이들도 서로 모르는 친구에게 다가가 이름을 묻고 외웁니다. 저는 3일 동안 아이들을 한 줄씩 번호 순서대로 앉혀 놓고 수업 시간마다 눈치껏 외웁니다. 금쪽같은 용돈이 나가기 때문에 엄청나게 노력하였습니다.

드디어 결전의 날이 다가왔습니다. 아이들은 이날 치사한(?) 방법까지 동원합니다. 서로 겉옷을 바꿔 입고, 안경도 바꿔 쓰고, 자리까지도 바꿔 앉습니다. 그래도 그냥 모른 척하고 대결을 시작하였습니다.

한 반에 23명이었는데 이름이 잘 기억나지 않는 듯 아이 한 명을 건너뛰고 다른 아이들 이름을 모두 정확하게 말했습니다. 마지막 아이 한 명의 이름을 말할 때 모두가 두 손을 모아 간절히 기도하는 모습이 귀여웠습니다. '아~ 제발 틀렸으면~~' 자신감 있게 마지막 아이 이름을 말했는데 아이들이 '와~~' 하며 환호성을 질렀습니다. 저는 틀린 줄 몰랐는데 이름 말고 성을 틀리게 말한 것이었습니다. 정말 이기고 싶었는데 이름 외우기 대결에서 지고 말았습니다. 할 수 없이 아이들에게 다음날 과자 파티를 한다고 하며 과자는 선생님이 사 올 건데 그래도 좋아하는 과자가 있으면 들고 오라고 하였습니다.

이 대결로 저는 아이들의 이름을 다 외웠고 아이들과도 좀 더 친해진 것 같은 느낌이 들었습니다. 반 아이들끼리도 좀 더 친해진 것 같았습니다. 제 용돈도 일부 빠져나가긴 했지만, 아이들과 추억을 남기는데 이 정도는 괜찮지 않을까요?

퀴즈로 자기 소개하기

첫 만남에서 친한 친구도 있지만 잘 모르는 친구도 있으며 선생님 또한 생소합니다. 그래서 첫날이나 둘째 날에 자기소개를 하면 좋습니다. 아이들과 첫 만남에서는 선생님을 소개하면 좋습니다. 아이들은 담임 선생님이 어떤 분인지 궁금해하기 때문입니다. 그래서 저는 이름을 바로 말하지 않고 칠판에 이름의 초성을 크게 쓴 후 하나씩 맞혀 보라고 하였습니다. 이때부터는 아이들과 게임을 합니다. 호기심에 재미까지 있으니 모든 관심이 선생님에게 쏠릴 수밖에 없습니다. 그리고 선생님의 나이, 몸무게, 키, 좋아하는 운동 등을 알아맞혀 보라고 하며 퀴즈를 냅니다. 이렇게 하다 보면 자연스럽게 아이들과 선생님 사이에 친밀감이 생기는 것을 느낄 수 있습니다.

그리고 아이들에게 자기 소개할 내용을 간단하게 적어 보라고 하고 한 명씩 나와 자기소개를 합니다. 소개할 때 자기 이름을 칠판에 가장 크게 쓴 뒤에 잘 기억하도록 인상 깊은 특징을 반드시 몇 가지 말합니다. 그중 자기가 잘하는 재능이나 특기 등을 발표해도 됩니다. 자기소개 전에 선생님은 모든 아이들이 다 발표하고 나면 친구 특징을 말하고 친구 이름 맞히기 게임을 한다고 예고하여 주의 깊게 발표를 듣도록 합니다. 물론 선생님은 미리 메모하면서 들어야 합니다.

아는 형님이라는 프로그램을 보면 게스트가 나와 각종 게임을 하다 자기소개 시간에 자기에 대한 질문을 하면 답을 맞히는 코너가 있습니다. 도대체가 맞힐 수 없는 질문을 온갖 상상을 하면서 답을 알아가는 모습이 참 재미가 있었습니다. 물론 유명한 연예인들의 입담이 우습기도 하였지만, 게스트 또한 즐거운 시간이 됩니다.

  우리 반 자기소개도 이런 콘셉트로 해 보면 어떨까요? 사전에 10분 정도 시간을 주고 이름 등 3가지 소개할 내용을 적은 후 나머지는 자기를 알 수 있는 질문 1가지를 만들어 보게 하는 겁니다. 그리고 한 명씩 나와서 자기소개 3가지 정도를 말하고 아이들에게 한 가지 질문을 해서 맞히게 하는 것입니다.

  "우리 가족들이 나에게 붙여 준 별명이 있습니다. 무엇일까요?", "1학년 때 나를 가장 힘들게 한 것이 있는데 그것은 무엇일까요?", "작년에 친구 때문에 당황한 적이 있는데 무엇 때문일까요?" 등등 친구들의 습성이나 특기, 환경, 과거 등을 알 수 있는 장점도 있겠지만 무엇보다 지루하지 않고 즐겁게 참여할 수 있다는 장점이 있습니다. 그냥 하루 첫날 정도는 이렇게 신나게 아이들과 선생님이 서로를 알아가는 것도 의미가 있지 않을까요?? 물론 선생님도 맨 마지막에 출연하여 아이들을 즐겁게 해 주면 더 좋을 것 같습니다.

칭찬통장으로
자기효능감 기르기

　자신이 선택해서 시도한 행동이 성공할 때 아이들은 나도 할 수 있다는 '자기효능감'을 얻게 됩니다. 한 번의 성공 경험은 다음 도전을 준비하게 하고 이 자기효능감이 반복되면 그야말로 불가능한 상황, 불안한 상황에서도 '도전 행동'을 지속할 수 있게 해 줍니다. 그래서 전문가들은 '작은 성공을 자주 경험하게 하라'고 충고합니다.

　도파민은 강화 학습과 동기, 습관 형성에서 중요한 역할을 하는 신경 조절 물질입니다. 도파민은 동기와 깊이 연관되어 있으며 도파민의 분비가 많을수록 신경 네트워크가 움직임을 일으키기 쉬운 상태가 됩니다. 그렇다면 도파민은 언제 분비될까요? 도파민은 예상보다 많은 보상이 주어질 때 분비되어, 보상을 획득하기 위한 행동을 하기 쉬운 상태로 만들어 줍니다.

　많은 선생님들이 아이들이 학급에서 열심히 잘하도록 칭찬 스티커 같은 보상 제도를 운영합니다. 하지만 일부 교육 전문가들은 이 보상 제도가 과연 아이들에게 얼마나 효과적인가에 대해서는 의문을 제기하며, 오히려 이러한 보상이 아이들에게 보상심리를 키워서 더 큰 보상이 없을 경우 시도하거나 도전하지 않으려는 부작용이 있기 때문에 칭찬 스티커 같은 보상 제도는 하지 않는 것이 좋다고 합니다.

　동전의 양면처럼 보상 제도에는 장단점이 있습니다. 잘한 행동에 대해 즉석 보상으로 칭찬 스티커를 줄 경우, 받는 아이와 받지 못하는 아이가 게시판에 직접적으로 비교되기 때문에 경쟁심을 부추기기도 하고 받지 못하는 아이에게는 정서적으로도 좋지 않습니다. 반면에 칭찬 스티커를 받은 아이는 기분이 좋고 성취감도 느끼겠죠.

당근과 채찍에 비유하는 보상과 처벌은 아이들에게 외적 동기를 부여합니다. 당근과 채찍은 심리학에서 '크레스피 효과'라고 하며 전보다 더 많은 보상과 처벌이 행동 변화와 능률 향상에 영향을 미치기도 하지만, 그 이후에 더 좋은 보상이 없다면, 당연히 실망해서 오히려 그 효력이 떨어지게 된다고 합니다.

저도 학급 경영하면서 칭찬 스티커 등 보상 제도를 많이 활용하는 편이었습니다. 아이들이 자발적으로 하고자 하는 내적 동기에 의해 열심히 잘 한다면 얼마나 좋겠습니까? 우리 어른들도 직장에서 내적 동기에 의해 열심히 하는 사람들이 얼마나 될까요? 아이들도 마찬가지라고 생각합니다. 처음에는 외적 동기를 가지고 열심히 노력해서 보상받은 것에 만족하고 또 더 큰 보상을 받으려고 노력할 수도 있겠지만 열심히 노력해서 목표를 이루고 성공했을 때 느꼈던 성취감과 보람을 깨닫게 된다면 이 성취감과 보람이 내적 동기화 될 수도 있을 것입니다.

또한, 아이들의 경우는 경험해 보지 못한 습관들을 도전해 봄으로써 보상과 함께 좋은 습관이 형성될 가능성도 있기 때문에 즉석에서 제공하는 스티커와 같은 보상보다는 꾸준한 노력으로 큰 목표를 달성할 수 있는 도전에 대한 보상도 큰 효과가 있었습니다. 이 당근과 같은 보상이 바로 '칭찬통장'입니다.

학기 초에 반 아이들에게 칭찬통장을 하나씩 선물해 줍니다. 이 칭찬통장은 용돈기입장을 활용하는데, 수입과 지출, 누가 금액 등을 기록하기에 적합하기 때문입니다. 1학기 동안 칭찬 점수를 모으면 알뜰 시장에서 물건을 살 때 캐시처럼 사용할 수 있고, 3만 점을 모으면 선생님과 함께 영화 보기, 삼겹살 파티, 뷔페 가기 등 이벤트에 함께 할 수 있다고 안내합니다. 그리고 모을 수 있는 점수를 하나씩 공개를 합니다. 그리고 모둠통장이 있는데 모둠에서 점수를 획득하면 일주일에 한 번씩 모둠 아이들이 모은 모둠 점수를 서로 개인 칭찬통장에 나누어 가집니다. 모둠통장은 모둠 친구들과 토의 활동, 협력 활동, 게임 등을 할 때 점수를 획득하게 되는데 이는 모둠 친구들끼리 협동하는 태도를 기르는 데 매우 유용합니다.

- 바른생활실천기록표 90점 이상이면 100점
- 급식 깨끗이 다 먹으면 200점
- 숙제를 제대로 제출하면 200점
- 주제 일기를 잘 써 오면 최대 500점
- 수업 시간에 발표하면 최대 200점
- 책 1권 읽으면 100점~500점
- 미술 작품, 글짓기 작품 제출하면 최대 300점
- 팀 협동 점수(모둠원끼리 나누어 가지기)

 칭찬통장은 1등, 2등, 3등 순위를 매기는 경쟁 제도가 아니라 최선을 다하고 열심히 노력하면 누구든지 받을 수 있는 공평한 보상 제도입니다. 노력과 도전에 대한 당근인 셈입니다. 그리고 당장 보상을 받는 것이 아니라 3만 점을 모으면 더 큰 보상이 있어 꾸준히 열심히 노력해야 하는데, 보통의 아이라면 석 달 정도 열심히 모아야 3만 점을 채울 수 있습니다. 큰 목표를 위해 작은 목표를 하나씩 달성해 나갈 때 적금통장에 매달 적립된 것을 보는 것처럼 쌓여 가는 칭찬 점수를 보면서 스스로 만족해하고 보람을 느끼는 아이들도 있습니다.
 3만 점을 모은 아이는 삼만 점 클럽에 가입하게 되는데 이 클럽에 가입한 아이들은 선생님과 함께하는 이벤트에 참가할 수 있습니다. 삼겹살 회식, 프로야구 경기 관람, 키즈파크에서 놀기, 뷔페에 가서 맛있게 먹기, 워터파크에서 물놀이하기, 영화 보기 등 아이들이 좋아할 만한 이벤트를 만들어 희망하는 아이들끼리 함께하며 즐거운 추억을 만들 수 있습니다.
 칭찬통장 제도를 운영할 때 주의해야 할 점은 아이가 잘못된 행동을 한다고 해서 칭찬통장 점수를 빼지 않는 것입니다. 만약 점수를 뺀다면 오히려 아이들은 흥미를 잃어버리게 됩니다. 잘못된 행동은 성찰 일기 등으로 고쳐 나가도록 하면 됩니다. 칭찬통장의 점수는 계속 쌓여야 동기가 더 부여됩니다.

　칭찬통장 점수를 모으기 위해 잘 읽지 않던 책을 읽기 시작한 아이가 있었습니다. 하루 지나면 다 읽은 책을 들고 와서 확인받곤 하였습니다. 중요한 것은 처음에는 100쪽 정도의 동화책이었던 것이 점점 150쪽, 나중에는 200쪽 이상의 책도 읽게 되었다는 것입니다. 많이 읽었다는 것도 중요하지만 4학년 수준에서 200쪽 이상 되는 책도 거뜬히 읽을 수 있다는 것을 보면서 적어도 이 아이는 책 읽는 습관이 향상되었다는 것을 느낄 수 있었습니다.

　그리고 처음에 김치를 못 먹었는데 칭찬통장에 점수를 모으기 위해 한두 번 도전해 보고 결국 김치를 먹을 수 있게 되었고, 그런 자신이 뿌듯하다고 자랑하는 아이도 있었습니다. 처음엔 외적 동기로 시작했지만 이렇게 좋은 습관이 된다는 것은 또 다른 보상이 아닐까요? 작은 습관 하나가 바뀌는 데 21일이 걸리며 조금 더 복잡한 습관을 바꾸는 데는 66일이 걸린다고 하는데, 1년 동안 도전해 본다면 좋은 습관도 기를 수 있을 것 같습니다.

　칭찬 점수를 받으려면 게임이나 대회에서 1등, 2등이 아니라 책을 꾸준히 읽고, 주제 일기를 열심히 쓰고, 수업 시간에 열심히 공부하고, 팀 활동에 열심히 협동 잘해야 합니다. 대부분이 도전이나 노력에 대한 보상이기 때문에 점수를 받고 칭찬통장에 적을 때 잘했다는 자기효능감도 느낄 수 있을 것입니다. 작은 성공이 모여 큰 성공이 되고, 작은 성취감이 모여 자기효능감이 생기는 것입니다. 자기효능감도 높아지고 좋은 습관도 기른다면 칭찬통장은 아이들의 성장통장이 될 것입니다.

아이들의 자존감을 살리는 버츄프로젝트

 그동안 읽으려고 사 놓은 책들이 수북이 쌓여 있었는데, 이번 방학에는 꼭 다 읽어야지 결심하였습니다. 방학 내내 책 읽는 즐거움에 빠져서 열심히 책을 읽었습니다. 책을 읽으면서 생각도 많이 하고 교사로서 이렇게 하는 것이 맞는지 고민도 하고 반성도 하였습니다. 방학 동안 읽은 책 중에서 권영애 선생님이 쓰신 《버츄프로젝트 수업》은 많은 감동을 주었습니다.

> '할 수 있는 아이, 나를 믿는 아이, 자존감, 효능감을 만드는 버츄프로젝트'는 아이에게 최상의 것을 주기 위해 온갖 책을 읽고, 강연을 듣고, 교육법을 시도해 보는 부모와 교사들. 그러나 때로 아이들은 이런 노력에도 아무런 반응을 보이지 않고, 심지어 더욱 수동적인 모습을 보여 준다. 화내거나 잔소리하지 않으면 스스로 공부하지 않는 아이들, 혼나지 않기 위해서만 움직이는 아이들. 정말 아이들은 원래 그런 존재일까? 무엇이 문제일까?
> '아이들은 원래 보석이다.'라는 버츄프로젝트의 핵심 메시지는 아이의 잘 잘못을 가르치고 훈육하는 방식이 아니라 아이 스스로 자신 안에 있는 미덕 보석을 찾을 수 있도록 돕고 그것을 갈고닦아 자신만의 강점이 되도록 돕는다. 또한, 반복되는 잘못된 행동들이나 실수, 실패 등을 꾸짖는 게 아니라 그것을 극복하게 해 줄 잠자는 내면의 미덕을 스스로 찾고 반복적으로 훈련함으로써 이겨 내게 한다. 누구 때문도 무엇 때문도 아니라 스스로가 원하고 스스로의 힘으로 원하는 것을 만들어 간다. 가르치

고 훈육하는, 어른이 주입하는 방식이 아니라 이미 아이들 내면에 있는 잠재성을 스스로 찾아 성장하는 자기 주도적 방식이다.

버츄프로젝트는 단지 너그러운 교육이 아니다. 먼저 아이들이 스스로를 믿게 하고, 자기주도성을 회복하게 한다. 존중받으며 내가 존중받아야 할 존재라고 확신하게 된 아이들은 존중받을 만한 사람이 되기 위해 노력한다. 부모나 교사가 보아 준 모습에 더 어울리는 행동과 마음가짐을 원하게 된 아이들은 스스로 원해서 원칙을 지키고 목표를 달성한다. 그래서 버츄프로젝트 수업은 자기효능감을 높이는 '할 수 있는 아이'를 만드는 교육이다.

<버츄프로젝트 수업 출판사 리뷰에서>

인간의 뇌는 1%의 의식과 99%의 무의식으로 이루어져 있는데 오감을 통해 경험한 그것 중 1%가 의식 공간에 저장되고 99%는 무의식 속에서 경험에 의한 정서(감정)로 저장된다고 합니다. 우리 인간의 뇌는 3층으로 이루어져 있다고 봤을 때 1층은 파충류의 뇌로써 먹고, 자고 하는 본능적인 기능을 하는 뇌의 영역이고 2층은 포유류의 뇌로써 기쁨, 즐거움, 괴로움, 분노, 슬픔, 아픔 등 감정적으로 반응하는 기능의 뇌 영역이며, 가장 높은 단계의 3층은 고등동물인 인간이 가지는 비판적 사고, 분석, 판단, 비교 등 이성적으로 반응하는 뇌 영역이라고 합니다. 아이들은 아직 미완성된 인격체이기 때문에 이성적 판단보다는 2층 뇌의 감정적 반응이 우선되기 마련이라고 합니다.

아이가 실패했을 때의 경험이 무의식에 저장되는데 이때 부모님이나 선생님의 반응에 따라 큰 차이가 납니다. 실수하거나 실패했을 때 비난이나 질책, 야단, 체벌 등 부정적인 반응을 보인다면 아이의 수치심과 자괴감, 무능감 등의 정서가 편도체에 빠르게 전달되어 뇌의 무의식 공간에 저장됩니다. 이는 다음에 비슷한 실수를 하거나 실패했을 때 이성적 판단보다 더 빠르게 편도체에 저장된 부정적인 정서(감정)가 먼저 반응하면서 스스로 방어체제를 갖추어 혼날 것을 대비하여 각종 거짓말로 자신을 보호하거나 지나치게 격한 반응을 보이거나, 공격성 행동으로 나타나게 됩니다.

이처럼 실수나 실패에 대해 비난, 질책, 체벌 등 부정적인 반응을 보일 경우 그 아이의 무의식 속에 수치심, 자괴감, 절망 등의 부정적인 정서를 저장하게 되고 앞으로 무엇을 하게 될 경우 실수나 실패에 대한 두려움이 먼저 반응을 보여서 위축되어 소극적으로 행동하게 됩니다.

하지만 실수나 실패한 경험에 대해 주변에서 "괜찮아, 그럴 수 있어. 네가 일부러 그런 건 아니잖아.", "네 실수가 아니야.", "누구나 그럴 수 있단다."라고 긍정적인 반응을 보인다면 그 아이의 무의식 속에 '아~ 내가 큰 잘못을 한 게 아닌가?' 하면서 그 상황을 편안하게 받아들여 부정적인 자아개념을 만들지 않게 됩니다.

실수나 실패에 대해 긍정적인 반응을 보일 경우 무의식 속에 '괜찮아, 난 할 수 있어.'라는 정서가 저장되어 스스로 자책하거나 위축되지 않으며 앞으로도 자신감 있게 행동할 가능성이 큽니다. 이처럼 부모와 선생님의 반응은 아이의 자존감에 큰 영향력을 발휘하게 됩니다.

아이들은 생김새가 다르듯이 성격도 다르고 성향도 다르며, 능력도 각각 다릅니다. 하지만 버츄프로젝트에서는 아이들의 내면에 52가지 미덕을 모두 가지고 있다고 합니다. 단지 아이들마다 발달 정도와 성격, 가정환경에 따라 실천할 수 있는 미덕을 다르게 가지고 있을 뿐입니다. 우리 반에도 아이들이 모두 인정하는 모범 아이가 있는데 그 아이는 착함, 배려, 친절, 책임 등의 미덕을 많이 가지고 있습니다. 반면에 거의 미덕을 찾지 못해 매일매일 문제를 일으키고 친구들이 싫어하는 행동을 아무렇지도 않게 하는 아이도 있습니다.

버츄프로젝트에 의하면 이 두 아이는 모두 소중하고 사랑받을 아이이며 단지 갖고 있는 미덕이 적다고 해서 야단치거나 문제아라고 치부하는 것을 조심하라고 합니다. 존재 그 자체만으로도 존중받아야 하며, 아직 찾아내지 못한 미덕은 선생님이 찾아서 보석으로 만들어 주어야 하는 존재이기 때문에 사랑과 존중, 믿음으로 그 아이를 바라봐야 하며, 이를 통해 아이는 자존감을 회복하고 자신 있는 사람, 아름다운 사람으로 성장할 수 있다고 합니다.

《버츄프로젝트 수업》에서 가장 인상적이었던 것은 잘못하는 아이, 실수하는 아이들도 태어나면서부터 모든 아이들처럼 원석을 가지고 있으며, 아직 그 원석을 발견 못 한 것뿐이며 부모님과 선생님은 아이들이 잘못할 때 그 원석을 찾아 주어서 갈고닦아 보석으로 만들어 주는 것이 중요하다는 것이었습니다. 결국은 실수해도 실패해도, 성공해도 아이들을 있는 그대로 바라봐 주면서 아이들의 자존감을 높여 주는 프로젝트가 바로 버츄프로젝트인 것입니다.

하지만 저 자신도 그동안 문제 아이에 대해서는 '어떻게 하면 저 아이의 문제행동을 고쳐 주지? 아, 머리 아프다.' 하면서 고쳐 주려고만 하였습니다. 이미 그 아이를 문제 아이라고 받아들이는 순간 그 아이의 행동이 스트레스가 되고 달콤한 보상과 훈계, 비난, 질책과 경고를 사용하려고 하였습니다. 하지만 중요한 것은 그 아이를 있는 그대로 바라보면서 언제든지 아이 안에 있는 미덕(잘할 수 있는 52가지 가능성)을 끌어내서 그 아이의 자존감을 바르게 세워 주는 데 도움을 주어야 한다는 것을 깨달았습니다.

우리 반에 ○○는 자기가 잘못한 일이 있거나 실수를 하게 되면 무조건 자기가 아니라면서 거짓말을 하거나 다른 아이도 다 그랬다면서 핑계를 대기 일쑤였습니다. 그때마다 그런 행동에 대해 야단부터 치고 훈계를 늘어놓았습니다. 물론 그 아이의 행동은 그때뿐이며 크게 달라지지 않았습니다. 그 아이는 그동안의 경험이 저장된 무의식에 자기 방어체제를 먼저 가동한 것입니다. 버츄프로젝트 책을 읽고 그 아이는 그동안 자신의 실수에 대해 저렇게 반응할 수밖에 없었다는 것을 알게 되어 교사로서 내가 어떻게 반응해야 할지 알 수 있게 되었습니다.

 단지 그렇게 행동할 수밖에 없었던 것을 인정하고 그렇게 하지 않으려면 어떻게 해야 하는지 생각해 보면서 스스로 자신 내면에 있는 미덕 중 하나를 찾게 하고 노력할 수 있도록 격려와 용기를 주어야 한다는 것을 알게 되었습니다.

 숙제를 안 해 왔을 때 보통의 경우 이렇게 하였습니다.

 "숙제 왜 안 해 왔니?"

 "학원을 늦게 마쳐서 피곤했어요."

 "그러면 규칙이 뭐니?"

 "성찰 일기 쓰고 쉬는 시간 없이 숙제 마무리하는 것입니다."

 "만약 그렇게 하지 않으면 다음 날도 쉬는 시간 없으니 꼭 해야 해."

 이런 상황에서 문제행동을 결과 중심으로 해결하려고 했으며 아이의 내면에 있는 내적 동기를 일으키기보다는 어떻게든 숙제는 꼭 해야 한다는 것을 강조하면서 행동 교정에 맞추어 지도하였습니다. 버츄프로젝트 방법으로 이 아이와 다음과 같이 이야기해 보았습니다.

 "오늘 숙제를 내야 하는데 숙제를 안 냈더구나. 숙제를 안 낸 이유를 말해 줄 수 있겠니?"

 "학원을 늦게 마쳐서 피곤했어요."

 "그랬구나. 학원을 늦게 마쳐서 몹시 피곤했겠구나. 학원에서 열심히 공부한 것은 참 잘했다고 생각해. 하지만 많이 피곤할 때 숙제해 오려면 어떻게 해야 할까?"

 "학원 가기 전에 미리 숙제해야 할 것 같아요. 학원 다녀오고 나면 너무 피곤해서 숙제하기가 힘들거든요."

 "그렇구나. 숙제를 다 하기 위해 시간을 조절해야 한다고 생각해 낸 것도 대단하다. 숙제를 해내기 위해 또 다른 미덕이 뭐가 있을까?"

 "책임, 최선이에요."

"너의 마음속에서 책임과 최선이라는 미덕을 찾아내 주어서 고맙다. 이걸 해낸다면 책임과 최선이라는 보석을 갖게 될 거고 너는 책임감 있는 아이가 될 거라 믿어."

이 방법은 버츄프로젝트의 한 기법 중 '인교감 기법'입니다. 제일 먼저 행동에 대해 인정해 주고 다음에 해야 할 행동을 교정하는 방법을 알려 주면서 마지막으로 감사를 표현하는 것입니다. 간단하지만 좋은 방법인 것 같았습니다.

인교감 기법은 앞뒤에 인정과 감사를 포장하고 가운데 달라졌으면 하는 행동을 찾아내도록 하는 것이어서 샌드위치 기법이라고도 합니다. 이 방법은 아이의 자존심에 상처를 주지 않고 자존감을 낮게 하지 않으면서 자기가 해야 할 행동과 미덕을 찾아내도록 하므로 선생님도 화를 내지 않고 편안하게 상담할 수 있습니다.

이렇게 아이의 마음을 끌어내기 위한 대화를 했다고 해서 이 아이가 그 다음 날 완벽하게 달라지지는 않겠지만, 적어도 이 아이와 선생님의 마음에 불안감, 화, 짜증 같은 부정적인 감정은 줄어들었습니다. 그리고 용기, 격려, 평화와 같은 긍정적인 감정으로 문제를 해결하려고 하였기 때문에 시간을 두고 발전할 수 있다는 가능성을 가진 아이로 바라볼 수 있게 되었습니다.

광산에서 원석을 찾기도 힘들지만, 원석을 보석으로 가공하는 것 또한 시간과 노력이 필요하므로 부모와 선생님의 아이를 바라보는 관점과 태도가 가장 중요한 것 같습니다. 사람은 누구나 인지하는 것만 눈에 보인다고 합니다. 어떤 차를 사고 싶으면 어느 순간 그 차가 눈에 많이 보이는 이치와 같습니다. 우리 선생님들이 버츄프로젝트의 '아이를 있는 그대로 보고 가능성을 발견하라.'라는 기본을 발견한다면 수많은 아이들이 스스로 이겨 내는 힘인 자존감을 높여 당당하고 멋진 어른으로 성장하리라 믿습니다.

친구와 함께하는
생일 잔치

　우리 반 아이들이 가장 좋아하는 것은 즐겁게 노는 것입니다. 공부를 좋아하면 더할 나위가 없겠지만, 그건 선생님의 욕심이겠지요. 쉬는 시간만 되면 1초라도 더 놀기 위해 최선을 다합니다. 놀이할 때 몰입도는 공부할 때의 몰입도와는 비교가 되지 않을 정도로 대단합니다. 그만큼 아이들은 노는 것을 좋아합니다.
　그래서 우리 반은 한 달에 한 번 즐겁게 노는 시간을 마련하였습니다. 그것은 바로 생일 잔치입니다. 매월 마지막 주 요일을 정해 창의적 체험활동 시간을 2시간 확보하여 아이들이 마음껏 놀 수 있도록 하였습니다. 학기 초에 아이들의 생일을 월별로 조사해서 그 아이의 생일이 되는 날 아침 자습 시간에 다른 아이들이 그 아이의 생일을 축하하는 생일 축하 편지를 쓰도록 합니다. 생일을 맞이하는 친구의 좋은 점, 하고 싶은 말 등을 편지로 쓰고 배경에 그림도 그리고 꾸며서 만듭니다. 아이들 나름대로 정성을 다해 만들어 선생님에게 제출하고 나면 선생님은 모두 모아서 표지를 만들고 쫄대 파일에 끼워서 생일 축하 편지 책을 만들어 생일 잔치하는 날 전달합니다. 생일 잔치 1부는 생일 축하 노래를 부르고 생일 편지를 전달합니다. 그리고 2부에는 우리 반 아이들이 준비한 생일 축하 장기자랑을 진행합니다. 그리고 마지막 3부에는 과자 파티를 합니다.
　생일 잔치는 1주일 전부터 준비합니다. 먼저 사회자와 장기자랑을 신청받는데, 사회자와 장기자랑 신청서를 게시판에 붙여 놓으면 아이들이 자유롭게 신청란에 기록하면 됩니다. 사회자는 매월 신청자를 받아 신청자가 많을 경우 반 아이들 앞에서 오디션을 보고 아이들이 투표해서 2명을 뽑습니다. 사회자로 뽑힌 아이들은 장기자랑 신청서를 보고 의논해서 시나리오를 짜며 진행 준비를 합니다. 사회자로 뽑힌 아이들은 생각보다 재미있는 시나리오를 짜서 진짜 MC처럼 진행하기에 진행하는 모습을 보는 것도 생일 잔치의 매력입니다.

그리고 장기자랑은 시간을 4분 정도로 제한을 두고 8개 정도만 신청받는 것이 좋습니다. 한번은 장기자랑을 시간제한 없이 신청한 대로 모두 다 했더니, 과자 파티 시간이 15분밖에 남지 않아 아이들의 원성이 자자했던 적이 있었기 때문입니다. 어쩌면 아이들은 과자 파티를 더 좋아하는 것 같습니다.

장기자랑은 사회자의 진행에 따라 아이들이 나와서 발표합니다. 노래, 댄스, 퀴즈, 애니메이션 발표, 악기 연주, 개그콘서트 연기 등 다양하게 발표하는데 아이들이 정말 좋아하며 환호성을 부르는 아이도 있고 같이 따라서 부르기도 합니다. 장기자랑에 필요한 소품이나 준비물, 음원 등은 스텝 역할을 맡은 아이들이 알아서 준비하여서 별 무리가 없이 진행됩니다.

그리고 3부는 과자 파티를 하는데 우리 반은 모둠별로 자리가 세팅되어 있어서 모둠원끼리 과자를 나누어 먹도록 하였습니다. 왜냐하면 이리저리 다른 모둠에 돌아다니면 너무 번잡스럽고 소란스러우며 다툼이 일어나기도 하기 때문입니다. 혹시 과자를 가져오지 않는 아이가 있더라도 모둠 친구들과 나누어 먹도록 하였습니다. 마지막으로 가장 중요한 것은 쓰레기 문제입니다. 최대한 과자를 다 먹게 하고 쓰레기는 확실하게 처리하도록 주의를 주었으며 이것이 잘 처리가 되지 않으면 다음엔 과자 파티를 못할 수도 있다고 하면 알아서 잘 처리합니다.

아이들은 한 달에 한 번 오는 과자 파티를 한 달 내내 기대하고 기다립니다. 그리고 장기자랑도 신나게 준비합니다. 사회 진행 준비도 신납니다. 하루 전날 과자를 사러 가는 것도 신납니다. 생일 잔치 하는 날 아침에는 모두가 기분이 좋으며 하루 종일 생일 잔치만 기대합니다. 학교는 공부하러 오는 곳입니다. 공부는 꼭 필요하지만 그렇게 신나지는 않습니다. 힘들고 지겹기도 하고 재미도 없습니다. 그래서 생일 잔치처럼 학교에서 신나는 일도 있다는 것을 알려 줍니다. 어른들도 회식하거나 잔치하면 식사하고 노래방에 가서 신나게 놀면서 스트레스를 풀듯이, 아이들도 자신들의 문화로 학교생활을 즐겁게 만들어 나가는 것도 필요하다는 생각이 듭니다.

우리 반 생일 잔치의 가장 큰 장점은 이 모든 것을 아이들이 스스로 준비한다는 것입니다. 선생님은 거저 마당만 펼쳐 주면 됩니다. 그다음은 아이들이 알아서 신명 나게 한판 잔치를 펼칩니다. 즐겁고 신나는 것도 있지만 자기 주도적 활동으로 아이들이 스스로 할 수 있는 것들이 있다는 것을 알고 또 아이들이 스스로 잘 진행한다는 칭찬을 해 주었을 때 아이들도 더 뿌듯해합니다. 신나고 뿌듯한 일석이조의 효과를 볼 수 있는 생일 잔치가 더 멋지지 않은가요?

하루를 신나게 시작하는
가위바위보 게임

아침 자습 시간이 끝나고 1교시 수업 시작하는 종이 울리면 우리 반 아이들은 수업 준비를 마친 뒤에 선생님을 쳐다봅니다. 뭔가를 바라는 듯이 눈을 반짝거리며 미소를 머금고 쳐다봅니다. 저는 우리 반 아이들이 왜 그렇게 하는지 알고 있습니다. 바로 가위바위보 게임을 하자는 신호거든요.

보통 1교시 시작할 때 아이들과 가위바위보 게임을 하는데, 모든 아이들이 팔을 높이 들고 "선생님을 이겨라! 가위바위보!" 하고 외칩니다. 그러면 선생님을 이긴 아이들은 환호성을 지르며 모두 자리에서 일어납니다. 시간을 절약하기 위해 비기거나 진 아이는 탈락이거든요. 물론 탈락된 아이는 한숨을 쉬기도 하지만, 그래도 즐겁습니다. 1차에서 이긴 아이들과 2차 가위바위보 게임을 합니다. 2차에서도 이긴 아이는 그대로 서 있고 진 아이는 자리에 앉습니다. 마지막 3번째 가위바위보 게임에서도 선생님을 이긴 아이는 칭찬 점수 200점을 받습니다. 가위바위보 게임에서 우승한 아이는 정말 행복해합니다. 다른 아이들도 박수치며 축하해 줍니다.

하루에 2번 게임을 하는데 두 번째 가위바위보 게임에서는 첫 번째 게임에서 우승한 아이와 다른 아이들과 게임을 합니다. "○○이를 이겨라! 가위바위보!" 여기에서도 첫 번째 우승자가 이기면 200점을 자기가 가져가게 되며 다른 아이가 이기면 그 아이가 우승자가 되는 것입니다. 만약 첫 번째 게임에서 선생님이 다 이기면 한 번 더 기회를 주기도 합니다.

학교에서 하루를 시작할 때 가위바위보 게임은 아이들에게 도파민을 생성하게 해 줍니다. 게임 자체가 흥분되기도 하지만 우승할 수 있다는 기대감과 이겼을 때 기분은 도파민을 더 강화시켜 줍니다. 신경조절 물질인 도 파민은 동기와 깊이 연관되어 있으며 도파민의 분비가 많을수록 신경 네트 워크가 움직임을 일으키기 쉬운 상태가 되기 때문입니다. 도파민이 분비되 면 성취감과 보상감, 쾌락의 감정을 느끼며 뇌를 각성, 흥분시켜 흥미를 느 끼게 합니다. 두뇌 활동이 증가하며 학습 속도, 정확도, 인내, 끈기, 작업 속도 등에 영향을 줍니다. 좋아하는 음식을 먹거나, 멋진 옷을 입거나, 갖 고 싶었던 물건을 구매하며, 여행을 가거나, 업무 성과를 달성하거나, 좋은 음악을 들을 경우에도 도파민이 분비됩니다.

반 아이들은 가위바위보 게임을 하기 전에 가장 도파민이 많이 분비되는 것 같았습니다. 그리고 학교에 올 때도 가위바위보 게임을 한다고 생각하 면 기분이 좋아진다고 합니다. 하루의 기분은 학습에도 영향을 줍니다. 학 습할 수 있는 좋은 조건을 만들어 주며 심리적으로 안정감을 주어서 학습 활동에 적극적으로 참여할 수 있도록 도와줍니다. 단지 게임 하나만으로 하루의 시작을 기분 좋게 한다는 것은 정말 매력적이라는 생각이 듭니다. 가위바위보 게임에서 최종 우승한 아이는 이날 하루 종일 기분 좋게 공부 합니다. 최고의 날이거든요. 가위바위보 게임이 아니라도 간단하게 아이들 과 할 수 있는 게임이 있다면 하루를 그 게임으로 시작하는 것은 어떨까요?

칭찬은
아이를 성장하게 한다

　최근에 〈폭삭 속았수다〉라는 드라마를 보고 많은 감동을 받았습니다. 그때의 감동이 지금은 거의 사라졌지만 기억에 남는 대사가 있습니다. 양관식이라는 아빠가 딸에게 늘 입버릇처럼 하는 말이었습니다.
　"넌 잘해. 다 잘해. 뭐든 잘할 거야."
　학급에 25명 정도의 아이들이 있으면 모든 아이들이 다 다릅니다. 일기를 잘 쓰는 아이, 수학을 잘하는 아이, 리코더를 잘 부는 아이, 노래를 잘 부르는 아이, 체육을 잘하는 아이, 과학 탐구활동을 잘하는 아이, 발표를 자신 있게 하는 아이, 반 아이들을 리드할 줄 아는 아이 등등 잘하는 것이 다릅니다. 그리고 잘하지 못하는 것도 다릅니다. 학급에 많은 아이들이 함께 생활하면서 서로가 서로를 비교하기도 합니다. 때로는 다른 아이가 잘하는 것을 보면서 그 친구보다 못하는 것에 대해 부러워하기도 하고 자존감이 떨어지기도 합니다.
　수업 시간에 아이가 잘하는 것을 찾아 자주 칭찬하는 것은 매우 중요합니다. 그 수업 시간에 아이를 수업에 빠져들게 할 수 있는 동기가 되기 때문입니다. 수업 시간이 아닌 경우에도 아이의 잘하는 점을 찾아 칭찬하면 그 아이는 하루 종일 기분이 좋아지고 더 잘하려고 노력합니다. 칭찬은 도파민을 자극하여 기분을 좋아지게 하면서 또 하고 싶어 하는 긍정적인 신호가 됩니다. 하지만 선생님은 수업 시간 외에도 할 일이 너무 많아 칭찬할 여유가 많이 없습니다. 정말 바쁘기 때문입니다. 숙제 검사, 준비물 검사, 제출해야 하는 것 검사, 그리고 리코더 검사까지. 또 학교의 업무와 관련해서 메신저로 해내야 할 것이 계속 날아옵니다.

우리 반의 한 아이는 키가 큰데 허리를 구부정하게 앉아 수업하고, 평소 걸을 때도 허리를 펴서 걷지 않아 자세를 바르게 해 주고 싶었습니다. 그래서 매일매일 허리를 펴고 앉으라고 하면서 이렇게 칭찬해 주었습니다.

"오늘은 어제보다 허리가 더 펴졌네?", "오늘은 허리를 펴서인지 키가 더 커 보인다.", "수업 시간에 바르게 앉으니 더 집중이 잘 되는 것 같네.", "오늘 너무 멋진데?"

그랬더니, 매일 조금씩 자세가 좋아지는 것이었습니다. 그리고 실제로 수업 시간에 집중도도 많이 좋아졌으며 발표도 스스로 잘하게 되었습니다. 구체적이고 상세한 칭찬을 하라고 하지만 매일매일 한 아이에게 그렇게 하긴 쉽진 않습니다. 하지만 매일 조금씩 더 잘한다고 칭찬하면 그 아이는 매일 성장할 것입니다. 조금씩 조금씩 자신도 모르게 성장하고 좋아지는 것입니다. 칭찬의 효과는 순식간에 확 나타나는 것은 아닙니다. 화분에 심은 강낭콩에 관심을 가지고 매일 물을 주며 돌볼 때 강낭콩은 매일 조금씩 자랍니다.

또 한 아이는 매일 글씨를 바르게 잘 쓴다고 칭찬해 주었습니다. 그랬더니 진짜 글씨를 바르게 잘 쓰게 되었습니다. 또 어떤 아이는 급식 시간마다 젓가락질이 조금씩 좋아진다고 칭찬해 주었더니 이제 능숙하게 젓가락을 사용하게 되었습니다.

발표할 때 자신감이 없어 말하는 아이가 있었는데 1분 말하기 할 때마다 소리가 조금씩 커진다고 반 아이들이 다 들리도록 칭찬해 주었더니 이제 발표 소리가 정말 커졌습니다. 더 커질 것이라고 믿습니다. 매일 칭찬해 줄 거니까요.

어렵진 않지만 쉽지도 않습니다. 그리고 제대로 칭찬해 주려면 그 아이가 성장하기를 바라는 점을 의도적으로 찾아야 하기 때문입니다. 그래서 저는 수첩에 아이가 성장하고 달라지기를 바라는 점을 적어 놓고 매일 그

부분을 칭찬하려고 합니다. 칭찬할 때마다 조금씩 성장하기를 바라는 마음으로.

다양한 자격증과 상으로 자신의 재능 찾기

2000년대 초까지만 해도 글짓기, 그리기, 포스터 그리기, 수학 경시 대회, 과학 실험 대회 등 대회가 너무 많아 수업 진도 나가기가 바쁠 정도였습니다. 그때는 '왜 이렇게 대회가 많지?' 하며 불만도 많았습니다. 하지만 이런 대회를 통해 아이들이 무엇을 잘하는지를 알 수 있고 자기의 재능도 발휘할 기회도 많았습니다. 그러면서 자기의 꿈도 키워 나가는 아이도 있었습니다.

하지만, 요즘은 학교에 대회가 너무 없습니다. 코로나19 이후로 더 그렇습니다. 경쟁보다는 협업을 중시하는 교육 트렌드를 따라가다 보니 오히려 아이들은 자신이 무엇을 좋아하고 잘하는지 알아볼 수 있는 기회조차 없어진 것입니다. 그렇다고 교장, 교감 선생님이 갑자기 글짓기, 그리기, 노래 부르기, 수학 경시 대회 등을 만들어서 하라고 하면 선생님들이 좋아할까요? 사람은 누구나 서면 앉고 싶고, 앉으면 눕고 싶고, 누우면 자고 싶은 습성이 있습니다. 이제 학교에 대회가 없어진 지 20년이 지나 더 이상 학교에는 아이들이 재능을 발휘할 수 있는 자리를 마련하지 않습니다.

2015학년도 2학기에 학예 발표회 대신 '꿈끼 자랑 발표회'를 개최한 적이 있었습니다. 이 기간에 다양한 주제로 글짓기 대회도 하고 그리기 대회도 하여 아이들에게 상을 주었습니다. 그리고 미스터 트롯처럼 노래 발표회나 댄스 발표회, 프로젝트 발표회 등도 전교생 앞에서 하였습니다. 다양한 종목에서 많은 아이들이 자유롭게 신청하여 참가하였는데, 대회에서 입상한 아이들은 자신이 그 종목에서 재능이 있다는 것을 알 수 있었고, 노래를 잘 부르고 춤을 잘 추며 프로젝트 발표를 잘하는 아이는 다른 친구들에게 칭찬과 인정을 받아 뿌듯함을 느낄 수 있었습니다. 이렇게 1년에 한 번이라도 아이들이 재능을 발휘할 수 있는 발표회가 있으면 좋을 것 같습니다.

  학교에서 이런 기회를 제공하지 않기에 우리 반은 각종 자격증을 만들어서 수여하고 있습니다. 줄넘기 급수 자격증, 바른 글씨 자격증, 젓가락 자격증, 수학 박사 자격증, 작가 자격증, IT 자격증, 화가 자격증 등등 학급에서 하는 활동이나 수업 활동에서 발휘되는 실력을 검증하여 아이들에게 그에 맞는 자격증을 수여하였습니다. 자격증은 운전면허증 크기로 비슷하게 만들어서 교실 게시판에 붙여 두었습니다. 자격증 대신에 상장 형식으로 만들어 주는 것도 좋습니다.

  그리고 학기 말에는 재능과 인성을 발견할 수 있도록 다양한 상을 만들어 주었습니다. 친절상, 질서상, 준법상, 역할활동상, 정리정돈상, 체육상, 미술상, 음악상, 수학상, 글쓰기상, 바른글씨상 등 선생님이 학급에서 필요한 상을 만들어 주어도 됩니다. 별거 아닌 것 같지만 아이들은 상을 받을 기회가 많이 없기에 이런 종류의 상도 매우 좋아하며 뿌듯해합니다.

  이렇게 다양한 자격증과 상장은 아이들이 그 분야에서 재능이 있다는 것을 알게 해 주고, 하나라도 잘하는 것이 있다는 자신만의 브랜드를 갖게 하여 자존감을 더 높여 주는 데 도움이 됩니다. 아직 초등학생이며 20년 후에 자신의 직업을 가지고 꿈을 펼쳐 나갈 아이들에게 지금 필요한 것은 재능을 발견하게 하는 것이며 스스로 잘하는 것이 있다는 자부심을 느껴 더 도전하려는 태도를 갖게 하는 것입니다.

  심리학자 하워드 가드너는 다중지능 이론에서 사람의 9개의 지능이 있다고 말합니다. 언어지능, 논리수학지능, 음악지능, 신체운동지능, 공간지능, 인간친화지능, 자기이해지능, 자연친화지능, 실존적 지능과 같은 다중지능은 상호독립적이라고 가정하면서도 여러 개의 지능이 상호 작용할 수 있음을 인정하고 있습니다. 아이마다 좋아하는 것이 다릅니다. 아이는 자기가 잘하는 것을 하고 싶어 합니다. 잘하지 못하는 것은 하기 싫어합니다. 학급에서 다양한 행사와 여러 가지 자격증이나 상 등을 통해 아이가 좋아하고 잘하는 것을 잘 살펴서 아이의 적성과 재능을 발견하도록 하는 것은 아이의 성장을 돕는 길입니다.

학기 말을 보람 있게 마무리하기

여름방학 하기 전에 우리 반 아이들과 학기를 마무리하는 네 가지 활동을 하였습니다. 아이들은 대개 1학기 동안 선생님과 함께 많은 활동을 하지만, 명확하게 무엇을 했고 스스로 얼마나 성장했는지 잘 모릅니다. 그래서 저는 항상 학기 마무리 활동으로 우리 반에서 여러 가지 활동과 수업을 통해 자신이 얼마나 달라졌는지를 살펴보는 활동을 합니다.

첫 번째는 '성장탑 만들기'입니다. 성장탑은 1학기 동안 아이들이 잘하게 된 것, 좋아진 것 등을 찾아서 탑처럼 쌓아 올리는 것입니다. 가장 많이 좋아지고 적게 좋아지고를 떠나 탑처럼 생각나는 것을 쌓아서 올리면 됩니다. 탑 모양은 정해져 있지 않으니 창의적으로 탑이 만들어져서 재미있는 모양이 나오기도 합니다. 성장탑 만들기를 통해 1학기 동안 아이들이 얼마나 발전하고 성장하였는지를 눈으로 확인할 수 있기 때문에 스스로 성취감을 느끼고 자랑스러워하게 됩니다.

성장탑을 만들기 위해서 아이들에게 A4 종이를 한 장씩 나누어 주고 자유롭게 돌을 쌓는 것처럼 그림을 그려 탑을 만들어 보라고 합니다. 돌은 제일 밑단에 여러 개를 그리고 그 안에 자기가 좋아진 것, 잘하게 된 것들을 간단하게 적으면 됩니다. 스스로도 탑을 쌓아 가면서 '내가 이렇게 많이 발전했나?'라는 것을 느끼는 아이들을 보면서 저도 흐뭇함을 느낍니다.

'주제 일기를 잘 쓰게 되었다.', '3초 마인드를 잘하게 되었다.', '글씨를 잘 쓰게 되었다.', '집중력이 좋아졌다.', '수학을 잘하게 되었다.', '숙제를 열심히 하게 되었다.', '체육을 잘하게 되었다.', '친구를 배려하는 게 늘었다.', '화를 참을 줄 알게 되었다.', '발표를 잘하게 되었다.', '친구와 친해졌다.', '존댓말을 잘 쓰게 되었다.', '책을 많이 읽게 되었다.' 등 아주 사소한 것부터 중요한 것까지 스스럼없이 적게 되면 참 많이 성장했구나 하는 생각이 들어 보람과 함께 자존감도 높아지게 됩니다.

다음은 성장탑을 만들고 난 후 아이들의 소감입니다.

> "성장탑을 만들었는데 내가 이렇게 많이 성장한 것이 놀라웠다. 1학기에 17개나 성장하여 매우 기분이 좋았다. 2학기에도 더 잘해야겠다고 다짐했다."
>
> "이 성장탑을 하고 내가 많이 성장했다는 것을 알았고 내가 젓가락질이 가장 많이 늘었다는 것을 알았다. 그리고 성장을 많이 했다는 것을 아니 기분이 좋고 뿌듯했다. 지금은 3학년 때와는 달리 발표를 엄청 잘하게 되었다. 앞으로 더 성장탑을 올려야겠다."

다 한 친구는 칠판에 성장탑을 붙이게 합니다. 그리고 다른 친구들의 성장탑을 보고 빠진 것을 채워 보게 합니다. 이때는 선생님도 참여합니다. 그렇게 많이 썼는데도 친구들의 발전된 점을 찾아 써 넣는 것을 보면 아이들도 참 대단하다는 생각이 듭니다. 이렇게 해서 1학기를 뿌듯하게 마무리하고 방학을 건강하고 신나게 잘 보내라고 합니다.

그리고 두 번째는 '선생님 칭찬탑 만들기'입니다. 포스트잇을 무제한으로 주고 선생님의 좋은 점을 간단하게 써서 전지에 붙이라고 합니다. 아이들이 처음엔 미적거리다 한 번 쓰고 붙이고 나면 경쟁하듯이 선생님의 좋은 점을 써 붙입니다. 결국 탑이 아니라 읍성 벽처럼 하나의 칭찬 벽을 만들어 버립니다. 이런 것을 보면 아이들이 참 순수하다는 생각이 듭니다.

'선생님 수업이 제일 재미있어요.', '선생님은 친절해요.', '우리 말을 잘 들어주셔요.', '변피구를 만들어 주셔서 감사해요.', '체육 시간이 정말 즐거워요.', '아이디어가 정말 뛰어나요.', '선생님 같은 분은 처음이에요.', '선생님은 멋져요.', '저의 마음을 잘 들어 주시고 풀어 주셔서 감사해요.', '책을 많이 읽게 해 주셔서 감사해요.', '선생님 덕분에 발표를 잘하게 되었어요.' 등.

이런 칭찬을 보면서 저도 뿌듯해지면서 선생님으로서 자존감도 높아졌습니다. 그리고 아이들이 선생님을 사랑하고 존경한다는 느낌도 들었습니다. 의도적으로 선생님이 우리 반 아이들을 위해 얼마나 열심히 노력하는지 생각해 보게 하는 것도 필요하다고 생각합니다. 물론 선생님에 대한 불만도 있겠지만, 학기 말을 마무리하면서 굳이 싫은 소리를 들을 필요는 없다고 생각합니다. 아이들도 잘 못하는 것이 있지만, 굳이 잘 못하는 점을 적게 하지는 않습니다. 열심히 하고 좋은 기분으로 1학기를 마무리하면 좋겠다는 생각이 더 우선이기 때문입니다.

그리고 세 번째로 '친구들이 들려주는 나의 모습' 활동입니다. A4 종이를 나누어 주고 반으로 접은 후, 맨 앞에는 표지처럼 제목과 자기 이름을 씁니다. 그리고 펼친 후 왼쪽 면에 그 자기의 장점, 그리고 오른쪽 면에는 단점을 적을 수 있도록 맨 위에 제목처럼 쓰게 합니다. 우리 반은 모둠으로 구성되어 있어서 모둠 친구들끼리 돌려 가며 친구의 장단점을 쓰도록 하고, 어느 정도 시간이 지나면 종이를 모아서 다음 모둠으로 넘겨 장단점을 적게 합니다. 이렇게 한 바퀴 돌고 나면 자기 종이를 받아 친구들이 바라본 자신의 장단점을 읽어 보라고 합니다. 아이들은 생각보다 세밀하게 관찰하고 있는 그대로 표현할 줄 압니다. 대부분의 아이들이 친구들이 적어 준 자신의 장점을 보면서 흐뭇해하고 뿌듯해하기도 하고, 단점을 읽으며 속상해하기도 합니다. 그리고 마지막 페이지에 친구들이 들려주는 나의 모습을 읽고 알게 된 점과 느낀 점을 적으며 마무리를 합니다. 친구들이 들려주는 장점을 더욱 잘하고 단점은 고쳐 나가려고 할 때 2학기에는 더 많은 성장이 일어날 수 있다는 것을 알려 줍니다.

그리고 네 번째로 '선생님 통지표 만들기' 활동입니다. 선생님 통지표는 선생님 수업에 대한 평가, 학급 경영에 대한 평가, 생활지도에 대한 평가, 선생님의 아이들을 대하는 태도에 대한 평가, 잘하는 점, 부족한 점, 그리고 선생님께 하고 싶은 말 등을 적도록 합니다. A4 종이 반을 접어서 맨 앞 페이지에는 '선생님 통지표'라고 크게 제목을 쓰고 자기 이름을 씁니다. 그리고 다음 페이지에는 선생님의 좋은 점이나 잘하는 점을 씁니다. 그다음 페이지에는 선생님이 고쳤으면 하는 점을 씁니다. 선생님의 단점을 쓸 때는 예의를 갖추어서 쓰도록 지도하는 것이 좋습니다. 간혹 버릇없이 함부로 쓰는 아이들도 있기 때문입니다.

"이것은 선생님 통지표입니다. 1학기 동안 선생님이 한 수업과 학급 경영, 생활지도 등을 생각하면서 장단점을 솔직하게 적어 주면 좋겠습니다. 선생님도 여러분들이 1학기 동안 공부하면서 잘하는 점, 부족한 점을 제대로 적어 주려고 큰 노력을 하였는데, 만약 선생님이 여러분 통지표에 대강대강 적어 준다면 여러분들은 기분이 좋을까요?"

"아니요~"

그리고 맨 마지막 페이지에는 1학기 동안 지내면서 선생님께 하고 싶은 말을 편지로 쓰라고 합니다. 다른 선생님들도 그렇지만 저도 아이들에게 좋은 선생님, 훌륭한 선생님으로 인정받고 싶습니다. 하지만 제가 열심히 한다고 해서 아이들도 그렇게 받아들이지는 않기 때문에 통지표를 걷어서 읽어 보기 전까지는 '우리 반 아이들이 나를 어떻게 평가할까?' 하면서 기대 반 걱정 반을 하게 됩니다. 아이들이 적어 준 통지표를 보면서 스스로 피드백하고 잘한 점에 대해 흐뭇해하고, 아이들이 적어 준 단점에는 2학기에 좀 더 잘하겠다는 다짐도 해 봅니다. 하지만 올해 우리 반 아이들은 지나치게 좋은 평가를 해 주어서 믿어야 할지 말아야 할지 모르겠습니다. 그래도 아이들이 좋게 평가해 주니 기분은 좋습니다. 사실 올해 체력적으로도 부담스러울 만큼 나름 열심히 했기 때문에 아이들도 즐거운 1학기가 되지 않았을까 하는 자부심도 가져 봅니다.

> "저는 3월 우리 반에 왔을 때 급식소 줄 서기, 10조법 등을 만들어서 '아 반 배정 망했다'고 생각했어요. 그런데 지나고 보니 1~4학년 중 최고의 반이었어요. 벌써 1학기가 된 거 있죠. 정말 재미있는 수업이었어요."
>
> "선생님이 항상 저희한테 많은 것을 사 주셔서 감사해요. 또 10조법을 만들어 주셔서 감사해요. 우리 반이 많이 싸우지 않아서 정말 좋아요. 친구들이 하면 안 되는 것을 했을 때 혼내고 그 습관을 고쳐 주시는 게 정말 대단해요. 4학년이 되어서 선생님 덕분에 발표도 잘하게 되었고 젓가락질도 더 잘하게 해 주셔서 감사합니다."

한 학기 동안 정신없이 달려오기 바쁜 요즘, 선생님들이 수업 재구성, 과정중심평가, 업무 협조 등으로 진도를 다 빼기도 쉽지 않은 현실이지만, 선생님의 존재 이유를 다시 생각해 보면서 진정 아이들에게 필요한 것을 놓치지 않았으면 합니다. 아이들의 변화와 성장에 초점을 두고 있다면 '선생님이 무엇을 했느냐?'보다는 '아이들이 얼마나 성장하고 발전했는가?'를 피드백하는 것이 중요하다는 생각이 듭니다. 그렇기에 아무리 바쁘더라도 아이들과 선생님이 한 학기를 돌아보며 성장한 부분을 찾아 서로 열심히 참 잘했다고 칭찬할 수 있는 학기말 마무리 활동을 한다면 보람이 더 클 것 같습니다.

다음은 우리 반 아이들이 통지표에 적어 준 저의 장점입니다. 언제 봐도 행복한 칭찬입니다.

"엄격해서 믿음이 잘 간다."

"유쾌하셔서 학교 오기가 즐거워진다."

"선생님 덕분에 나쁜 습관이 좋은 습관으로 변했다."

"책을 많이 읽게 되었다."

"바른 글씨 쓰기 대회를 해서 글씨를 잘 쓰게 되었다."

"규칙을 많이 만드셔서 우리 반이 바르고 옳게 행동하고 말할 수 있게 되었다."

"수업 시간 집중력이 많이 좋아졌다."

"주제 일기를 쓰면서 글을 잘 쓰게 되었다."

"수업 시간에 박사 게임 등 재미있는 게임을 많이 해서 이해가 더 잘되게 도와주신다."

"우리 반 모든 아이들을 아낌없이 사랑해 주신다."

"생일 잔치 같은 행사로 우리를 재미있게 해 주신다."

아이들과 함께
소중하고 행복한 추억 만들기

반 아이들과 현장 체험학습으로 놀이공원에 갔는데 우연히 27년 전 초등학교 제자를 만났습니다. 어릴 때 얼굴이 그대로 남아 있어서 알아보는 데 어렵지 않았습니다. 딸과 함께 놀이공원에 왔다고 하였습니다. 반갑게 인사하고 안부를 묻고 헤어지는데, 스승의 날에 한번 학교로 찾아가겠다면서 학교를 물어보는 것이었습니다. 의례적인 인사인 줄 알고 학교 이름을 알려 주고 헤어졌습니다.

그리고 스승의 날 아침에 문자가 왔습니다.

'선생님, ○○○인데요. 오늘 학교로 찾아봬도 될까요? 언제쯤 찾아뵈면 될까요?'

참 반가웠습니다. 스승의 날에 문자 한 번 보내기도 쉽지 않은 세상에 직접 찾아온다니, 정말 기분이 좋았습니다. 그리고 오후 3시쯤에 우리 반 교실에 선물을 들고 찾아온 그 제자와 1시간 30분 동안 시간 가는 줄 모르게 이야기를 나누었습니다. 마치 27년 전으로 돌아간 듯 행복했습니다. 그 제자도 생생하게 저와 함께했던 일을 기억하고 있었습니다. 매일 아침에 기타 치며 동요를 불렀던 일, 고사성어를 재미있게 가르쳐 주시던 일, 생일잔치를 하며 재미있게 과자를 먹던 일, 육상 대회를 위해 지도해 주셔서 1등 했던 일, 그리고 한 학기 마칠 때마다 학급문집을 만들어 주셨던 일 등등. 아직도 학급문집을 잘 간직하고 있으며 틈틈이 읽어 보며 옛 추억을 떠올린다고 하였습니다.

그때는 20대 후반 교사 시절이라 겁나는 것 없이 정말 열정적으로 아이들을 가르쳤던 것 같습니다. 그런데 그 제자도 선생님과 함께했던 순간순간이 신나고 행복했다고 하니 교사로서 보람을 느꼈습니다. 퇴근 시간이 다 되어 아쉬움을 뒤로한 채 인사를 하고 헤어졌습니다.

대체로 제자들과 만나서 이야기해 보면 공부한 기억은 별로 없었습니다. 그렇게 열심히 가르쳤는데 그런 부분은 조금 아쉬웠지만, 아침 자습 시간 활동, 방과 후 활동에서 만든 추억은 오래 기억하고 있었습니다.

'어떻게 하면 아이들이 조금 더 즐겁게 학교생활을 할 수 있을까?'
'어떻게 하면 아이들이 좀 더 행복해할까?'
'어떻게 하면 아이들과 좋은 추억을 만들 수 있을까?'

담임을 하면서 늘 고민하던 생각이었습니다. 딱히 정답은 없지만, 그해 아이들과 좋은 추억을 만들기 위해 나름 노력해 왔던 것 같습니다. 그리고 그 추억은 저의 마음에 아이들의 마음에 남아 있길 소망합니다.

6학급의 작은 학교에 근무할 때 우리 반 아이들과 교실에서 1박 2일 캠프를 하고 싶었습니다. 그래서 아이들에게 말했더니 아이들은 환호성을 지르며 좋아했습니다. 1박 2일 계획을 세우고 교장 선생님께 말씀드리니 허가를 해 주셔서 본격적으로 진행하였습니다. 기획은 제가 했지만, 그 이후의 모든 일은 아이들이 직접 진행하게 하였습니다.

제일 먼저 1박 2일에 하고 싶은 것을 자유롭게 말해 보게 하였습니다.

'물총 놀이 하기, 음식 만들기, 담력 훈련하기, 귀신 이야기 듣기, 책 읽어 주기'

귀신 이야기는 선생님이 준비하고 책 읽어 주기는 반 아이들 중 희망하는 아이가 준비하기로 하였습니다. 그리고 1박 2일 동안의 일정을 모두 짜고 전지에 꾸며서 칠판 옆에 붙였습니다. 1박 2일 캠프 현수막도 아이들이 만들었습니다. 모둠을 만들고 모둠별로 저녁 메뉴를 짰습니다. 그리고 옆 교실을 빌려서 한 교실은 남학생이, 다른 교실은 여학생이 잘 수 있도록 배정하였습니다. 캠프 분위기를 살리기 위해 텐트를 2개 빌려서 설치하기로 하였습니다.

　모든 준비를 마치고 1박 2일 캠프 날이 되었습니다. 아침부터 아이들은 들떠 있었습니다. 이날 수업을 모두 마치고 프로그램을 진행하였는데, 제일 처음은 물총 놀이였습니다. 저는 빠지고 싶었지만, 아이들은 그럴 마음이 없었는지 무조건 선생님도 참여해야 한다고 하였습니다. 결국 1대 9로 물총 놀이를 하게 되었는데 재밌기도 했지만, 체력이 달려서 항복하고 말았습니다.

　정리하고 나서 교실에 올라와 모둠별로 저녁을 만들 준비를 하였습니다. 메뉴를 직접 짜고 재료 준비도, 조리도 모두 아이들이 직접 하였습니다. 대신 저는 제가 가장 자신 있는 요리 '짜파게티 라면'을 조리하였습니다. 이렇게 조리한 음식을 모둠 친구들과 반 아이들이 모두 함께 나누어 먹으면서 즐거운 저녁 한 끼를 해결하였습니다.

　그다음 담력 훈련을 하는데, 제가 미리 우리 학교 1층 도서실에 여러 가지 물건을 숨겨 놓았습니다. 2층 우리 반 교실에서 1층으로 내려가 도서실에서 물건 찾아오기 미션을 수행하는 것이었는데, 모둠별로 플래시를 하나 가지고 다녀와야 합니다.

　1박 2일 캠프를 모두 마치고 다음 주 월요일에 아이들과 소감을 이야기하던 중 가장 재미있고 무서웠던 것이 바로 담력 훈련이었다고 하였습니다. 담에 또 하자고 하니 절대로 안 한다고 손사래를 쳤습니다.

　그리고 교실에 텐트를 친 후 텐트 안에 모두 모여 불을 끄고 귀신 이야기들을 준비를 하였습니다. 모든 불을 다 끄고 귀신 이야기를 들려주는데 모든 아이들이 긴장하고 숨을 죽이며 들을 때 깜짝 놀라게 해 아이들이 모두 텐트 밖으로 나가기도 했습니다. 그중 몇 명은 울면서 선생님을 때리는 아이도 있었습니다. 대성공이었습니다.

　그다음 우리 반 아이 중 한 명이 준비한 책을 아이들에게 읽어 주고 잘 시간이 되어 각각 텐트로 이동하여 잘 준비하였습니다. 한 가지 걱정이 되었던 것은 우리 반 아이 중에 집 밖에서 잠을 잘 자지 못하는 아이가 한 명 있었는데, 다행히 이날 아이들과 잘 잘 수 있었습니다.

 사실 1박 2일 캠프를 기획한 의도 중에 아이들과 추억 만들기도 있었지만, 이 아이를 위한 미션도 있었습니다. 2학기에 2박 3일 제주도로 4~6학년 수학여행을 가야 하는데 꼭 같이 가고 싶었기 때문입니다. 이 캠프에서 우리 반 아이들과 자는 데 성공한다면 수학여행도 갈 수 있을 거라 생각했습니다. 결과는 성공이었고 2학기에 수학여행도 무리 없이 잘 다녀올 수 있었습니다. 참 감사했습니다. 이 캠프는 아이들과 제가 만든 매우 소중한 추억이었으며 행복한 시간이었습니다. 저는 교직 생활에서 결코 잊지 못할 것 같습니다. 아이들도 잊지 못할 추억으로 남길 소망합니다.

 우리 반은 칭찬통장 제도가 있어서 이 통장에 3만 점을 모으면 선생님께 함께 영화 보기, 워터파크 놀러 가기, 삼겹살 회식하기 등을 할 수 있었습니다. 아이들이 열심히 노력해서 모은 칭찬 점수로 아이들과 추억을 만들 수 있었습니다.

 한번은 5월쯤에 3만 점을 모은 아이가 3~4명 정도 되어 삼겹살 회식을 하러 간 적이 있었습니다. 우리 반 아이들과 먹는 삼겹살은 맛을 떠나서 학교에서 나누지 못했던 개인적인 이야기들을 나누면서 웃고 떠들었던 시간이 더 좋았습니다. 우리 아이들이 학교에서도 이렇게 말을 잘했던가 하는 생각도 들었습니다. 아무튼 맛과 추억을 함께 나눌 수 있어서 참 좋았습니다. 물론 아이들도 재미있었다고 하였습니다.

 그해 7월쯤, 1차 회식 때 못 간 친구들 중 3명이 3만 점을 모으고, 앞서 삼겹살 회식했던 아이들 4명이 또 3만 점을 모아서 이번에는 7명이 함께 워터파크에 가서 신나게 물놀이를 하였습니다. 다행히 학부모님께서 차량을 한 대 지원해 주셔서 편안하게 다녀올 수 있었습니다. 하루 종일 물놀이를 하면서 오히려 제가 어린 시절로 돌아가 신나게 놀았던 것 같았습니다.

아이들과 키즈파크에서 신나고 놀고, 야구장에 가서 캐치볼도 하고 야구 응원도 하며 맛있는 닭강정도 먹고 초밥 뷔페에 가서 맛있는 음식을 먹으면서 재미있게 이야기 나누는 모든 활동들이 아이들과 저에게 소중한 추억이었습니다. 칭찬통장이 아이들에게 당근과 같은 보상이라면 추억은 덤으로 주는 보상이었습니다. 다음은 아이들과 추억 만들기를 하고 난 후 아이들의 소감입니다.

> "그동안 가고 싶었던 야구장에 가서 기분이 참 좋았다. 그리고 NC가 졌어도 재미있었다. 나는 친구들과 좋은 추억을 만드는 것 같아 기쁘고 행복하다."
>
> "선생님이 너무 감사하고 이런 추억이 쌓여서 너무 행복하다."
>
> "다음에 포인트를 모아서 또 가야겠다. 선생님 힘드셨을 텐데 같이 가 주셔서 감사합니다."
>
> "예전에 키즈파크 왔을 때도 정말 재미있었지만, 친구들과 선생님과 함께 오니 더 재미있고 우리를 위해 함께 와 주시고 맛있는 것도 사 주신 선생님께 정말 감사드리고 싶고 대단하시고 존경하는 마음도 든다. 친구들과 놀았던 한순간이 정말 하나하나 다 소중하고 많이 웃을 수 있는 시간이었다. 이 일이 친구들과 사이를 돈독하게 키울 수 있는 추억이라고 생각한다."

아이들과 함께한 후에 부모님들께도 사진과 함께 잘 다녀왔다고 문자를 보내드렸는데 다음과 같이 답장을 주셨습니다.

> "선생님, 무더운 날씨에도 아이들과 야구장에서 즐거운 시간을 함께해 주셔서 진심으로 감사드립니다. 아이들에게 소중한 추억을 만들어주신 덕분에 저희도 참 감사한 마음입니다."
>
> "날씨가 많이 더운 오늘 이렇게 아이들을 위해 애써 주시고 고생이 많으셨을 것 같아 너무 감사드려요. 선생님께서 해 주신 야구장 추억은 ○○이가 커서까지도 잊지 못할 거 같습니다."

여러 가지 프로그램으로 아이들과 추억을 만들어 가는 것도 있었지만, 그 추억을 모아 아이들에게 선물로 주기도 하였습니다. 그것은 바로 학급문집이었습니다. 1992년 발령받고 다음 해부터 반 아이들과 함께 학급문집을 만들었습니다. 아이들이 쓴 일기나 수업 시간에 썼던 글과 동시, 모둠일기, 그리고 아이들이 그린 그림 등을 모아서 한 학기에 한 권씩 발간하였습니다. 아이들이 활동하는 모습은 사진이나 동영상으로 남겨 볼 수 있지만, 아이들의 마음이 담긴 글은 학급문집에 남기고 싶어서 힘들지만 매 학기마다 만들었습니다. 어떤 해는 1학기에 학급문집을 만들고 2학기에는 사진과 글, 동영상을 담은 학급문집 CD를 만들기도 하였습니다. 대부분의 아이들은 이 학급문집과 문집 CD를 소중하게 간직하며 틈틈이 읽어 보며 그때 일을 떠올리며 추억에 잠긴다고 하였습니다. 저도 한 번씩 문집을 꺼내어 읽어 보면서 그 아이들을 떠올려 봅니다. 아이들과 함께하는 순간순간이 행복하고 좋은 추억을 만드는 것도 좋지만, 그 추억을 남겨서 오랫동안 꺼내어 보는 것도 참 좋은 것 같습니다.

아이가 행복하면
학부모도 행복하다

2018학년도 종업식 하는 날, 우리 반 학부모님과 저녁 식사를 하게 되었습니다. 시간 가는 줄 모르고 이런저런 이야기를 하면서 모든 분이 공통적으로 하신 말씀이 "선생님, 감사합니다."였습니다. 그리고 참석하지 못하신 어머니까지 포함해서 9명의 학부모님께서 정성껏 롤링페이퍼처럼 감사 인사가 적힌 카드를 선물로 주셨습니다. 아직도 그 감사 카드는 소중히 간직하고 있습니다. 이렇게 감사 편지를 모아 받은 적은 처음이었기 때문에 정말 감동적이었습니다.

"한 해 동안 수고 많으셨어요. 아이들에게 좋은 추억 많이 만들어주셔서 감사합니다."

"변찬진 선생님, 선생님을 만날 수 있었던 건 우리 아이들 인생의 첫 번째 큰 기회이자 행운이었음을 잊지 않겠습니다. 잊혀지는 사람이 아닌 기억 속에 늘 함께 숨 쉬는 스승으로 가슴 깊이깊이 새겨져 있을 거예요! 저희들 마음속에도요. 늘 건강하시고 훌륭하세요. 행복하시구요~^^"

"개구쟁이 우리 아이들과 1년 동안 동고동락하시며 힘드셨죠? 아이들은 너무너무 좋았다고 너무 행복했었다고 합니다. 원석을 보석으로 만들어 주신 선생님께 감사하다는 말 맘속 깊이 되새기며 우리 아이들 잘 키워내겠습니다. 고맙습니다. 감사합니다. 어디 가시든지 우리 아이들 잊지 말아 주시고 한 번씩 연락 주세요. 우리 아이가 많이 기다릴 것 같습니다. 고생하셨습니다."

"요즘 세상에 선생님은 많아도 스승은 없다는 말. 선생님을 보면서 '아니다.'라고 생각했습니다. 다른 학교로 가시는 거 너무 아쉽지만 좋으신 선생님을 우리 학교에서만 독점할 순 없겠지요. 너무 감사했습니다. 선생님 항상 건강하세요."

"선생님~ 지난 일 년 고생 많으셨습니다. 감사드려요~^^ 선생님 덕분에 우리 아이들이 여러 가지로 멋지게 잘 자랐네요. 참고 배려하고 친구들과 어떻게 잘 지낼 수 있을까 생각하는 등등 정말 복 받은 녀석들입니다. 아직 선생님의 손길이 많이 필요한데 떠나신다니 너무너무 아쉽네요. 항상 건강하시고 행복하세요. 감사합니다."

"선생님, 1년 동안 너무 감사했어요. 우리 아이가 선생님 많이 좋아해서 올해도 또 담임 선생님이 되기를 바랐는데 다른 곳으로 발령받아서 너무 속상해 했어요. 동생도 샘 도움을 많이 받아서 샘 많이 좋아했어요. 저희 부부도 너무 감사드려요. 오늘 참석 못 해서 넘 속상하네요. 건강하세요."

"한 해 동안 수고 많이 하셨습니다. 우리 아이의 마음도 생각도 클 수 있게 도와주셔서 감사합니다."

"어떻게 말로 다 표현하겠습니까? 감사하는 마음을~ 선생님 잊지 않겠습니다."

"한 해 동안 수고 많으셨어요. 아이들에게 좋은 추억 많이 만들어주셔서 감사합니다."

> "선생님~ 우리 아이가 일 년 동안 선생님께 많은 것을 배웠다고 합니다. 우리 아이에게 평생 기억되는 참스승이 되어 주셔서 정말 감사드립니다. 기회가 될 때마다 뵐 수 있었으면 좋겠습니다. 어디에 계시든지 늘 건강하시길 바랍니다."
>
> "항상 이맘때쯤이면 가슴이 아련해지실 것 같습니다. 1년 동안 같이 웃고 울던 그 많은 날들을 떠올리게 하는 즈음일 것 같네요. 한번은 차를 타고 가다 우연히 건널목을 건너고 계시는 선생님을 뵌 적이 있었습니다. 문득 드는 생각이 다른 사람들과 다를 게 없네? 하지만 아이들 안에 있는 선생님은 아이들을 더 빛나게 해 주시는 보석과도 같은 분이셨다는 걸 저희는 알고 있습니다. 선생님의 가르침이 우리 아이들에게 큰 힘이 되리라는 걸 알기에, 항상 고맙고 또 고맙습니다."

이 카드를 읽으면서 제가 아이들에게 베풀었던 것보다 더 많은 감사를 주셔서 정말 감동이었습니다. 최선을 다해 아이들을 가르친 것밖에 없는데 오히려 부모님들께서 그 최선의 모습을 인정해 주시고 믿어 주셔서 고마웠고 행복했습니다. 그리고 참 열심히 잘 가르쳤다는 보람도 느낄 수 있었습니다. 아이들을 열심히 가르치면 학부모님들도 행복하다는 것을 알 수 있었습니다.

‖ 마치며 ‖

저는
행복한 선생님입니다

   2025년 5월 30일. 34년 교사 경력에서 마지막 학부모 공개수업을 했습니다. 교사로서 학부모에게 공개수업은 신규 선생님이나 저처럼 경력 많은 선생님 모두 긴장되고 떨리기는 마찬가지입니다. 하지만, 이번 공개수업은 그렇지 않았습니다. 정말 부담 없이 재미있게 수업했던 것 같습니다. 물론 우리 반 아이들이 즐겁게 참여해 주었고 학부모님들도 관심 깊게 수업을 잘 봐 주셨습니다. 참관록에 적어 주신 학부모님의 한마디 한마디가 가슴에 오래 남을 것 같습니다.

   34년 동안 아이들을 가르치면서 힘든 부분도 있었지만, 그래도 우리 반 아이들이 선생님을 잘 따라 주었고 학부모님께서도 도움을 요청하면 기꺼이 협조해 주셔서 참 감사했습니다. 한 해 동안 학부모와 소통하려고 노력하여서 그런지는 모르겠지만 다행히 학부모님들의 신뢰에 힘입어 아이들과 마음껏 수업하고 추억을 쌓으며 행복하게 한 해 한 해를 보냈습니다.

   교사의 길을 걸어오면서 많은 분들에게 도움을 받았습니다. 20년 전 윤갑석 교장 선생님을 만난 것은 행운이었습니다. 10년 동안 4번이나 같은 학교에 근무한 것도 엄청난 인연이었는데 교사로서의 본을 보여 주시고 저의 롤 모델이 되어 주셨습니다. 그리고 무엇을 하든지 늘 믿어 주시고 칭찬과 격려를 아끼지 않으셨습니다. 그 힘으로 더 열심히 했던 것 같습니다.

그리고 함께 근무하면서 물심양면으로 도와주신 교장 선생님, 교감 선생님들께도 감사한 마음이 큽니다. 부족하지만 믿고 맡겨 주셨으며 격려와 칭찬도 아끼지 않으셨기에 10년 동안 교무부장이라는 자리에서 맡은 업무를 잘해 나갈 수 있었던 것 같습니다. 교무부장을 하면서 알게 모르게 옆에서 도와주신 교무행정원님과 방과후실무원님들의 도움도 너무나 감사할 따름입니다. 기쁜 일이 있을 때 함께 기뻐해 주고, 슬픈 일이 있을 땐 위로와 응원을 아끼지 않았던 선배, 후배 선생님들도 감사합니다. 지난날을 돌아보면 혼자가 아니라 함께해서 참 행복했던 것 같습니다. 교사로서 마지막 제자인 귀엽고 사랑스러운 우리 반 아이들을 만날 수 있었던 것도 감사합니다.

2021년 《가르치는 기술》을 출간하고, 두 번째 책을 출간하기 위해 여러 번 마음먹었지만, 뜻대로 되지 않아 힘들었습니다. 34년의 교사 생활을 마무리하면서 《교사는 가르치는 기술이 뛰어나야 한다》를 완성할 수 있어서 참 다행입니다. 《가르치는 기술》의 내용에서 그동안 못한 이야기들을 추가하여 두 번째 책을 내었지만, 부족한 부분이 많아 부끄러운 마음이 큽니다. 그래도 교사로서 34년 동안 최선을 다해 아이들을 가르쳐 왔기에 그 자부심으로 글을 정리할 수 있었습니다.

지금은 교수법이나 학급 경영, 생활지도, AI 기법 등 학교 현장에 바로 적용할 만한 좋은 책들이 많이 나옵니다. 이 책은 그에 비하면 화려하지도, 특별하지도 않습니다. 하지만 모든 기술에는 기본과 원칙이 있듯이 가르치는 기술에도 교사로서 기본이 될 원칙이 있을 거라고 확신합니다. 이를 바탕으로 선생님만의 기술을 만들어 나갔으면 하는 것이 저의 조그마한 바람입니다.

그리고 이 책을 읽으시는 모든 선생님들도 행복했으면 좋겠습니다.

◆ 참고문헌

류선정 외, 《세계 최고의 교육법》, 위즈덤하우스, 2017.

권영애, 《그 아이만의 단 한 사람》, 아름다운사람들, 2016.

테드 딘터스미스, 정미나 옮김, 《최고의 학교》, 예문아카이브, 2019.

이지성, 《내 아이를 위한 칼 비테 교육법》, 차이정원, 2019.

이지성, 《생각하는 인문학》, 차이, 2019.

김종원, 《아이를 위한 하루 한 줄 인문학》, 청림라이프, 2019.

고영성, 《부모 공부》, 스마트북스, 2016.

데이지 크리스토둘루, 김승호 옮김, 《아무도 의심하지 않는 일곱 가지 교육 미신》, 페이퍼로드, 2018

론 클라크, 박철홍 옮김, 《아이를 위대한 사람으로 만드는 55가지 원칙》 김영사, 2004.

레이프 에스퀴스, 박인균 옮김, 《당신이 최고의 교사입니다》, 추수밭, 2015.

권영애, 《자존감, 효능감을 만드는 버츄프로젝트 수업》, 아름다운사람들, 2018.

알렉스 비어드, 신동숙 옮김, 《앞서가는 아이들은 어떻게 배우는가》, 아날로그, 2019.

EBS 다큐프라임 미래학교 제작진, 《미래학교》, 그린하우스, 2019.

창원교육지원청, 《학교교육과정 대강화 도움자료》, 2018.

경상남도교육청, 《앎과 삶이 하나되는 교육과정 이야기》, 2017.

조벽, 《조벽 교수의 수업 컨설팅》, 해냄, 2011.

조벽, 《조벽 교수의 명강의 노하우 & 노와이》, 해냄, 2012.

최무현, 홍종남, 《나는 수업하러 학교에 간다》, 행복한 미래, 2016.

베른하르트 부엡, 유영미 옮김, 《왜 엄하게 가르치지 않는가》, 뜨인돌출판사, 2014.

제인 레슨 외, 김성환 외 옮김, 《학급긍정훈육법》, 에듀니티, 2014.

송민령, 《송민령의 뇌과학 이야기》, 동아시아, 2022.

미래교육 집필팀, 《대한민국 미래 교육 트렌드》, 뜨인돌, 2023.

바버라 오클리 외, 이선주 옮김, 《교육의 뇌과학》, 현대지성, 2025.

임영주, 《존댓말의 힘》, 예담, 2016.

지니 킴, 《회복탄력성의 힘》, 빅피시, 2023.

이해명, 《백년의 부모수업》, 청림life, 2025.

교사는 가르치는 기술이 뛰어나야 한다

1판 1쇄 발행 2025년 12월 8일

저자 변찬진

교정 신선미　**편집** 유주은　**마케팅·지원** 이창민

펴낸곳 (주)하움출판사　**펴낸이** 문현광

이메일　haum1000@naver.com　홈페이지　haum.kr
블로그　blog.naver.com/haum1000　인스타그램　@haum1007

ISBN　979-11-7374-230-9(03370)

좋은 책을 만들겠습니다.
하움출판사는 독자 여러분의 의견에 항상 귀 기울이고 있습니다.
파본은 구입처에서 교환해 드립니다.

이 책은 저작권법에 따라 보호받는 저작물이므로 무단전재와 무단복제를 금지하며,
이 책 내용의 전부 또는 일부를 이용하려면 반드시 저작권자의 서면동의를 받아야 합니다.